菊地和博◉著

民俗行事と庶民信仰

【山形民俗文化論集Ⅱ】

岩田書院◉発売
東北文教大学出版会◉発行

まえがき

民俗行事は古くから年間を通じて各地でじつに多彩に行われてきた。節供や七夕、お盆、正月などの一年間の節目節目に行われる民俗行事は、日頃の健康や無事をお互いに喜び合い、子どもの成長への祈りや、家族を守ってくれた先祖への感謝など、素朴な心情を率直に表したものが多い。一方、季節の変わり目などに行われる行事は、生活のリズムを大切にすることを教え、折々に自己を振り返る機会を提供してくれる。そこでは人生を丁寧に、そして豊かに生きたいという先人の知恵をうかがうことができるのである。

本書第一章では、数多い民俗行事の中から、山形県内全域にみられる小正月一月十五日の火祭り行事（おさいと・どんと焼き等）、庄内地方に多いサイ（賽）の神祭り行事、最上地方に多くみられる山の神勧進行事、今は行われていない村山市上五十沢地区の菖蒲たたき・地蔵さま巡りなどの行事、さらに大江町で行われた団子さし・雪中田植え・葉山福田講・おしらさま・大田植え・虫送り・風祭りなど（現在も継続中のものあり）

を取り上げている。

これらの各地の民俗行事の担い手は大人のみならず子どもたちである場合も多い。なかには生活の実際面では直接的有用性が失われて、いわば呪術的行為や形式的行為にとどまっている行事も少なからず見受けられる。しかし、それでもなお継承され続けているのは何故なのか、現代的意味合いは何かなどを検討しながら、本書では他地域との関わりや全国的な比較分析を通じて地域社会における民俗行事の役割や意義などを考察したものである。

本書第二章以降では、人々の内面性・精神性に分け入って、県内外にわたり日常に深く根ざす庶民信仰を取り上げた。農業従事者の山の神への信仰心、亡くなった方々への弔いの心を表す餓鬼仏・無縁仏の供養、同じ死者供養である山形市山寺立石寺で行われる夜行念仏の習俗と京都六斎念仏の習俗との関係、庄内地方の家々の守り神であるオコナイサマと類似事例である東北地方に信仰されるオシラサマとの比較分析などを取り上げた。

はたして庶民信仰とは何だろうか。それは、特定の神と教義を信ずる既成宗教教団に帰する信仰ではない。普段の生活からにじみ出た人智を超えたものに対する畏怖・畏敬の念と、祈り・願い、あるいは先祖の弔いや亡くなった方々への鎮魂の心などである。科学技術をいたずらに過信することなく、人間の奢りや傲慢さを捨て、自然界およびそこに宿る神々、あるいは亡者に対して敬虔な心や弔いの心を表すのが庶民信仰といえる。

まえがき

二〇一一年三月十一日に起った東日本大震災による大きな被害を経験した私たちは、あらためて各地域で継承されてきた民俗行事や庶民信仰などの地域文化から何を学びとることができるのか、真摯に思考を巡らすことが必要であることをつきつけられている。本書はそうした課題にも応えようとするものである。

平成二十七年三月

菊地和博

民俗行事と庶民信仰

目次

まえがき　3

第一章　日常にみる民俗行事……19

一　小正月の火祭り行事……20

1、小正月の火祭り「神送り」説……20

2、多彩な山形県の小正月の火祭り行事……22

3、奥村幸雄氏の火祭り「神迎え」説……24

4、小正月と予祝《よしゅく》の意味を問う……26

(1)宮城県の「松納め」26／(2)火祭りと神送りの合体　27／(3)豊作を前祝いする「予祝」27／(4)「火祭り」の意味の両義性　28／(5)「小正月」の位置づけ　29

5、今後の検討課題（問題提起）……29

【注】30

目次

二　民俗行事を担う子どもたち―失われた日々から考える―……………………32
1、地域と学校と子どもたち……33
⑴五十沢小学校の変遷　33／⑵廃校と編入体験　34／⑶袖崎小学校と上五十沢の子どもたち　38／⑷上五十沢地区の人口動態　43／⑸上五十沢地区の生業　44
2、上五十沢の年中行事と子ども民俗行事……45
⑴年中行事　45／⑵二つの子ども集団　47
3、子どもの民俗行事――地蔵さまめぐり……48
⑴行事の実態　49／⑵作文に見る「地蔵さまめぐり」　51／⑶地蔵堂の現状　54
4、子どもの民俗行事――十二堂さまめぐり……55
⑴行事の実態　55／⑵十二堂の現状　56
5、子どもの民俗行事――さんぼこうじさまめぐり……58
⑴行事の実態　58／⑵作文にみる「さんぼこうじさまめぐり」　59／⑶三宝荒神社の現状　63
6、他の「めぐり行事」との比較考察……64
⑴尾花沢市北郷地区「地蔵ころがし」　65／⑵最上郡金山町有屋地区「めぐり地蔵」　66／⑶「めぐり行事」の本質　67
7、子どもの民俗行事――オサイト（おさいど）……70

(1)各地のオサイト　70／(2)準備に励む子どもたち　72／(3)作文にみるオサイト　73
8、子どもの民俗行事──菖蒲《しょうぶ》たたき……77
(1)東根市藤助新田地区　78／(2)大江町左沢地区　79
9、子どもの民俗行事──虫送り……80
【注】　81

三　サイの神祭り行事……84
1、記録にみる庄内藩サイの神祭り……84
2、羽黒町手向地区の史的概況……87
3、桜小路下区の信仰状況……88
4、サイの神の祭り行事への地域の対応……90
5、参拝者へのお振る舞いと社会体験……91
6、唱え言葉（祝い文句）とサイの神の性格……93
(1)唱え言葉の意味するもの　93／(2)唱え言葉と人びとの絆　95／(3)サイの神の性格　96
7、人形棒「ケンケロ」の考察……97
(1)ケンケロの現状　97／(2)他地区との比較　98／(3)ケンケロの意味するもの　100
8、大黒様の家回り……102
(1)家回りの現状　102／(2)大黒様と飛び跳ね　104

9、サイの神参加の子どもたち今昔……105
10、サイの神のご神体の考察……110
11、まとめ……112
【注】114

四　生業にまつわる民俗行事―大江町の山間集落から学ぶ―……115
1、団子さし（旧暦一月十四日が多い）……116
2、雪中田植え（旧暦一月十五日が多い）……117
3、「地蔵様たがき」と「山の神様たがき」（旧暦一月十五日）……118
4、葉山福田講（おふくでん、旧暦一月二十日）……119
5、おしらさま（旧暦二月十六日）……120
6、大田植え（田植え終了後の夜）……121
7、蚕餅・お蚕上げ餅（六月末か七月はじめ）……122
8、虫送り（五月末から九月上旬のあいだ）……122
9、風祭り（二百十日の前日が多い）……123
10、刈り上げ（十月一日頃）……124
11、石碑「青苧権現」……124
【参考文献】126

第二章　山の神勧進と山の神信仰……127
一　山の神勧進の概況……128
1、山の神勧進の全体像……130
2、地区ごとの勧進の概況……133
(1)新庄市吉沢地区　133／(2)新庄市黒沢地区　134／(3)新庄市萩野地区　135／(4)新庄市赤坂地区　136／(5)新庄市仁田山地区　137／(6)新庄市土内地区　137／(7)新庄市小月野地区・月岡地区　138／(8)鮭川村の京塚地区・府の宮地区　139／(9)真室川町北東部地区　140／(10)金山町山崎地区　141／(11)戸沢村柏沢地区　141
3、山形県以外の山の神勧進……143
(1)岐阜県益田郡金山町　143／(2)岐阜県美濃加茂市深田町　145／(3)三重県内の勧進　146
4、勧進の男子成長祈願・祝祭性……148
おわりに……154
【注】155
二　山の神勧進の地区別詳細記録……156

目次

1、新庄市内の山の神勧進……157
⑴吉沢地区　157／⑵黒沢地区　162／⑶萩野地区　167／⑷赤坂地区　170／⑸仁田山地区　176／⑹土内地区　178
2、鮭川村の山の神勧進……179
3、真室川町の山の神勧進……183
4、金山町山崎地区の山の神勧進……187
⑴山崎地区の概況　187／⑵山の神神社とご神体　188／⑶勧進の実際　190
三　山の神勧進の起源とその意味するところ……199
1、山の神勧進の起源について……199
⑴「嘉永」「安政」の年号がみられる二体の「山の神人形」　199
⑵黒澤山神社調書と「万延二年」の年号　200
2、山の神勧進の意味するところ……202
⑴勧進の戸別訪問の二面性　202／⑵ご神体参拝の二重性　203／⑶男子の節供的意味合い　205
おわりに……208
四　山の神勧進に類似した山形県内の民俗行事……208

1、西川町大井沢地区……209
2、庄内地方……212
【注】213
五　山の神がもつ「作神」（農耕神）の役割—西川町大井沢の二つの民俗から—……213
1、山の神のおんび……214
2、作の神としての葉山……218
3、山の神の重みと本源性……220
【注】224
第三章　鎮魂供養と山寺夜行念仏……227
一　歴史にみる餓鬼仏・無縁仏の供養……228
1、盆の供養説……228
2、怨霊観念……231
3、東北地方の餓鬼仏・無縁仏供養……232

おわりに……234
東北地方の盆期間の習俗一覧……236
【注】239
二　念仏信仰のあゆみ—山寺夜行念仏《やぎょうねんぶつ》を考える基盤として—……240
1、浄土信仰と念仏系仏教の動き……240
2、念仏聖と踊り念仏……243
(1)長野県佐久市西方寺の踊り念仏　245／(2)山形県天童市仏向寺の踊躍《ゆやく》念仏　246
3、念仏信仰の大衆化—山形県内の事例を中心に—……248
(1)寺院における念仏行事　248／(2)民間における念仏講　249／(3)念仏碑　252／(4)念仏芸能　253
おわりに……258
【注】259
三　山寺夜行念仏と京都六斎念仏……260
1、京都六斎念仏の概況……261
2、京都六斎念仏の実際……264
3、山寺夜行念仏の発生由来……267
4、山寺夜行念仏と六斎念仏をめぐる検証……268

5、山寺夜行念仏と六斎念仏のさらなる検討課題……275
おわりに……276
【注】277

第四章　家にまつられる神々……279

一　オコナイサマとオシラサマ……280
1、オコナイサマの分布状況……281
2、オコナイサマの信仰現象……284
(1)ご神体の形状　284　／(2)巫女による衣の着せ替え　286　／(3)神主による着せ替え　287　／(4)オコナイサマの機能　289　／(5)オコナイサマの勧進　292　／(6)巫女の役割　297　／(7)オコナイサマの語源と由来　302
3、考察―オコナイサマとオシラサマの比較検討―……304
4、諸説の整理……320
(1)オコナイサマ・オシラサマの原型と本質　320　／(2)源流を求める南北の視点　322
5、まとめ……324
(1)同じ系譜を持つ神　324　／(2)家の神の性格と多機能性　324　／(3)神遊ばせの機能　325

／(4) 南北の複合的視座　326
おわりに……326
【注】　328

二　オシラサマ・オコナイサマにみる津軽ミコと庄内ミコ……332
1、青森県津軽地方のオシラサマとミコ……332
(1) イタコへの聞き取り　333／(2) オシラサマ所有者への聞き取り　336／(3) 村に出かけるイタコたち　341
2、山形県庄内地方のオコナイサマとミコ……343
(1) オコナイサマの信仰状況　343／(2) かつて村へ出かけたミコたち　344／(3) オシラサマ祭祀へのミコ関与の変遷論　346／(4) オシラサマに関与する羽黒巫女　348／(5) ミコ（巫女）と修験者とのかかわり　350
【注】　353

あとがき　355
初出一覧　358

第一章　日常にみる民俗行事

一　小正月の火祭り行事

小正月の火祭り行事とは、一月十五日のいわゆる小正月にお札や門松、注連飾りなどを一定の場所に持ち寄って燃やし、地域や家族の幸福や健康を祈る祭り行事であり、全国的に行われているものである。どんと焼き、どんと祭、左義長、おさいとなど様々な呼称があり、さらにこの火祭りには子どもたちなどの民俗行事が付随している地域も少なからず見受けられ多様な姿を示している。はたして、この祭り行事は各地域でどういう意味合いで行われているのかを探ってみて、そこに人びとは何を願ってきたか、どんな思いを寄せてきたのかを考えてみたい。

1、小正月の火祭り「神送り」説

正月に訪れた「年神様」（歳徳神）は、火祭りの煙に乗って帰っていくという考え方がある。つまり、これまで一月十五日の小正月の火祭り行事は「神送り」であるという解釈が多くなされてきた。

はじめに西日本の事例として、「備後国福山領風俗問状答」には、江戸期の備後国福山領（現広島県福山市）の「とんど」または「左義長」といわれる小正月の火祭り行事の様子が次のように記されている。(1)

とんどと申、城下町々、十日頃より子供集り、家々の注連縄　松飾りを相集め候、（中略）火をかけはやし申候、此時、とんどや左義長や明年もござれや、と人々はやし候ゆへ、焼くをはやすと申候

以上のように「とんど」や「左義長」は子どもたちがかかわる祭り行事であること、焼くことを「はやす」というように、さかんにはやし言葉が唱えられていることなどがわかる。そのはやしが「とんどや左義長や明年もござれや」という言葉である。「明年もござれや」という言葉から、そこに参加している人びとは小正月の火祭りが「神送り」であることの認識にたっているだろう。

つぎに東日本の事例として、福島県会津地方では小正月の火祭り行事を「正月様送り」といっている。正月様は燃やす明かりで望月の山へ帰ると信じられているのである。(2)　同じ福島県の事例

をもとに、田中宣一は次のように述べている。(3)

冬の火の代表である小正月の火祭りの煙に乗って、迎えた神が帰っていき、はるか西方をながめると高砂の尉と姥のような姿がみえるというところが福島県の太平洋岸にあるのは、盆の火を思わせるものである。

このようにはっきりと意識してはいなくても、正月の各種飾りをこの火で炊き上げるところの多いのは、正月の神をこの火で送ろうとする心意と無縁のものではないだろう。

一方、山形県庄内地方の事例として、佐藤昇一は「正月に門松や注連縄などをとり集めて焼く、歳神送り、トンド焼きがおこなわれ、この煙に乗って年神様が帰られるというところが多く、来年ござれと子供たちは送るのである」と述べている。(4)

以上のように、少なくとも江戸期から日本では小正月の火祭り行事は年神様を送るためのものという認識が根強くあることがわかる。

2、多彩な山形県の小正月の火祭り行事

写真１　小正月の火祭り
（村山市山の内地区「雪祭り」2008 年 2 月）

山形県内の小正月の火祭り行事の実施地域は、二〇〇四年現在一一三か所にものぼっている。(5) これは東北地方のなかでもじつに多い。このなかで全県的にはオサイド（「お柴灯」・「お斉灯」など）の呼び名が最も多い。山形市、天童市、東根市、中山町などでは「イワイイワイ（祝い祝い）」「ユワユワ」などとも称している。県南部にあたる置賜地方の川西町、長井市、白鷹町、飯豊町などでは「ヤハハエロ」、小国町では「サイズ（サエズ）焼き」などの呼称も特徴的であり内容も他地域と異なる要素をもっている。

庄内地方の酒田市・遊佐町・鶴岡市温海地区などでは、「サンド小屋・サイド小屋」などという呼称が目立つ。これは子どもたちが作る仮小屋のことで、その中にサイノカミ（塞の神・道祖神）を祀ってのちに小屋ごと燃やすのである。これは中部地方に多いサイノカミや、神奈川県大磯の左義長にみられるオカリコ（仮小屋）に通じるものである。

3、奥村幸雄氏の火祭り「神迎え」説

これまでの多くの「神送り」説に対して、小正月の火祭りは「神迎え」なのではないかという疑問がかつて奥村幸雄氏によって提示された。奥村氏は「置賜地方の正月の火祭オサイト」という論考に「神迎え」と考えられる根拠を示している。[6] 筆者は、二〇一〇年に発行された会誌『山形民俗』第二十四号に奥村氏の主張の要点となる部分を①～⑥に分けて検討を加えてみた。[7] そこでは多くの部分に問題点を指摘させていただいたのであるが、以下の二点について、あらためて注目しておきたいので次に引用してみる。

〈その1〉

小国町小坂町のサエジやき、ここの火祭は近くの山の上で行われる。豪雪地帯の冬真只中に、何故態々カンジキを履いて山の上に上るのかと疑問に思えるが、火祭が神迎えのためとすれば、山上が最も適した場所だからとも言えよう。何処でも共通していることだが、形のよい山頂には大抵社が建っている。山頂は神を迎えるのに一番よい所だからである。小坂町だけでなく、周辺の部落もそうであるし、新潟県旧三面村の場合も裏山に上がって焚いたという。しかも三面の場合は、中心となる子どもや若い男女は「いい着物を着て」集まったという。神迎えに相

応しい状況に思えるし、あちこちに山上の火祭があることは、山上に意味があると考えるべきこととも思われる。（三九頁・四〇頁）

〈その2〉

迎えられた神はいつ送られたのか。伝承面から探ってみると、まず考えられるのが一月二〇日である。小国町では二〇日に正月の神送るといって、各戸から一人ずつ出て大人程のわら人形を作り、行列をなして部落の上手より下までホラの貝を吹きながら「神おくーる、神おくーる」と言いながら送っていくところがある。人形は部落はずれに立てておく。小国町五味沢では、この仕事は若衆の受け持ちとされ、注連縄をもっていって村端れにかけてきた。新潟県朝日村三面にも神送りがある。（中略）二〇日は所謂二〇日正月で、七月二〇日盆と対比しており、元日正月になってからも行事の終わりの時期にはなっている。（四三頁）

引用は以上であるが、〈その1〉については、韓国の小正月火祭り習俗の「タルマジ」（迎月）との関連を思い起こさせる。山上にて「満月」に祈る火祭り行事であり、韓国にもじつに予祝行事が多い。類似性のある民俗文化として比較分析する視点も必要であろう。

〈その2〉については、小正月は一月十五日から二〇日までという観念があったとすれば、二〇日「神送り」説も検討にあたいすると思われる。ただし、わら人形をつくって神を送る行事に「病送り」というものがあり、それは各地で行われてきた実態も見受けられるので、すぐさま「小正月の神送り」と断言することはできない。

4、小正月と予祝《よしゅく》の意味を問う

ここでは、小正月と神様の関係、火祭りの意味、さらに小正月に多い「予祝」との関係について、次にあげる(1)〜(5)の事例をもとにさらに考察を進めていきたい。

(1)宮城県の「松納め」

まず小正月に火祭りをともなわない「神送り」があることを紹介したい。事例として次のように宮城県の「松納め」習俗について引用する。(8)

一月十四日夕方か十五日早朝、年神様の依代である松や注連縄を下ろして屋敷神や鎮守などへ納めたり、庭の木に結びつけたりする。この時「ホーイ、ホイ」と囃しながら持って行くのは，神を送り出す意味がある。県内でオサイドヤキを行うのは七ケ宿のみである。

⑵火祭りと神送りの合体

次に小正月火祭り行事と「神送り」の一体化が仙台市大崎八幡宮の松焚祭（どんと祭）にみられるので紹介する。(9)

「どんと祭」は、『仙台年中行事大意』（嘉永二年成立）によれば「暁参り」に訪れた参拝者が境内で行われていた「松焚き」に「松納め」の松や注連縄等を投入、燃やしたことに始まると考えられている。

このように⑴にあげた「松納め」（神送り観念）が大崎八幡宮の小正月の「松焚き」につながっていることが想定されている。

⑶豊作を前祝いする「予祝」

多くの小正月行事は「予祝」の意味合いがあり、全国的に商売繁昌・五穀豊穣・豊漁祈願など神（仏）の存在を意識した年占いや祈願行事を伴うものが多いのが特徴である。（芸能の事例としては、東北地方でかつて小正月に踊られた田植踊りがある。）

次にあげる小正月火祭りの名称と掛け声を考えればそれが「予祝」であることがよくわかる。

①名称＝「イワイイワイ（祝い祝い）」「ユワユワ」（山形市・天童市・中山町など）

②掛け声＝「祝〜い、祝〜い、作の祝〜い」（東根市）

以上、小正月の雪降る季節に、その年が豊作であると予測して祝っている状況がこれらの言葉に示されている。これが「予祝」の本質である。

⑷「火祭り」の意味の両義性

①山形県の尾花沢、舟形地区に神々の「お年越し」のためのオサイトが十二月中に多くある。

②最上地区の山の神勧進に「お年越し」のためのオサイトがある。今も山の神の縁日である十二月十二日前後に実施するオサイトがある。新庄市吉沢・黒澤・赤坂など五か所である。

以上、これらの「お年越」の火祭り（オサイト）は、一年の終わりにあたる「神送り」の側面と、一方では新しい年を迎えるにあたっての「神迎え」の側面の両義性を持っていることが考えられる。

(5)「小正月」の位置づけ

先にあげた『大崎に八幡宮の松焚祭と裸参り調査報告書』(仙台市教育委員会) において、大正時代の新聞に、「暁詣と唱へ年重ねの日と定めている田舎の人も大分あるやうである」と記されている。[10] つまり、小正月は「年重ねの日」とされていたようで、田舎の人にとっては新しい年(歳)を迎えるという意識があったことが認められる。これは小正月とは、年が改まる「新年」、新しい年のスタートという認識があったことを裏付けるものであり、現在の一月一日の大正月と同じ捉え方をしていたことになるのではなかろうか。

5、今後の検討課題(問題提起)

これまで述べてきたことを以下にまとめて、今後の検討課題としたい。

①小正月の火祭り行事が従来の説として強かった「神送り」であるとすれば、その火祭り行事には「予祝」を伴う側面がきわめて薄いものとなるはずではないか。なぜならば、「神送り」された状況の中での「予祝」は成り立たないからである。ところが、「イワイイワイ」や「作の祝い」の言葉は「予祝」を意味するものであったことから、そこに矛盾が生じている。

②宮城県の事例を参考にすれば、小正月の火祭りに大正月神送りの「松納め」などが混入するこ

とによって「神送り」観念が強まったことはないのかどうか、さらに検討を進める必要がある。
③小正月の火祭りが「神迎え」と考えるならば、「一年の始まり」の位置づけがより明確になるのではないかと思われる。
④日本列島の小正月火祭り行事について、地域単位で集められた多様な事例を分析・考察する必要があり、従来の見方、観念にとらわれすぎないようにすることが大切である。
⑤東北地方のなかで山形県の小正月の火祭り行事がきわめて多いことの意味は何か、今後も調査検討を続けなければならない。

以上、小正月の火祭り行事は「神迎え」か「神送り」かのいずれかの問題意識をもちつつ、今後は「小正月」そのものの意味を歴史的に考察するなかで、火祭りの豊富な事例を多面的に分析検討していきたい。

【注】

（1）「備後国福山領風俗問状答」『日本庶民生活史料集成』九巻所収　三一書房　一九七二年
（2）『会津若松市史　会津の年中行事民俗編3』会津若松市　二〇〇四年
（3）田中宣一『歴史公論10　火の民俗』雄山閣　一九七六年
（4）佐藤昇一「酒田の正月行事①」『荘内日報』第一二七二五号所収　荘内日報社　一九八三年

（5）『山形県の祭り・行事調査報告書』山形県教育委員会　二〇〇四年
（6）奥村幸雄「置賜地方の正月の火祭りオサイト」『山形民俗』第七号所収　山形県民俗研究協議会　一九九三年
（7）菊地和博「小正月火祭り行事」『山形民俗』第二十四号所収　山形県民俗研究協議会　二〇一〇年
（8）『宮城県民俗地図』宮城県　一九七七年
（9）『大崎八幡宮の松焚祭と裸参り調査報告書』仙台市教育委員会　二〇〇六年
（10）「河北新報」大正十二年一月十五日付記事　河北新報社　一九二三年

〈附記〉

本稿脱稿後に、「小正月火祭り行事の比較考察」（『研究紀要』第四号所収　東北文教大学　二〇一四年）を執筆した。仙台市の大崎八幡宮の松焚祭（どんと祭）や東北地方には見られない左義長の火祭り行事を考察したものであるが、残念ながら本書には反映できなかった。

二　民俗行事を担う子どもたち――失われた日々から考える

村山市の上五十沢《いさざわ》地区は、いわゆる里山集落であり、今なお茅葺き民家が数多く残る地域として、景観保全の観点から注目されている。しかし、人口の流出による過疎化が進んでおり、平成十八年十一月現在の地域状況は、十六戸三十四人という数字がその事実を明確に示している。当然少子化の波も押し寄せ、現在小中高生は一人もいないのが実態である。これらのことについては、のちに示す統計で改めて確認したい。

ところで、この地区にはかつて子どもが中心となって継承してきた民俗行事がいくつかあり、大変活発に行なわれていた。しかし残念なことに、子どもの民俗行事は平成三年までで終わったものと思われる。平成四年には小学生が一人となったからである。

そこで、今のうちに子どもの民俗行事をできるだけ正確に記録にとどめておく必要があると考えた。その方法は、地元の方々からの聞き取り調査と、子どもたちが残した作文の活用だった。作文には子どもの目をとおして当時のありさまが率直に描かれていた。

こうして、本書では、「地蔵さまめぐり」「十二堂さまめぐり」「さんぼこうじさまめぐり」「オサイト（おさいど）」「菖蒲たたき」「虫送り」の六つの民俗行事を、文面を通して可能なかぎり再現してみた。ここに、地域の民俗行事とともに歩んだ上五十沢の子どもたちの一断面を描きながら、そこから学びとるべきものは何かを考えてみようとした。

1、地域と学校と子どもたち

民俗行事に触れる前に、上五十沢の子どもたちの地域生活や学校生活の一端に触れ、行事がどんな地域環境に育まれたのかをみてみたい。

(1) 五十沢小学校の変遷

村山市の上五十沢地区と尾花沢市の下五十沢地区は、昭和二十八年まで袖崎村に所属する同じ行政区域だった。この両五十沢地区には、明治以来共通の学校が設立されていた。

明治八年、下五十沢地区（細かにいえば、中五十沢地区）の東側丘陵にある喜覚寺内に五十沢学校が創立された。以後、建物の移転が続いたが、明治一五年に五十沢小学校として校舎が新築。二十一年に五十沢簡易小学校、二十五年には五十沢尋常小学校という変遷を辿った。両地区の分離直前までは袖崎村立五十沢小学校、さらに分離後の昭和三十年には、「村山市・尾花沢町組合立五十沢小学校」の名で再スタートした。町村合併という行政区域の激変のなかで、子どもたちはこれまでと変わらずに五十沢小学校に通い続けることができたのだった。

しかし、この学校の存続期間はわずか一七年間だった。五十沢小学校は生徒数の減少から昭和四十七年三月に廃校となり、四月から上五十沢地区の子どもたちは村山市立袖崎小学校に編入され、スクールバスで通学することになったのである。(1)

この母校の廃校という悲哀を経験した当時の小学生の作文が残されているので次に紹介する。(2)

(2) 廃校と編入体験

〈作文1〉

一年をふり返って

六年二組　吉野恵理（仮名）

一年をふり返ってみると、楽しかったことや悲しかったことがたくさんあった。ちょうど一年前の今ごろ、五十沢小学校の廃校問題がもち上がった。その時は、うそか本当かわからなかったが、部落の人たちや母が、市長さんや教育委員の人、市会議員の人たちに話にいったりした。

わたしたちは、五十沢小学校が廃校になったら、学校や使いなれてきた学校の中のたくさんの教材がどうなるのか、とても心配になった。

それに、校門の西側にそびえ立つあの、大きないちょうの木が切られたら、わたしたちの思い出がなくなってしまうんではないかと思い、胸がしめつけられるような気がした。

その時は、まだ、どこの学校に通うのか、友だち同士がいっしょに勉強できるのかもわからずに、ほうとうに悲しかった。

三月二十四日、とうとう廃校式をむかえた。この日をかぎりに、「尾花沢市・村山市組合立五十沢小学校」の名は、永久に消えてしまった。

六年生の児童会長が、おわかれのことばをのべた時、うしろの方にならんでいる母たちを見たら、みんな、目を真っ赤にして泣いていた。先生方の悲しそうな顔も見えた。

式がすむと、数々の思い出をきざんだ、なつかしいいちょうの大木と、石の校門をあとにした。帰りは、廃校式の話でもちきりだった。観音前に来た時、うしろをふり返ってみると、いちょうの木が大きくそびえ立って、

「がんばるんだぞ」と、わたしたちに話しかけているように見えた。

四月に、村山市でスクールバスを買ってくださった。そのスクールバスに乗って、袖崎小学校へ通うことになり、新しい学校とたくさんの友だちができて、うれしかった。

はじめは、少し不安もあったが、今では楽しく勉強したり運動したりしている。もうわずか

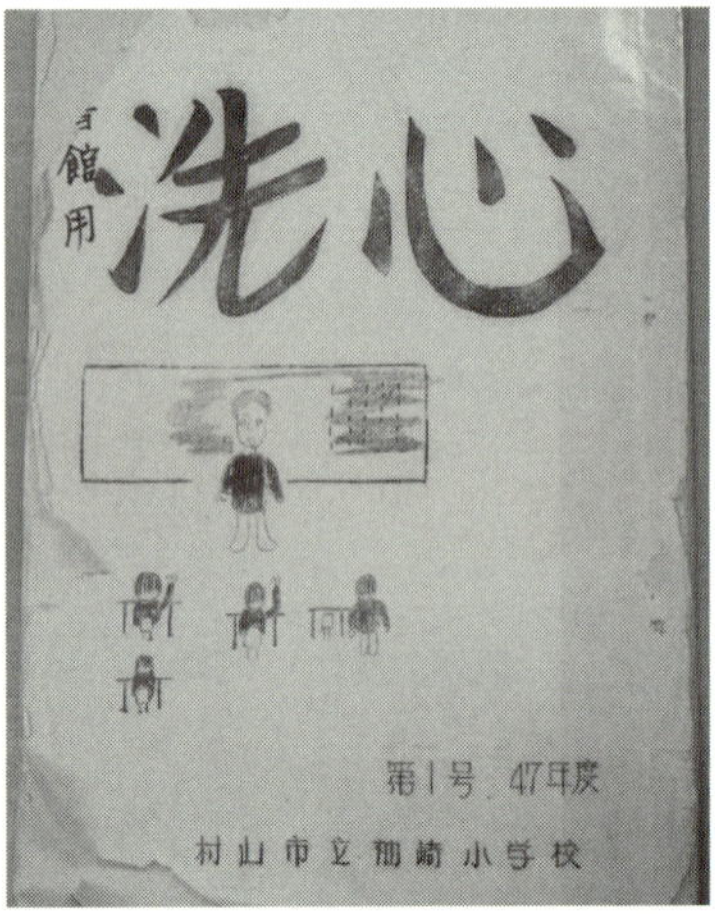

写真２ 『洗心』第１号（1973 年３月）

で卒業だが、がんばって勉強し、堂々と胸をはって中学校に進みたい。

この作文は、村山市立袖崎小学校の文集『洗心』第一号（昭和四十八年三月発行）に掲載されたものである。この作者がちょうど五年生の終わりに、学び舎の廃校という悲しい出来事に直面している。記録によれば、袖崎小学校へ編入した生徒は十七名であった。[3]

昭和四十七年三月二十四日、五十沢小学校の廃校式の際に撮った写真が残されている。まだ雪深い校庭で生徒、教職員が最後の記念撮影におさまっている。数えてみると四十四名の児童生徒がいる。[4] 尾花沢方面に通わねばならない下五十沢地区の子どもたちも相当数いたであろう。その生徒たちとも別れなければならなかった。

作文には、当時の戸惑いと悲しさ、先行きへの不安などが綴られている。特に印象的なのは、校門の両脇に聳え立つ、いちょうの大木への思いである。

「あの大きないちょうの木が切られたら、わたしたちの思い出がなくなってしまうんではないかと思い、胸がしめつけられるような気がした」「数々の思い出をきざんだ、なつかしいいちょうの木と、石の校門をあとにした。」

この文章は、子どもにとって、学校を取り巻く自然や景観というものが心を支えたり励ましたりするものとして、予想以上に大きな影響をもつものだということを教えてくれる。五十沢小学校の子どもたちにとって、このいちょうの木こそ大切なものであったということがよく伝わってくる。

「うしろをふり返ってみると、いちょうの木が大きくそびえ立って、『がんばるんだぞ』と、わたしたちに話しかけているように見えた。」

このように、いちょうの木が「がんばるんだぞ」と励ましていると受けとめられる作者の心が、すでに悲しみを振り切り前向きに生きようとしていることを示している。多分作者ばかりでなく、五十沢の子どもたちすべてがそういう気持ちだったろう。

写真3　今も残る五十沢小学校跡地の大いちょう

神崎小学校へ通ってからは、「新しい学校とたくさんの友だちができて、うれしかった」「今では楽しく勉強したり運動したりしている」とあるように、新しい環境にうまく適応している様子が記されている。挫けずに多数の中に溶け込めたのも、それまでの地域や家庭で蓄積した逞しく生きる力があればこそだと思われる。

五十沢小学校跡地は、そのまま尾花沢市が管理する児童公園になっている。今なお、校門が残されており、そこには「五十沢小学校」と書かれた標札も当時のままである。校庭もグラウンドもそこにあった痕跡をとどめている。作者が心配していた校門の両脇にあった大いちょうも、今も入り口正面の左右に凛と聳え立っている。

校舎はなくなっても、思い出を辿れるものはそのまま残したいという心情が随所に感じられる。五十沢の人びとの、消え去ってもなおそこにある大切なものをいとおしむ心が、切々と伝わってくる。

(3) 袖崎小学校と上五十沢の子どもたち

①秋の遠足にみる交流

さて、袖崎小学校へ通うことになった上五十沢の子どもたちのその後である。袖崎小学校の通学区は、本飯田、土生田、赤石・高玉、五十沢の四地区だった。方々から通う生徒たちと溶け合って仲良く過ごす五十沢の子どもたちだった。

次の作文は、学校から東方面へ山越えして上五十沢方面に遠足に出かけたときのものである。(5)ただし、作者は五十沢出身の生徒ではない。

〈作文2〉

楽しかった秋の遠足

五年　後藤信人（仮名）

遠足の時は、いい天気でした。雨が降るといやだなと心配していたが、晴れだったので安心しました。湯舟沢をすぎ、七曲がり峠に入った。六つ位のぼった。そしたら、だれかが
「あれ、カモシカだ！」
と言ったので、ぼくはドキッとしました。はじめはうそだと思っていたが、本当であった。大きなカモシカが二頭、ぜっぺきの方をのぼっていった。みんなはワーワーさわいで、ながめた。

七曲がり峠をすぎて休んだ。ぼくはみんなと一しょに栗ひろいをした。五・六個拾った。少し歩いたら、上五十沢が見えた。

まず、淳一君の家に行った。それから、下五十沢に向かった。途中、カナヘビをつかまえた、イヌもいた。最上三十三観音の札所があったので、階段をのぼっていきお参りをした。和良君が
「神社の中がら、声するー。」
と言ったので、びっくりした。学校のあとの公園で昼ごはんを食べた。腹がへっていたので、とってもおいしかった。ブランコに乗って遊んだ。おもしろかった。

帰りはドライブインに寄って二十分位休んだ。水をたくさん飲んだ。歩いたのでつかれたが、とても楽しかった。

この作文は、村山市立袖崎小学校の文集『洗心』第十三号（昭和六十年三月）に掲載されたものである。地図で確認できるように、袖崎小学校がある土生田地区と上五十沢地区は、七曲がり峠がある山を隔てて東西に隣り合っている。しかし、当時山道は通学路としては使えず、スクールバスが山を北回りで迂回して両地区をつないでいたのである。普段子どもは歩かない山道だが、作文にあるように秋の遠足では格好のコースとなった。「湯舟沢」とは、山中にある温泉宿がある場所であり、今も「湯舟沢温泉」として知られている。そこを登ってくねった七曲がりを超えると上五十沢が眼下に見えてくる。

一行は五十沢の集落を目指して降りてきて、まず、上五十沢から通学してくる「淳一君の家に行った。」とある。昭和五十九年当時、袖崎小学校に通う上五十沢出身者はわずか二人だけであった。淳一君はそのうちの一人だった。たぶん、五年生の遠足参加者は、数少ない友達の集落を訪問した挨拶の意味を込めて立ち寄ったのだろう。学校以外の場所における心温まる交流である。

それから、下五十沢に向かう途中、集落のほぼ境界付近にある最上三十三観音霊場札所である「五十沢観音」をお参りしている。その後、昼食をとった場所として「学校のあとの公園」が出てくる。それがまさしく五十沢小学校跡地なのである。「ブランコに乗って遊んだ。」とあるのは、児童公園のなかに遊具が若干置かれているからである。「淳一君」はこの五十沢小学校には学んでいない。昭和四十七年の廃校からすでに十年以上経過しており、もう格別の感慨はない世代になっていたのである。

②統計にみる上五十沢出身者の生徒数

次は、袖崎小学校における上五十沢地区出身の生徒数の推移である。[6]

昭和四十八年度のみ、学校全体の生徒数とその出身地区別内訳数を示した。

昭和四十七年度　十七人（五十沢小学校より編入）
昭和四十八年度　十三人　全校生徒数　二八三人
〈内訳〉
本飯田地区九十七人、土生田地区一五一人
赤石・高玉地区二十二人
四十九年度　十三人
五十　年度　十二人
五十一年度　九人
五十二年度　不明
五十三年度　五人
五十四年度　五人

（五十五～五十七年度　不明）
五十八年度　二人
五十九年度　二人
六十　年度　不明
六十一年度　二人
六十二年度　二人
六十三年度　四人
平成元年度　五人
平成二年度　四人
　三年度　三人
四年度　一人
五年度　一人　（全校生徒数　一二六人）
六年度　〇人　これ以降在学者なし

以上の統計は、上五十沢出身生徒数が漸減する姿を映し出している。昭和四十八年度において、すでに上五十沢の生徒は全校生徒数の四・五％でしかなかったが、集落の過疎化にともなう人口減とともに、子どもの在学者も減少していった。平成五年を最後に袖崎小学校とのかかわりがまったく途絶えたのは、時代の流れというほかない。統計上からみて、上五十沢の子どもの民俗行事が維持されたのは、平成三年あたりが最後だったと考えられる。

(4) 上五十沢地区の人口動態

いうまでもないが、子どもの人口の推移は上五十沢地区全体の生活実態と密接に関係している。ここで、上五十沢地区に住む人びとがどう減少していったか、正確につかむことができる昭和五十七年以降から数年間隔で戸数と人数をみてみる。(7) 平成十八年をのぞき、すべて統計は三月三十一日現在のものである。

昭和五十七年	二十六戸	九十五人（男四十四人、女五十一人）
六十三年	二十四戸	七十三人（男三十五人、女三十八人）
平成　六年	二十二戸	六十人（男二十八人、女三十二人）
十二年	十九戸	四十九人（男二十四人、女二十五人）
十六年	十八戸	四十四人（男二十人、女二十四人）
十七年	十八戸	四十一人（男十九人、女二十二人）
十八年	十六戸	三十五人（男十六人、女十九人）

〈十八年のみ十一月三十日現在〉

以上、人口推移の節目のみをみてみたが、平成十七年三月から今年の十一月までに、すでに二戸、七人が減少している。こういう地域全体の過疎化の進行のなかで、平成六年から小学生がまったくいない厳しい状況に直面した事実を把握しておかなければならない。

⑸ 上五十沢地区の生業

上五十沢地区の生業としては、里山ということもあり、当然ながら炭焼き業が行なわれた。炭焼き従事者は、戦争が終わった一九四五年（昭和二十年）以降は十二名に増えているが、一九六五年（昭和四十年）以降からまた減り始め、一九七五年（昭和五十年）から三人に激減、翌年からまったくいなくなる。この推移は、いうまでもなく日本の石炭業の衰退という産業構造の変化とともにある。地域の製炭業は生業として成り立たなくなっていたのである。

五十沢の炭焼き従事者の数であるが、地区全体の人口動態が不明なので前述した昭和五十七年以降の上五十沢地区人口の統計数を参照してみれば、その数は意外に少ないというのが実感である。炭焼きの一方では養蚕業が大変盛んに行なわれていたようである。(8) 村山市内でも盛況な地域だったといわれており、生業として養蚕業に依存する割合が高かったのではないかと思われる。

もちろん、耕地面積は狭いながらも田畑の耕作も伝統的に行なわれている。なかでも畑地に青苧が栽培されていたとも聞く。いわゆる苧麻（からむし）であるが、これは繊維から糸を取り出して単衣の高級衣料の原料となるものであり、江戸時代から出羽山形は良質の青苧を産出する地域として全国に知られていた。栽培農民は良質の繊維は売ってお金に買え、質の悪い繊維を利用して自家製の労働着を作ったりしている。村山地方では、青苧は山辺地区で生産する蚊帳の原料としても生産され、仲買業者が各農家で精製した青苧繊維を買い集めに来たりしていた。

他方では、「昭和三十年代、五十沢はまたぎの村だった」ともいわれている。(9) 要するに、厳しい生産環境と闘いながら、炭焼き・養蚕・狩猟・稲作・畑作などの複合的な暮らしの営みが続けられてきたといえよう。

2、上五十沢の年中行事と子ども民俗行事

子どもの民俗行事を含めて、かつて上五十沢地区の年中行事にはどのようなものがあったのかをみてみよう。(10) 特に傍線太字で表記した項目が、これから述べる子どもが担う民俗行事である。

(1) 年中行事

一月　一日　元日参り（三宝荒神神社に参拝）
　　二日　正月礼　（　同　右　）
　　七日　七草
　　十一日　農始め（初仕事としての荷縄ない）・団子さし（みず木に団子）
　　十四日　雪中田植え（稲藁と豆がらを庭の雪の中に植える）
一月一五日　十二堂さまめぐり・さんぼこうじさまめぐり
　　　　オサイト（おさいど）
　　二十日　二十日正月
二月十六日　山の神様まつり（山の神が田の神になる）
三月　三日　雛祭り
四月十二日　氏神様（三宝荒神）の祭り
五月　五日　菖蒲たたき
　　一五日　さなぶり（田植え終了後の休み）
六月十四日　牛湯治（農業の手を休め銀山温泉に一泊）
七月十七日　虫送り
八月　七日　七夕
　　十三日　墓参り

一五・十六日　嫁の盆礼（嫁にいった人が実家に顔をみせる）
　十六日　送り盆
九月一五日　豆名月
二十九日　刈り上げ（稲刈り終了祝いに餅をつく）
十月十三日　芋名月
　十六日　ムジナムのムカサリ
　　屋根の上に登り逆立ちをすると、ムジナがムカサリ（結婚式）を
　　しているのが見えるという言い伝え（餅をついた）
　二十日　契約講（集落の規則を決める）
十一月三日　大師講（三大師さまに団子を捧げる）
　十三日　大師講（　同　右　）
二十三日　大師講（　同　右　）
十二月三日　福の神（二股大根を神様にお供えする）
二十四日　地蔵さまめぐり（古月払い）・オサイト（おさいど）
三十一日　正月餅つき

(2) 二つの子ども集団

上五十沢地区の二つの子ども集団の実態について述べよう。当地区は子どもが多かった時代、集落の半分からの北と南に二分されていて、二つの子ども集団が別個に活動していた。通常、北側の集団は「北向かい」といわれ、南側の集団は「上（かみ）」といわれた。それぞれ二十数戸ほどあった時代である。地域の年間を通した行事は共通だったが、子どもの民俗行事は「北向かえ」と「上」ではいささか異なる部分もあった。しかし、子ども同士は、互いの領分は犯さない原則のようなものがあり、双方はほとんど行事内容に口出しやかかわりを持たなかった。したがって、同地区でありながら相手の行事の中味はよくわからないという状況もみられた。ただし、相手方の領域にも入り込んで藁を集めたり、お賽銭をいただいたりしたように、行事そのものは「相互乗り入れ」していたのである。これが後年子どもの数が少なくなると、一つの集団内の行事にとどまる傾向が出てきて、一種の張り合い感が薄れていったのはやむを得ないだろう。

しかし、ある時期までは両者は一種の対抗意識もあって、「向こうがそうならば、こっちは…」というような、いい意味での競う合う気持ちも働いていた。今からすれば、それほど子どもが集団をなして活発に地域活動を行なっていたのかとの感慨を禁じえない。

3、子どもの民俗行事——地蔵さまめぐり

写真４　地蔵堂に祀られた地蔵菩薩など（2006 年 12 月）

(1) 行事の実態

「北向かい」の子ども集団の民俗行事からはじめよう。まず「地蔵さまめぐり」という行事があった。北向かいの集落の東側の山裾には地蔵堂があり、その中には像高四十八センチメートルの石造のご本尊地蔵菩薩が祀られている。このご本尊が家々をめぐり歩いたのである。もちろん子どもたちの手によってである。子どもたちによって抱かれ、あるいは背負われ、雪深いなかをソリに載せられて家々をめぐった。着物を着用して身なりを整えた立派な地蔵であるが、石で作られていたので子どもたちにとってはことのほか重く感じられた。

この「地蔵さまめぐり」は、旧暦十二月二十四日の夕方に行なわれた。じつは、この日は全国の地蔵菩薩の「年取り」（お歳夜）でもあった。当地区の地蔵めぐり行事もこの日に合わせて行なわれたものだろう。三年から六年生の男子が担った行事であるが、のちには人数不足から学年を下げて一年生の子どもも参加し、さらには女子も加わった。このことは平成に入る前の話である。

子どもは地蔵を抱えながら家々の玄関に入って行く。六年生が交替して「古月払いに参りましたぁ〜」という挨拶を述べて回る。待ち構えていた家の人は、訪ねてくれた地蔵さまに深々と頭を下げて手を合わせ拝む。家内安全や身体堅固、五穀豊穣など切なる気持ちで祈るのである。そして寒い中を歩いてきた子どもたちに労いの言葉をかけながら、地蔵様への「お賽銭」としてお金をあげる。このお金はのちに均等に分け合う実にありがたいものであった。参加した子どもたちにとっては、自由に使える小遣銭が得られる楽しみな行事の一つだった。年の瀬も近い雪の中、子どもたちは地蔵さまを待ち構える家々を目指して歩いたのである。

ところで、子どもが玄関に入る際の言葉が「古月払いに参りましたぁ〜」であった。「古月払い」とは何か。これは神主や宮司が、その年の暮れに氏子の家々をめぐって、その家で祀る神々を祈祷することをいった。神々への一年の感謝と、新しい年を迎えるにあたって我が身や家の厄を払う意味があったと思われる。五十沢では、神主に代わって「地蔵さま」自身が家をめぐってその役割をはたす、という行事だったと考えられる。一年の締めくくりの時期であり、新しい年を迎えるにあたっての重要な行事だったのだろう。上五十沢地区の場合、それが子どもの自身によって自治的に行なわれてきた。より神に近い子ども自身の手によるところに大きな意味がこめられていたと考えられる。

⑵ 作文に見る「地蔵さまめぐり」

つぎに紹介するのは、上五十沢出身の小学校六年生男子生徒の作文である。(11) 題は「おさいどう」となっているが、後に記す行事の「オサイド」のことである。「地蔵さまめぐり」は、藁を集めて燃やす行事のオサイドと一体となっていたのである。

〈作文3〉

六年　今田芳広（仮名）

十二月二十四日、今年もまたクリスマスイブ、そしておさいどうの日が来ました。今年は一軒引っ越したので、全部で二十三軒に減ってしまいました。

午後二時に集まり、神社への道をふんでから、わら収集を始めました。もちろんぼくの家も出しました。それから円すいの形に組み立てたとき、二度ぐらいくずれてきました。ぼく達は、ほとんどを崇くんにまかせて女の人達と雪合戦のようなことをしていました。

組み立てが終わったとき、残ったわらが多くてびっくりしました。こんなにできるのかなあと心配でしたが、たくさんできるからまあいいかと思いながら、家で五時まで待っていました。

五時近くにろうそくを持ち、地蔵様を持ってみんなで出かけました。部落のはじの家から順に回りました。ぼくは今日集まるお金のことばっかり考えていました。各家を回ると、部屋から出てきて、おさい銭を出してくれるのは、たいていの家でおばあさんでした。そのおばあさん達が、拝み終わってお地蔵様に話かける顔は、とてもやわらかく、心の底から笑顔を出しているように思えました。地蔵様のかぶっている帽子をみながら、「これ、むがす私が作ったんだけなあ。」と言って、なつかしそうにじっと見ているのです。ぼくにこんな笑顔ができるだろうかと思うと、気が重くなりました。

そんなことがあって、六時半ごろ全戸をまわり、わらに火をつけおさいどうをしました。お金も分けあいました。九時ごろ家にもどりました、今年もまた一つ教わったような気がしました。ホワイトクリスマスイブ、来年もがんばろうと気をひきしめて帰りました。

この作文は、村山市立袖崎小学校の文集『洗心』第十九号（平成三年三月）に掲載されたものである。ここから、「地蔵さまめぐり」は平成二年の十二月に行なわれていたことがわかる。今から十六年前までは確実に行なわれていたのである。ただし、前出の統計からわかるように、この平成二年には上五十沢地区出身の生徒は四人まで減少していた。平成三年が三人となり、翌四年からは一人となったので、「地蔵さまめぐり」をはじめその他の子どもの行事は、平成三年まで終わったことが考えられる。

さて、この作文に示される内容は、午後二時からの「おさいど」に必要な藁集めと、その藁を円錐形に組み立てる作業を済ませて一旦家に戻ったこと、午後五時近くからいよいよ地蔵様めぐりが全戸をめざして始まり、一時間半後に終了したこと、おさいどは六時半から藁に火をつけて燃やし、九時ごろまで続きあとは家に帰ったこと、などである。

そこで、注目の「地蔵さまめぐり」についてみてみよう。そこには、「ぼくは今日集まるお金のことばっかり考えていました」「お金も分けあいました」とあり、当然ながらお賽銭であるお金を得ることを楽しみにして行なわれていた。そこには子どもにとっての実利的な面が赤裸々に表現されている。それは子どもからすればしごくまっとうなことである。

ただし、この行事がただそれだけでは終わらない、すぐれて教育力を持つものであることが、男子生徒の観察力と率直な表現で描き出されている。それは、地蔵様に話しかけるおばあさん達の姿が的確に捉えられている場面にみられる。

「拝み終わってお地蔵様に話かける顔は、とてもやわらかく、心の底から笑顔を出しているように思えました」というみごとな捉え方の、そのあとで、「ぼくに、こんなふうな笑顔ができるだろうかと思うと、気が重くなりました」と素直な心情を吐露している。おばあさん達の仏のような優しい心と、自分の心のありようをじつに誠実に比較している。そうあらねばならないと思ったからこそ、まだまだ未熟な自分自身に気づいて、「気が重くなりました」と述べているのだ。「おばあさん達」という老人たちとの触れ合いから学ぶものの大きさは格別である。この男子生徒の賢さと、「地蔵さまめぐり」という優れた「学習素材」の出会いに感動を新たにする。

男子生徒の文末はつぎのように締めくくられている。「今年もまた一つ教わったような気がしました」「来年もがんばろうと気をひきしめて帰りました」。これらの言葉は、「地蔵さまめぐり」などの地域体験が教科書にも勝る学習体験となるということを教えてくれる。上五十沢の子どもたちは、このような実施体験を積み重ねながら山間の集落のただ中で暮らし成長したことの重みをあらためて考えさせられる。

(3) 地蔵堂の現状

最後に地蔵堂の現状について触れておこう。地蔵堂は本来上五十沢地区の南方東側の山麓にあったが、かつて火災にあって現在の北向かい側に移転した。山の中腹の階段は昭和五十七年に工事が行なわれ、赤い鳥居は昭和五十三年に建設されている。お堂の中は六畳の部屋となっており、掃き清められて整然としている。

祭壇の中心には、「地蔵さまめぐり」の主役であった地蔵菩薩が立っていた。いくつもの着物の重ね着がなされていて、地域の人びとに手厚く信仰されてきた様子が一見して認められる。この地蔵こそ、何人もの子どもたちによって抱かれて家々を訪問した体験を刻み込んでいる。訪問先のおばあさん達によって笑顔で話しかけられた、その「お地蔵さま」は今は静かなたたずまいを見せている。

あたりには折り鶴や人形、後生車、その他たくさんの供物が並べられていて、今でも地区の人びとによって根強く信仰されていている現状がよく伝わってくる。座布団十枚も重ねられ、テーブルも置いてある。現在でもこの中で会合が行なわれ一定のコミュニティーがはかられていることがうかがわれる。

4、子どもの民俗行事——十二堂さまめぐり

(1) 行事の実態

「北向かい」の子どもの行事は、年明けて間もなく始まる。それが「十二堂さまめぐり」である。さきほど触れた地蔵堂の境内には、地蔵堂から十メートルくらい離れた場所に石の祠がある。それを上五十沢では「十二どさま」と呼んでいるが、本稿では「十二堂さま」と記す。祠の高さ一一〇センチメートルもある石製の大きなものである。さらに祠は高さ八十五センチメートルの立派な石段の上に置かれてある。この石段は昭和二十六年春に作られており、それ以前十二堂様は地べたにあった。[12] この石段の新設にかんしては後ほどまた触れたい。

祠の扉はなく、中は吹きさらしの状態である。そこに長細い丸みを帯びた自然石が二体置かれている。一つは一五センチメートル、一つは二十センチメートルであり、いずれも磨かれたよう

に滑らかである。これがご神体の一部なのだろう。じつは先ほど触れた地蔵堂の中に、数体の小さな自然石が納められ、帽子や衣類が着せられてある。これらも十二堂さまのご神体であり、祠に扉がないので地蔵堂に移したのだという。上五十沢では十二堂の神様は「母の神」だと伝えられてきたようだが、その実態はわからない。

このご神体の活躍する機会が一年に一度、旧暦一月十五日にあった。まさに小正月の時期であるが、この日、自然石の頭部に帽子を被せ着物を着用した姿で人びとの前に現れる。男子の子どもたちばかりがいわば異界から訪れた「来訪神」ともいえる自然石を持ち歩き、「正月礼にまいりましたぁ〜」と挨拶をして上五十沢の一軒一軒をめぐったのである。神みずからが「正月礼」ということはないはずであるが、神の代弁者たる子どもの、人びとへの折り目正しい挨拶と考えるべきかも知れない。家々では安産、子育ての守り神としてはもちろん、家内安全、身体堅固の祈りを叶えてくれる仏としてありがたく受け入れたのであった。

先に述べたように、この日はオサイトも行なわれる日であった。したがって「十二堂さま」の訪問とは別に、午前中に各家々を回ってオサイトで燃やす藁もらいにも励んでいた。さらに男子の年長者は、オサイトの中心に立てる木の幹を雪の積もる山に登って切り倒してくるのだった。当時の子どもたちに驚くほどの自立した精神や行動力があったことは先に述べたとおりである。

⑵ 十二堂の現状

ところで、「十二堂さま」とは何か。地元では、祠の中には自然石が十二個置かれていたという話もある。「十二」という数字からは、「十二山の神」が思い起こされる。これは十二様ともいわれるので、十二堂様と同じであるかも知れない。そうであれば、この祠は山の神様をご神体として祀っていることになるだろう。しかし、山の神様であれば、年取り（お歳夜）は十二月十二日であるから、この日にこそ家巡りやオサイトがあっていい。ところが実態はそうでない。「十二堂さま」は必ずしも山の神様と断定することはできない。

上五十沢には山の神は別に存在する。以前は集落の南端に山の神を祀るお堂があったが雪の重みで崩壊し、現在は三宝荒神社に合祀している。この山の神は、炭焼きなど山仕事に従事する人達の篤い信仰があった神様である。そういう人達は毎月十六日になると、徳利一本を持って参拝に訪れたという。旧暦の十月十六日が祭礼日となっている。五十沢は地形的に山間の集落であり、おのずから炭焼きを仕事としている人は多かった。依然として「十二堂さま」と山の神との関連は不明なままである。

ところで、この十二堂様の祠は高さ八十五センチメートルの石段の上に置かれていて、石段は昭和二十六年頃に作られたと先に述べた。この石段を作る際に地べたにあった祠の下から出土したものがある。それは女性器を象ったと思われる中央に窪みをもつ楕円形の石である。大きさが四十五センチメートルから小さいもので一五センチメートルの大小六個である。穀物の豊饒への祈りの道具という説もあるようだが、(13) 実態はわからない。近くの縄文時代の遺蹟からの出土品ではないかともみられている。

5、子どもの民俗行事――さんぼこうじさまめぐり

(1) 行事の実態

「北向かい」に対する「上」の子どもたちが行なう民俗行事に「さんぼこうじさま」の家めぐりがあった。「さんぼこうじさま」、それは三宝荒神社に祀られるご神体のことである。

ご神体は約三十五センチメートルの木像であり分厚い衣類に身を包んでいる。拝殿と祭壇を区切るものとして観音開きの格子戸があり、ご神体は祭壇中央に鎮座している。この「さんぼこうじさまめぐり」は、旧暦一月一五日のオサイトとともに行なわれていた。ご神体を持って子どもたちが、「さんぼこうじさま、お正月礼に参りましたぁ〜」と言って家々をめぐり、お賽銭としてのお金をいただく。この行事内容は、すでに述べた北向かいの「地蔵さまめぐり」や「十二堂さまめぐり」とほぼ同じであることは、これから紹介する子どもの作文をとおして知ることができる。

「さんぼこうじさま」自身の祭礼は、めぐり行事やオサイトとは別に旧暦四月十二日である。

五十沢では昔から氏神様のお祭りと称している。しかし、地域の人びとにとってどんな神様として認識されていたのかあまり定かでない。一般的には、三宝荒神とは火伏の神、竈を守る神、稲作儀礼では作神などと考えられている。しかし、めぐり行事は、すべからく神仏の訪問をありがたく受け入れ、家内安全と五穀豊穣などごく身近な幸せを願う心情に支えられている。とすれば、その神もしくは仏が本来どんな機能をもっていたかを問うことは、さほど重要なことではないということになる。

つぎに、この「さんぼこうじさまめぐり」を体験した小学校四年生の女子生徒の作文を紹介する。(14) 題名は「おさいど」となっているが、内容は「さんぼこうじさまめぐり」と一体となっている。

(2)作文にみる「さんぼこうじさまめぐり」

〈作文４〉

四年　斎藤由香（仮名）

一月一五日は、おさいどでした。

朝、八時に、あつ子ちゃんとわたしで、神社に行って道ふみをしました。坂で、とてもこわいところがあり、かいだんを作ったりしながら行きました。

それがおわると、わらあつめをしました。わたしは、あつ子ちゃんに、「何て、いうて、もらいいぐどえんだや。」と、聞きました。あつ子ちゃんは、

『さんぼのわら集めに来ました』ていうどええんだ。」

と、言いました。あつ子ちゃんとわたしは、声をそろえて、

「さんぼのわら集めに来ました。」

と、言って、わらを二そくずつもらって歩きました。

いろいろな人からもらいましたが、軽いのと重いのといろいろありました。

さあ、こんどは、とても大へんです。さんぼこうじ様の上まで、これを運ばなくては、なりません。さか道なのでなおくたびれます。昼ごはんを食べてからもまた、わら運びをしました。

中一のまさる君が、木を切ってたててくれました。わらもたててじゅんびしてくれました。

夕方になると、あつ子ちゃんとわたしは、「さんぼこうじさま」を持って、二人で、「さんぼこうじさま、お正月れいにまいりました。」と言って、まわって歩きました。あつ子ちゃんが、「さんぼこうじさま」を持って、わたしは、ぞうりを持ちました。

一けん一けん、家に入って、おまいりをすると、お金をくれました。わたしは、それを、ふくろに入れました。まわっているうちに、もう暗くなっていました。

しょうじ君たちは、「十二じぞうさま」を持っていました。やっとおわって、家にいき、もちを食べました。もちを食べてから、また行きました。そして、ろうそくに火をつけました。

こんどは、人が、たくさん来ました。もちあぶりに来ました。わたしの家でも、ばあちゃんとおかあさんとあんちゃんが来て、もちをやいてくれました。やいたもちを、あつ子ちゃんといっしょに食べました。とてもおいしかったです。

だんだん、人がいなくなって、ろうそくをけしました。そして「さんぼこうじ様」のおかねをもらいました。わたしは三千百七十三円をもらいました。きょうは、とてもなんぎなこともあったが、楽しかったです。


この作文は、村山市立袖崎小学校の作文集『洗心』第六号（昭和五十三年三月）に掲載されている。上五十沢地区から通っていた当時小学四年生の記したものである。

先に述べた北向かいの子どもたちの「地蔵さまめぐり」「十二堂さまめぐり」と同じように、まずおさいどのために午前中から藁集めを行ない、夕方になってからご神体の家めぐりを始める。子どもたちは、「さんぼのわら集め」をして歩いたのち、雪の積もる三宝荒神社の境内をめざし、坂になった階段を登ってたくさんの藁束を運ぶのである。中学一年である「まさる君」もオサイトの中心になる木を切ったり立てたりしている。そこでは、子どもが力を合わせて主体的に活動している姿が、生き生きと浮かび上がっている。

夕方になると「さんぼこうじさまめぐり」が始まる。衣類に身を包まれた一体のご神体を祭壇から出して抱いて家々をめぐる。あつ子ちゃんがさんぼこうじさまを持ち、作者は「ぞうり」を持ったと記している。ぞうりを持つのは、地蔵さまめぐりや十二堂さまめぐりには見られなかったことだ。これはきっと、さんぼこうじさまが歩くためのぞうり、もしくは「わらじ」だろうと思われる。

さて、家々に入るときの挨拶が、「さんぼこうじさま、お正月れいにまいりました。」という言葉である。小正月に行なわれるので「正月礼」ということだろうが、ここでも神が家々に「御礼参り」に訪れるという逆転した言い方に興味がひかれる。日頃地域の人びとに神社に参拝に来ていただいているので、小正月は逆に神様が家々に一年分のお礼参りに来ました、ということなのだろうか。そうだとしたら、神と人とのあたたかい交流関係をそこに見ることができるとともに、当地域の人びとの優しい心根も伝わってくる。

家々では訪れた神に対して感謝の気持ちと向こう一年間の家内安全、五穀豊穣を約束していただくため、ご神体に向かって深い祈りを捧げたことは容易に想像がつく。そういうことがあっても、「お賽銭」であるお金を子どもたちがいただき、互いに分け合うことが慣例だったのだ。めぐり行事では、神と子どもとがみごとに一体化している姿をみることができる。

そのお金はオサイドが終了してからいただいた。作者は『さんぼこうじさま』のおかねをもらいました。わたしは、三千百七十三円もらいました」と記している。それは子どもにとっても、神からいただく正当な分け前・労働に対する報酬という意識だったろう。「きょうは、とてもなんぎなこともあったが、楽しかったです」と締めくくっている。雪のなかの藁集めと家めぐりという社会体験をしたあとの充足感に満たされたのだろう。そののち子どもにとっては結構な金額を手にした嬉しい顔が目に浮かぶ。

なお、「しょうじ君たちは、『十二じぞうさま』を持っていました」とあるが、ここから、北むかいに属するしょうじ君たちは、この日上の子どもたちとは別に「十二堂さまめぐり」を行なっていたことがわかる。

(3) 三宝荒神社の現状

三宝荒神社は集落の西のやや小高い場所に建っている。かつては五十沢村の村社であり、氏神様として今もその風格をとどめている。鳥居をくぐり階段を上り詰めると左右に石燈籠が設置されているが、ほとんど風化していないので比較的新しいものである。神社正面入り口には向拝が作られていて、左右に鼻の長い木鼻が彫られているのが特徴的である。扁額「三宝荒神」も風雨にさらされて色落ちしているものの、行書の文字は黒々と浮かんではっきり読むことができる。

拝殿に入ると、格子戸のある祭壇正面に再び木鼻を左右にもつ向拝が設置されている。これはあまり見かけたことがないめずらしい事例である。かつてはこれが外にあったのだろうか。内部は整然としており管理がよく行き届いていることが一見して認められる。近年寄付された大太鼓も置かれてあって、地域の人びとがこの神社に寄せる信仰心がよく表されている。

祭壇の左側には、すでに述べた移転した山の神が鎮座している。ご神体は不思議な岩肌を持つ高さ三十センチメートルほどの自然石であり、可愛い帽子が被せられてある。

ふと拝殿の床板を見ると無数の傷がある。かつて子どもたちがこの拝殿を遊び場としていた名残であろう。床の傷は、特にコマ回しの跡のようだ。整備された公園などがない時代、神社の拝殿や境内は子どもたちの格好の遊び場だった。子どもたちは日常の遊び場を通じて、神仏を身近に感じとることができたと思われる。そういう子どもたちは、すすんで「さんぼこうじさま」を抱きかかえたに違いない。現代の子どもたちは、神仏を抱くなどということは思いもよらないことではなかろうか。じっと床板の上に立つと、そこで遊んだかつての上五十沢の子どもたちの歓声が聞こえてくるような錯覚にとらわれる。

6、他の「めぐり行事」との比較考察

山形県内では上五十沢地区以外にも、めぐりの行事が行なわれている。次にあげる地域に地蔵のかかわるめぐりの行事がみられる。（なかには中断したものも含まれている。）

飽海郡遊佐町吹浦、東田川郡朝日村本郷（現鶴岡市）、東田川郡櫛引町椿出（現鶴岡市）、東田川郡藤島町添川（現鶴岡市）、鶴岡市大字田川宮ノ前、鶴岡市新海町（旧大部京田）、最上郡金山町有屋、最上郡鮭川村庭月、西村山郡西川町中土、西村山郡大江町沢口・中沢口・南又・柳川平・貫見・黒森・材木、天童市小路・一日町・北目、尾花沢市北郷など。

写真5 「地蔵ころがし」(尾花沢市北郷地区　1996年2月11日)

以下、この中から二か所につきその概要を述べてみる。(15)

(1) 尾花沢市北郷地区「地蔵ころがし」

この地区には、江戸時代から続く「地蔵ころがし」という子どもの民俗行事がある。かつては、地蔵の年越しにあたる旧暦十二月二十四日に、十五歳を迎える男子が行う行事だったが戦後間もなく途絶えた。しかし、一九八七年（昭和六十二）に復活し、現在は二月に入った日曜日に行い、近年では少子化の影響で女子も参加している。この行事は、地区の地蔵堂に安置されている二体の木製地蔵（約六十センチメートル）を縄で結わえて雪の上を引っ張り歩き、二手に分かれておよそ六十軒の家々を回って歩くものだ。

子どもたちは「地蔵様来たぞー、地蔵様来たぞー」と叫びながら家々を訪問する。地蔵は時々池の中に放り込まれて雪をたっぷり付けられたまま、玄関にドンと置かれる。もちろん上がり口は雪だらけだ。むしろ雪があればあるほど、縁起がいいとか御利益があるとして歓迎されるのである。訪問を受けた家々では、地蔵を前にして深々と頭を垂れ、手を合わせて家内安全や健康祈願をする。

(2) 最上郡金山町有屋地区「めぐり地蔵」

このめぐりは、地蔵が民家に一定期間滞在し順番にめぐる行事である。下向、枥木・地境、柳原上組、柳原下組、入有屋の集落約一五〇軒で五組の講中を組織して地蔵を移動させる。春の彼岸の中日になると、下向のある家に安置していた地蔵を枥木・地境のある家に移動し、旧暦十月一〇日になるとその家から今度は柳原上組のある家に地蔵が移動、次は秋の彼岸の中日に柳原下組の家に移動するというものだ。五組の講単位で移動するので、一軒には数十年に一回しか地蔵はめぐってこない。地蔵は高さ三十七センチメートルの木像で、観音開きの扉が付いた高さ五十四センチメートルの厨子に収められている。たいていは床の間や仏壇のわきに安置されじつに丁重に祀られる。

地蔵の移動の日は、これまで宿になっていた家の人が厨子に入った地蔵を背負って次の家に運ぶ。その日から受け入れて宿となる家には、講中の人びとがそれぞれご馳走を持参して待機する。地蔵を無事安置すれば全員で数珠を回しながら鉦や太鼓をともなった念仏を唱える。一時間ぐらいかけて念仏を終えると直会となり、持参したご馳走を広げて賑やかな会食となる。

(3)「めぐり行事」の本質

①地域共同体の幸福祈願

上五十沢地区の「地蔵さまめぐり」「十二堂さまめぐり」「さんぽこうじんさまめぐり」など、神仏が家々をめぐる習俗を「巡行仏」または「巡行神」といっている。この習俗は列島の多くの地域に見られる。

巡行仏の信仰は、神仏が地区内の家々をくまなくめぐるという遊行性に特色がある。遊行性を成立させるものは、家を訪れる神仏が家内安全・五穀豊穣などをもたらしてくれるだろうとする庶民の側の期待感であり、現世利益的観念であろうことはこれまでみてきたとおりである。庶民は神仏がお堂や神社にご神体として鎮座するにとどまらず、あえてそれを運び出して家々をめぐらせ、ときには寝泊まりさせることでより強い功徳を受けようとした。庶民の強い願望が生んだ信仰行為と考えられる。巡行仏のヒントは、案外、諸国を巡り歩いた遊行僧などにあるのかも知れない。

さらに注目すべきことは、めぐり行事の背後には、自分のみの利益だけではない地域社会全体の幸福をはかろうとする考えや知恵があることも見逃してはならない。上五十沢のめぐり行事も、個人の幸福にとらわれない広やかな発想が基盤となっているだろう。個人の幸福のみを求めるのであれば、自ら寺社に参拝を繰り返し、神仏を自分だけの崇拝の対象とすればすむことである。そう考えれば、地蔵さまめぐり、十二堂さまめぐり、さんぽこうじさまめぐりの巡行仏（巡行神）は、個人または少数で地蔵や観音をめぐるいわゆる巡礼とは対極にある地域的信仰行為とみることができる。上五十沢地区でも、かつてそういう行事のものとで集落の結束がはかられてきたのだと考えられる。

②子どもの勧進行為の承認

神仏のめぐり行事では、上五十沢のように神仏と一体化した子どもの自主的行為として行なわれる場合も少なくない。そのとき、家々からお金をいただいてまわる、いわば「勧進行為」が伴う場合が多く、神事行為としてそれが地域社会のなかで公然と許されるのである。

山形県最上郡内では、現在でも男子の山の神勧進行事が十二月や四月に行なわれている。新庄市、金山町、真室川町、鮭川村の集落二十数か所に見られ、山の神のご神体を持ち、さらに地域によっては木製の奉納物である「山の神人形」を一人一人持って家々をめぐる。玄関先ではそれぞれ地域特有の唱え言葉を述べながら入っていき、お金や食べ物などをいただくのである。[16]最上郡内の山の神勧進行事にオサイトが伴っている場合がみられるのは、五十沢と類似している。また、庄内地方でも類似の子ども行事が行なわれている。例えば、羽黒町手向地区の「さいの神」行事は小正月に大黒様を背負って家々をめぐり、お金をいただく。[17]旧余目町（現鶴岡市）の「いっとごしょ」行事も、十二月夜に男子が山の神のご神体を背負って家々をめぐり、お金をいただく。[18]

子どもが家々をめぐって手にするお金は、それぞれ「お賽銭」「初穂料」「寄進」をいただくなどの言い方をする。これはあくまでも子どもたちに所有権があり、分配も平等にするか、あるいは年齢の差異にもとづき、子ども集団のリーダーの指示のもとに整然と行なわれるのがほとんどである。子どもたちの自治的な活動が明確に示され、そこに子ども世界がくっきりと浮かび上がる。

なお、山の神勧進行事は山形県のみならず、岐阜県益田郡金山町、三重県志摩郡や伊勢地方にもみられる。ただし、これらの地域の子どもたちは、山の神のご神体を持ってめぐることがない点が、上五十沢をはじめとする山形県内のめぐり行事と大いに異なる。[19]

7、子どもの民俗行事――オサイト（おさいど）

(1) 各地のオサイト

オサイトとは小正月一月十五日に行われている民俗行事で、一種の「火祭り」である。オサイトは日本列島の各地で行なわれる普遍的な庶民の民俗行事でもあり、西日本では「左義長」などともいう。山形県の置賜地方では「ヤハハエロ」などともいうが、その他の地域では、「おさいど」「どんど焼き」などと言っている。オサイトは他の神祭り行事と一体化している場合が少なからずみられる。山形県最上地方に十七か所ほどみられる山の神勧進行事の場合、終わった後にオサイトを行なう地区は多い。

次は、上五十沢の隣の尾花沢市と最上郡舟形町富田、長沢地区における「御祭燈」「お柴灯」（いずれもオサイトと呼ぶ）の実態である。十二月の神仏のお年夜（年越し）のたびにオサイトを行なっている地域もあり、いかに身近かな民俗行事として定着しているかがわかる。なお、尾花沢市の事例は、昭和二十年頃まで行なわれていたものも含む。(20・21)

尾花沢地区および舟形町のオサイト

十二月八日　薬師様のお年越し　御祭燈　尾花沢・
　　十日　琴比羅様のお年越し　御祭燈　尾花沢　お柴灯　舟形町富田
十二日　山神様のお年越し　御祭燈　尾花沢　お柴灯　舟形町富田
十三日　虚空蔵様のお年越し　お柴灯　舟形町富田
　　古峯様のお年越し　お柴灯　舟形町富田
十四日　八幡様のお年越し　お柴灯　舟形町富田
　　稲荷様のお年越し　御祭燈　尾花沢
十五日　おくまんさま（熊野神社）
　　のお年越し　御祭燈　尾花沢
　　水天宮様のお年越し　御祭燈　尾花沢
十七日　観音様のお年越し　お柴灯　舟形町富田
十八日　八幡様のお年越し　御祭燈　尾花沢
二十三日　沢口地蔵様のお年越し　お柴灯　舟形町富田
　　愛宕様のお年越し　御祭燈　尾花沢
二十四日　地蔵様のお年越し　御祭燈　尾花沢　お柴灯　舟形町長沢
二十五日　天神様のお年越し　御祭燈　尾花沢

二十八日　不動様のお年越し　　　御祭燈　尾花沢

⑵ 準備に励む子どもたち

これまでみてきたように、「地蔵さまめぐり」「十二堂さまめぐり」「さんぼこうじさまめぐり」を終えてから、さらに子どもたちにはオサイトを楽しんだ。「北向かい」「上」ともに、めぐり行事の後は一旦全員が家に帰って夕食をとる。それからさらに地蔵堂の近くの畑や三宝荒神社の境内に集まって、こんどは家々から集めた藁を燃やすオサイトを行うのである。

すでに子どもの作文で明らかになっているが、子どもたちはオサイトの準備に一軒ごと藁をいただきに家を回っている。藁は一把を三十把集めて一束といったが、その一束を家々からいただくのであるから、かなりの藁束が集まった。

ところで、藁を三メートルくらいの高さに円錐形に積み上げて燃やすには、その中心部に太めの木の幹が必要である。それも子ども自身が雪山に入って鋸で切ってくるのであった。年長組である六年生の代表者が木に登るのであるが、その時たやすく登る方法として考えられたのはつぎのようなやり方である。つまり、登ろうとする者はまず腰に縄を巻きつける。そしてその縄の長い端を木の枝目がけて投げてかけて吊るす。そういう仕掛けを施したあと、いよいよ木に登りはじめる。そうすると枝に吊るされた縄を下にいる子どもたちが引っ張る。するとツルベ井戸と同じ原理で枝が滑車のような役割をして、腰に巻きつけられた縄は上に引っ張り始める。よって腰が引き上げられる状態になり、木に登っていこうとする者はよじ登る力は少な目でよいということになる。そういうやり方を子どもたちはよく知っていて応用したのである。そうして登った子どもは、木の幹を鋸で切って落とした。それを雪深いながらオサオトの現地まで運んだのである。

このようなことを振り返るに、かつての子どもたちは日常的に家族労働の一翼を担っており、早く大人にならざるをえない面があった。実体験の少ない今の子どもたちにはとうていかなわないことである。

さて、オサオトを行なう場所は大きな稲藁を高く立てる必要から、地蔵堂下の雪の中の畑であった。子どもたちはカンジキを履いて雪を踏みならして広い場所を確保した。大人の手助けもあってオサイトは高々と掲げられ燃やされた。オサイトでは、習字紙に筆で文字を書いたものを燃やせば書道がうまくなる、燃え残りの火で餅を焼いて食べると災難よけになる、などの言い伝えがあったので、子どもたちは素朴な信仰心から競って実行したのである。

(3) 作文にみるオサイト

次に紹介する文章は、「上」に所属する子どものオサイドの作文であるが、「さんぼこうじさまめぐり」の様子も記されていて参考になる。(22)

〈作文5〉

六年一組　横尾好男（仮名）

おさいとう、というのは、上五十沢にむかしから一月一五日にある行事です。おさいとうで、はじめにするのは、道ふみ、つぎにするのは、村のきたむかいと上とわかれている家の上のほうから二そくずつあつめる。なぜ二そくずつあつめるかというと、きたむかいのほうをまわらないからだ。

つぎに木をきってくる。その木はまんなかにたてる。そのまわりに、わらをまるくつんでいく。それがおわると、こんどは三ぼうこうじんとわらじをもって、むらじゅうをまわる。それからたいまつに火をつける。

ぼくたちが、まんなかに木をたてて、わらをつんでいたとき、東京の人がきた。ぼくは、またきたなとおもった。さっききてせっかくふんだ道をめちゃくちゃにしていった人だとあたまにきていた。なにしにきたのかなと思った。

わらをかついでいってつんでいこうとしたら、「しゃしんとってける」といったから、「いいです。」といってやりました。

そして、わらのところにもどってきてやすんでいたら、かえっていったのでよかったと思った。

いそいでわらをつんで、つなぎでわらをうごかないようにとめた。それからさんぼうこうじさまと、わらじと、ふくろをもって村じゅうを「さんぼうこうじさま　正月れいにまいりました。」といってまわる。そして村じゅうをまわり、ごはんをたべて、さんぼうこうじのじんじゃにいって、人がくるまえに、道にろうそくをたてた。

まず、小さいほうに火をつけ、つぎに大きいほうに火をつけた。いろいろなふだをもやしたり、しゅうじをもやしたりした。

ぼくが一ばんはじめに、上にわらをなげてやった。つぎつぎにわらがとんでくる。たいまつももえおわり、お金を山わけした。

この作文は、村山市立袖崎小学校文集『洗心』第五号（昭和五十二年三月）に掲載されたものである。この文面からも、上五十沢は行事において「北向かい」と「上」に二分されていたことがわかる。しかし、この頃には以前と違ってすでに藁集めも「上」所属の家だけ回っている。そのため一軒につき「二束」が必要だと記している。二つの集団の行事の「相互乗り入れ」は過去になっている様子である。

この文で注目すべきは、「東京の人」である。「せっかくふんだ道をめちゃくちゃにしていった人」とある。この人に対して、作者は「あたまにきていた」ようだ。そういう子どもの心境も知らずに、親しげに「しゃしんとってける」と近づいてくる。それに対して、「いいです」と突き放した短い言葉に、作者の怒りが込められている。

「東京の人」は、はたして何を目的に雪深い上五十沢に来たのか。カメラを抱えているところから、地方の小正月行事の取材だったことも考えられる。「東京の人」は、子どもが雪を踏みしめて作った道など、目に入らなかったに違いない。雪国の人がどれほど難儀をして「雪道」を作るのか、体験的に理解できないし、そういうことに心を配ろうとする細やかさが足りない。「田舎者」を見下す心が雪道を踏みにじる行為に、はしなくも現れる。そういう「よそ者」の心ない態度の背後にあるものを、子どもたちは直感的に感じとっているのだ。このような、肝に銘じなければならないことが、子どもの確かな目を通じて語られていることに留意したい。

なお、オサイトは「北向かい」では、十二月二十四日の地蔵さまめぐりで行い、さらに一月十五日の十二堂さまめぐりでも行なっていた。この間、一ヶ月もない。それでも毎年子どもたちは藁集めとオサイトを繰り返した。それだけ伝統的な生活に密着した火祭り行事だったといえよう。

現在オサイトは、子どもたちがいなくなったあとも、大人だけで一月一五日細々とながら続けられている。昔のような三メートルもある大松明はもう作らない。そこにはかつてあったはずの子どもたちのはしゃぎ回る喧噪などはまったくなくなっている。

写真 6 「菖蒲たたき」（東根市藤助新田地区　2004 年 6 月 6 日）

8、子どもの民俗行事——菖蒲《しょうぶ》たたき

端午の節句の時期に「菖蒲たたき」という行事もあった。これは男子の成長を祈願して行なわれるもので、菖蒲と蓬を藁に包んで棒状にしたものを地面に力まかせに打ちつけて遊ぶ行事である。いわば音を競い合うものであった。その音と強烈な菖蒲の匂いで悪魔を集落の外へ追い出してしまおうというねらいがある。

菖蒲は近くの池や田んぼ近くに自生しているものを自分たちで刈り取ってきて作った。叩く場所は、家々の玄関の前や路上などだった。「五月の節句、しょうぶたたきー」と大きな掛け声とともに菖蒲を振り下ろして打ちつけた。そし

て、つぎの日は菖蒲を屋根の軒先に突き刺したり、屋根の上にあげたりして魔除けとしたのだった。(23)

上五十沢ではもう行なわれなくなって久しく、これ以上詳細な内容は不明である。しかし、以下に示すように他地域でもかなり多く行なわれていた事例があり、上五十沢の内容もほぼ同じようなものだったに違いない。他地域で行なわれている菖蒲たたきをつうじて五十沢の菖蒲たたきをイメージしてみたい。

過去も含めて菖蒲たたきが行なわれている地域は、東根市藤助新田、大江町左沢、立川町狩川（現庄内町）、八幡町塚渕（現酒田市）、酒田市本楯、遊佐町庄泉・下曽根、などである。ここでは東根市、大江町の事例をみてみたい。(24)

(1) 東根市藤助新田地区

当地区では菖蒲はわずかで、主としてガツゴ（マコモ）を束ねて地面に叩きつける。かつては旧暦五月四日の夕方だったが、今は毎年六月の第一日曜日に行っている。材料の大半をしめるガツゴは、近くの川に生育する。菖蒲たたき保存会の年配者の指導で、子供育成会の保護者も加わって一人一人が持つバット状の「叩き棒」作りを行なう。

でき上がれば、公民館前で子どもたちがグループに分かれ輪になって競いあって叩く。叩く直前に全員で唱えごとを叫ぶ。「菖蒲たたき、山姥、金時、くーんな、くんなー！」。金時とは、江戸時代にこの地方で流行した金時風邪（おたふくかぜ）のことだと考えられている。菖蒲の匂いや叩く音の大きさで、山姥や金時という悪霊を追い払おうと考えたのだろう。

(2) 大江町左沢地区

左沢四区育成会の行事で行なっており、藤助新田のように叩き棒は作らない。そのかわり菖蒲とヨモギを縄で作った「もっこ」に入れて「菖蒲俵」を作る。その真ん中には御幣を立てて神座とするのが特徴である。子どもたちはその縄を手に持ち、タイミングを合わせて菖蒲俵を高々と上げる。それから勢いよく地面に落下させ、叩きつけるのだ。

そのときの唱えごとはちょっとユニークである。「五月の節句　菖蒲叩き　ワッショイワッショイ　勝ったー勝ったー　とても四町内にゃかなうまいかなうまい　ジャヤガホイ　ジャガホイ」。かつて地区ごと競争した痕跡が感じられる。こうして各家々の前で唱えては叩き続ける。行事が終われば菖蒲俵を最上川に流してやる。

以上であるが、菖蒲たたきが行なわれる地域では、この時期にあたりに子どもたちの元気の良いかけ声が響き渡るのである。同じく上五十沢地区でも、かつては多くの子どもたちが甲高い声を発して菖蒲をたたきつける姿があったのである。

9、子どもの民俗行事——虫送り

上五十沢地区の場合、稲作の豊作を祈って男子小学生が中心になって行っていた行事である。時期はたいがい土用の三日前に行なっていた。大人たちが菜種の殻を材料にして松明を作ってくれたという。子どもたちは燃やした松明を手に持って集落や田んぼの畦道を歩き回り、害虫を明かりに誘い出す。そうしてすぐ隣の下五十沢地区にある五十沢観音（現尾花沢市下五十沢地区）近くまで歩いて行って松明を投げ捨ててきた。この日は餅をついて食べたという。

この行事は上五十沢のみならず、江戸時代から多くの集落で行なわれてきた民俗の共同行為である。一種の豊作祈願、さらには疫病退散などの病送りと一体化している場合も多く、いわば呪術的な行為ともいえる。虫送りの日程は各地区さまざまであり一定していなかった。

上五十沢地区の虫送りは、五十沢観音近くまで行って松明を捨ててきた。最上三十三観音の第二十一番札所である五十沢観音は隣の地区であり、上五十沢地区（現村山市）と下五十沢地区（現尾花沢市）のほぼ境目に位置している。この五十沢観音付近までの距離はおよそ二キロメートルもある。この間はまったく人家はない。子どもがここまで歩くのには相当の時間がかかる。下五十沢を過ぎればすぐ人家がなくなるので、その辺りで松明を捨てて来てもよさそうなものである。

それでも隣の集落の入り口まで行って捨てて来たのは、そこが村境であるという意識があったというほかないだろう。子どもたちにとっても、人家がなければそこで捨てるというような曖昧な境界認識ではなかったといえる。しかし、これは、昭和二十九年の町村合併において上五十沢と下五十沢が分離する以前から行なわれていたのであるから不思議である。なぜ観音前まで松明を捨てに遠距離を歩いて行ったのかその理由が不明である。特に観音様の前という意識もなかったようであり、古くからの慣習というほかないのであろうか。

さて、境界問題はともかく、上五十沢の人びとは大変な苦労を伴う農作業に従事しながら、凶作・飢饉にならず今年も米を確実に食べられますようにと、地域全体で真剣な祈りを込めた虫送りを行なってきた。田んぼの少ない山間の上五十沢の子どもたちが、かつてこの行事を担ったことの意義は大きいと思われる。現在の子どもたちに、虫送りの本質や実態を伝える意味はけっして少なくない。

【注】

（1）『袖崎小学校創立五百年記念誌　洗心学校の百年』村山市袖崎小学校創立五百周年記念事業実行委員会

二〇〇二年
（2）『洗心』第一号　村山市立袖崎小学校文集　一九七三年
（3）『学校経営案』村山市立袖崎小学校　一九七三年
（4）前掲『袖崎小学校創立五百年記念誌　洗心学校の百年』
（5）『洗心』第十三号　村山市立袖崎小学校文集　一九八五年
（6）村山市立袖崎小学校における約三十年分の『学校経営』（他に『学校経営案』『学校経営要覧』）より作成。特に井上博人氏（当時小学校教頭）に多大なご協力をいただいた。
（7）村山市役所市民生活課のお計らいにより、『住民基本台帳』の中から上五十沢地区関係資料をご提供いただいた。
（8）渡部昇龍『尾花沢の信仰と民俗』私家版　一九八八年
（9）前掲『袖崎小学校創立五百年記念誌　洗心学校の百年』
（10）『郷土』第五号（山形県立楯岡高等学校社会部　一九七七年）のなかの「年中行事一覧」を参照させていただいた。
（11）『洗心』第十九号　村山市立袖崎小学校文集　一九九一年
（12）『村報そでさき』第十一号　袖崎村　昭和二十八年九月三十日発行
（13）『袖崎の郷土誌』袖崎郷土史研究会　一九八〇年
（14）『洗心』第六号　村山市立袖崎小学校文集　一九七八年
（15）菊地和博「地蔵信仰の諸相」『ひがしねのお宮さん・お寺さん』所収　生涯学習東根地区民会議・東根の

歴史と民俗を探る会　二〇〇二年
（16）菊地和博「山形県北部の山の神祭考」『研究紀要』第四号所収　東北芸術工科大学東北文化研究センター　二〇〇五年
（17）菊地和博「サイの神祭り行事を検証する—山形県羽黒町手向桜小路下区の事例から—」『研究紀要』第三号所収　東北芸術工科大学東北文化研究センター　二〇〇四年
（18）『庄内の祭りと年中行事』無明舎出版　二〇〇一年
（19）菊地和博「山の神勧進にみる地域共同的祝祭性」『山形民俗』第十六号所収　二〇〇二年
（20）前掲『尾花沢の信仰と民俗』
（21）『舟形町史』舟形町教育委員会　一九八二年
（22）『洗心』第五号　村山市立袖崎小学校文集　一九七七年
（23）前掲『郷土』第五号
（24）東根市の事例は平成十六年六月実地調査、大江町の事例は『菖蒲たたきは神の道』（山形県西村山郡大江町左沢四区子供会　一九九七年）を参照した。

三　サイの神祭り行事

山形県鶴岡市羽黒町手向《とうげ》の桜小路下区には、小正月に行われるサイの神という子どもの祭り行事が受け継がれている。大人がほとんど関与せず、小中学生が一日中主体的に取り組む子どもの民俗行事として注目される。庄内地方では、サイの神は少なくとも江戸時代から盛んに行われてきたことが庄内藩内の記録に示されている。しかし、現在ではこのサイの神の内容も変遷を余儀なくされ、本来の姿が見えにくくなってきている。

そこで本書では、桜小路下区のサイの神祭り行事において、本来のご神体ではない大黒様が家回りをすること不思議さ、この祭り行事で使用されるケンケロという人形棒の意味するもの、などの問題点の検証を行った。そのことによって、この祭り行事の本来の姿や意義を明らかにしたいと思う。

1、記録にみる庄内藩サイの神祭り

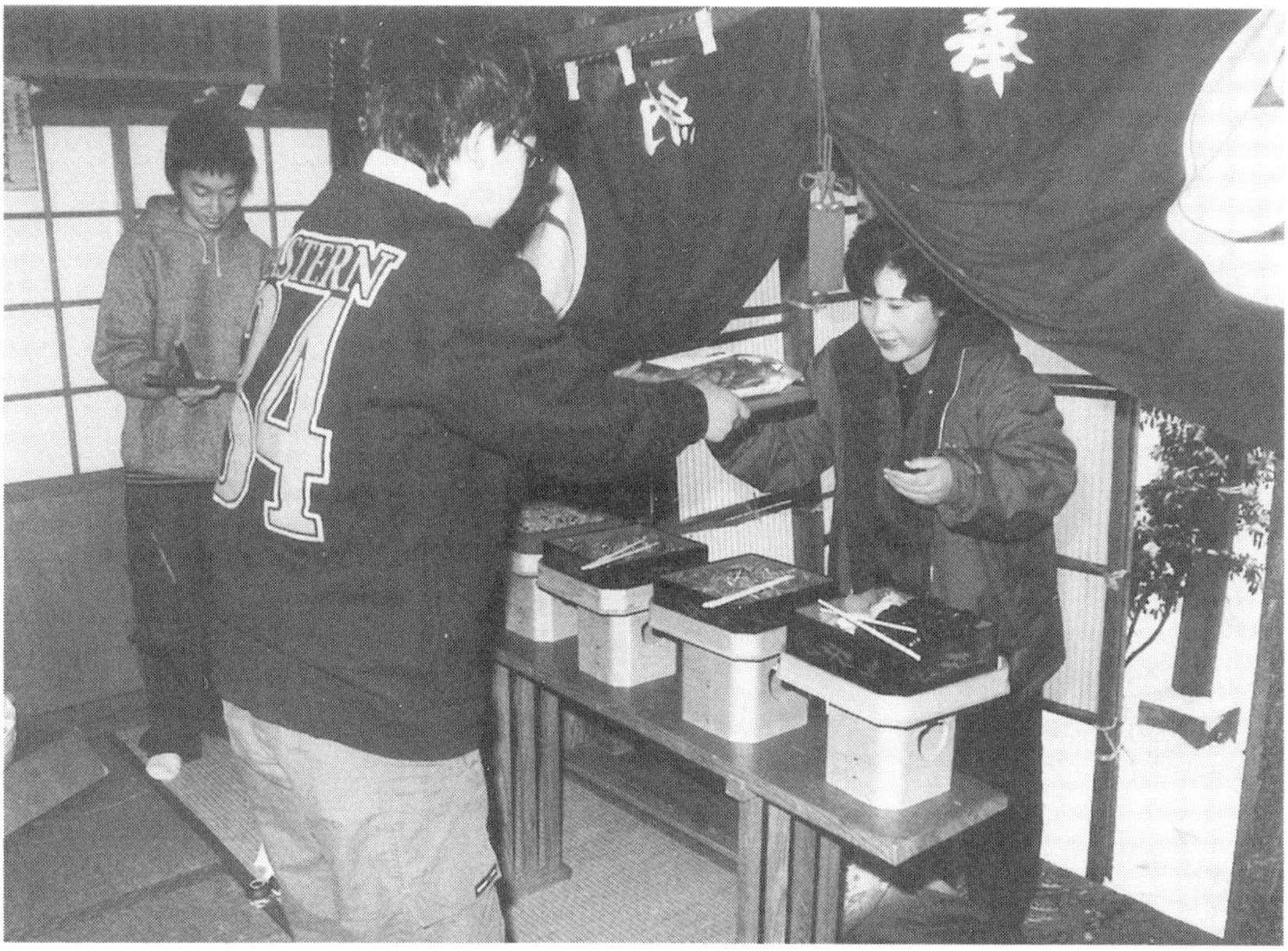

写真7　サイの神祭り行事での参拝者へのお振る舞い
（羽黒町手向地区東福稲荷神社　2004年1月12日）

つぎに示す文は、庄内藩士高橋種芳という人物が書き残した庄内のサイの神祭り行事に関する記録である(1)。嘉永四年（一八五一）以降に書かれたものと考えられている。

妻堂祭之事

古日記享保十八年丑年正月十五日、道祖神祭再興いたし候。久々相止候処、去年御入部ニ付、今年町々ニ而歌舞伎・操等興業仕候。年数十三年ニ而再興之由見へたり。按、十三年ニ而再興云々、享保十八年丑年十三年以前ハ享保六丑年に当たる。此妻堂祭ハ時々御停止ニ被仰出しにや。天和二戌年正月郷方へ達書之内、鶴岡酒田両御町ニ而累年さいの神祭りいたし候。当年不仕様ニ堅被仰付候間、郷中ニ而も得其意、左様之事無之様ニ堅可被申付候と見へたり。

又按、サイノカミと唱るハ道祖神の事にて、猿田彦を祭るにや。庄内にて此神を祭る事いと古きよりの国俗にて、其始いまた詳ならす。武藤氏筆記に、元文年中迄正月十五日サイノカミ狂言といふ有て、町毎に片端へ小屋をかけ仕組狂言あり、七日町斗ハ人形あやつりを出ス（以下略）。

この文章は、古い日記を見ると享保十八年（一七三三）の一月十五日に道祖神祭（妻堂祭）が十三年ぶりに再興した、という書き出しで始まっている。「去年御入部ニ付」とあるのは、庄内藩主が代替わりをしたということであり、それをきっかけに再興をみたのであろう。松嶺藩から養子として庄内藩に入った酒井忠寄が家督を継いで七代藩主となるのがこの時期であり、忠寄の就任をきっかけとした政策転換と考えられる。

サイの神祭りは、以前から時々中止するよう藩から通達が出されていたという。すでに天和二年（一六八二）には堅く禁ずる旨の達しが出ていたが、鶴岡と酒田の町場では毎年続けられており、このときも守られなかったとみられる。文面では、町々で歌舞伎・操りの興業が行われ、サイノカミ狂言というものが町毎に小屋がけで行われた。七日町では人形あやつりも行われたとある。一大イベント・お祭りの状況がそこに生まれていたことがわかる。たびたびの中止命令が守られなかっただけ、庶民にとってはこの小正月の祭り行事は不可欠で楽しいものだったことがうかがえる。

　また、サイノカミとは道祖神のことであり猿田彦を祀っていると記している。道祖神のもつ機能の一つとして道案内があるが、ここのサイの神祭りでは同じ道案内の神である猿田彦命の信仰と習合しているのである。庄内でこの神を祀るようになったのは相当古いが、いつからかはっきりしない、とも記している。

　この文には、鶴岡や酒田の町場において子どもたちが家回り（勧進）を行っていたかどうかなどは表されていない。実際行われた形跡もなく、いま現在も行われてはいない。以下に記す周辺農村部の子供組の伝統のあるそれと比べれば、大部祭りの様相を異にしている印象が強い。当時、町場のサイの神祭り行事と周辺農村部のそれとの相違点が、江戸期から比較的顕在化していた様子がうかがわれるのである。

2、羽黒町手向地区の史的概況

　子供組の伝統に根ざすサイの神が行われている羽黒町手向地区の概況について述べてみる。手向地区は、中世以来山岳信仰で知られる出羽三山への登山口の一つにあたる。江戸時代の手向村は、山上にある羽黒権現社（現在の出羽三山神社）の領地であり、その門前町として栄えた。寛政期は三〇〇以上の宿坊が立ち並び、それらの宿坊には妻帯修験者たちが居住していた。(2) 古川古松軒が記した『東遊雑記』の天明八年六月二十日の項には、「手向町といふは、残りなく山伏町にて、長さ五、六町大がひよき町なり」とある。(3) 手向は宮城・仙台方面、岩手・南部方面、秋田方面、さらに越後・新潟方面、さらには元禄二年に訪れた芭蕉のように江戸方面などから来る参詣者・旅人であふれた。このように中世・近世を通じて出羽三山の羽黒山信仰とともに栄えた集落が手向地区なのである。

この地区は、先に記したように江戸時代には羽黒権現社領であった。地区内の小集落には、その羽黒権現社の末社として氏神が祀られた。上長屋は天童稲荷神社、桜小路上は聖山稲荷神社、桜小路下は東福稲荷神社、下長屋は鳥崎稲荷神社、亀井町は福王寺稲荷神社、鶴沢町は峰の薬師堂、池ノ仲町は黄金堂、八日町は赤坂薬師堂などであった。これらは今日まで多少の変化はあるものの、氏神としての信仰はほぼ維持されている。

3、桜小路下区の信仰状況

手向地区桜小路には山伏二十九坊と門前六戸が居住していたといわれる。(4) 手向地区のなかでも羽黒山よりの集落であり、上区と下区に分かれている。その下区では東福稲荷神社を氏神としてきた。上区の集落の氏神は聖山稲荷神社であり、およそ一〇〇メートルのわずかな距離の間に二つもの氏神が存在する。こういう例は同じ手向の他の集落にいくつもあり、稲荷神社が多いのが目立つ。小集落単位に明確に信仰対象が異なるのがこの手向地区の特徴といえよう。氏神という信仰対象は、祀られる単位が小集落になればなるほど、そこに住む人びとの信仰度合いは高くなることが一般的に想像される。この手向地区の場合は、まさしくそのことが該当する地区と考えられる。

本書でとりあげるサイの神は、手向地区桜小路下区を事例とする。同じ上区でも聖山稲荷神社において同一日にサイの神は行われている。下区の集落の氏神である東福稲荷神社は、現在は羽黒修験宗長圓坊を別当とする。社殿全体はさほど広くなく、長押と天井の間には隙間もないほどの絵馬がある。それは弓矢および内裏雛とも言える男女一対の人形を描いた絵馬で、およそ三十体掛けられている。これはそもそも小正月に奉納されたものという。男児誕生の場合は、弓と二つの矢を縦長に描いた絵馬である。これは昔ながらの武家的発想によるもので、弓矢に長じた逞しい武士（男子）への成長祈願である。女児の場合は衣装を身につけた立雛形式の男女一対を描いた絵馬である。一見して幸福な結婚への願いであることがわかる。この男女の立雛ふう絵馬を、地元では「ちょんべこさま」と言っている。

これらの絵馬で、古いものでは昭和七年、新しいものでは昭和六十年の年号が見える。古い時期のものは、拝殿が手狭なためにたぶん処分されたものと思われる。しかし、近年はこの奉納風習はなくなり、絵馬が現金に置き換えられた。小正月に子どもの誕生祝いと成長祈願をこのような奉納絵馬として行ったことは、信仰の地域性をよく表している。

のちにも触れるが、拝殿内で子どもたちが使用するケンケロという男女の人形棒も、かつて子どもの誕生を祝って作り神社に奉納したものという。サイの神という子ども文化が当地域で育まれてきたのは、このような子どもの成長への熱い思いが地域全体を支える環境としてあったからだと考えられる。

4、サイの神の祭り行事への地域の対応

サイの神は、小正月一月十五日の寒さ厳しい雪中に行われてきた。しかし、近年この日が休日でなくなったので、この日に近い休日を利用して行うようになった。平成十六年桜小路下区では一月十二日に行われた。当区のサイの神への参加者は、その年は中学生三人、小学生三人（うち女性二人）で、合わせて六人のみである。本来は十五歳までの男子だけで行う民俗行事であるが、少子化でもはや成り立たなくなり、二年前から女子の参加を得て維持している。従来の若者流出による過疎化と、さらにそれに輪を掛けるように少子化現象が重なり、いまや民俗文化の継承は困難な時代にさしかかっている。この危機的状況をさしあたってどう乗り越えるかが地域の課題である。

当桜小路下区では、毎年一月三日に大人たちによる「初祈祷」を行っている。これは一軒一軒から当主が参加する寄り合いの意味も込められている。そこでサイの神行事をどう運営していくかが真剣に話し合われる。基本的に子ども行事ではあるが、はやり大人が背後で環境づくりをしてあげることが大切であるという認識で一致している。ここでは、男子のみという伝統にもはやこだわっていられないという判断で、二年前から女子の参加を認めた。さらに来年から小学生以上参加といった従来の枠組みも思い切って取り払い、幼稚園児の参加も認めていく方向だという。当集落のように、柔軟な対応で民俗文化を維持する道を選ぼうとする地域の決断と素早い現実的対応が今求められている。

5、参拝者へのお振る舞いと社会体験

子どもたち六人は朝七時に東福稲荷神社に集合して、サイの神の一日が始まる。かつては四時に集まっていたという。手向の各集落では、競い合って開始時間を早めていたようだ。拝殿の入り口には、当屋で準備した四種類の料理が詰め込まれた重箱を三宝に乗せて並べる。四種類とは、赤飯、ぜんまいの煮付け、ごぼういり、煮しめ（昆布・こんにゃく・油揚げ）である。子どもたちは、これらを参拝に訪れた人たちに振る舞うのである。参拝者は七時過ぎに早々と訪れる。ほ

とんどが女性であり、たまに子ども連れの夫婦もいる。お盆を持参し、その上に初穂料、お菓子、餅、米、蝋燭などのいずれかの供物を乗せて子どもに手渡す。

サイの神参加の子どもたちには明確な役割が当てられている。参拝者に御神酒（現在はジュース）を差し上げ、ご馳走を振る舞うのは中学生クラスの二番大将の役割である。二番大将は参拝者の持参したお盆に、目の前に準備した四種類のご馳走を少しずつ盛りつける。そして、五色の紙垂（当地では「切り下げ」という）のいずれか一つを、必ずご馳走の上に載せてお返しするのだ。つまり、神からの返礼ということであり、神聖な御護符という意味合いなのだろう。子どもたちはじつに手際よく任務をこなしていく。参拝者はその場では御神酒をいただくだけで、ご馳走は食べないで持って返るのである。

これらの振る舞いにおける、主に中学生の大人びた対応ぶりには感心させられる。普段の中学生にはみられない言葉の使い方や礼儀正しさを目の当たりにする。こうして地域のなかの訓練の場をくぐり抜けて大人社会に近づくのである。かつては、子供組と呼ばれる組織がどこの村にも存在し、祭り行事のかなりの部分を自主的に担ってきた時代がある。子どもたちは、将来一人前の大人になるため子供組（数え年七歳から十四歳まで）の体験を通過することが必須だった。子供組は教育的機能を持つ有益な社会的組織だったのだ。子供組が消滅した現代では、こういう教育的訓練の場が地域社会に極端に少なくなってきた。そのことに心を痛めなければならない。家庭・学校・地域社会で、少しでもそれを取り戻す工夫がぜひとも必要である。

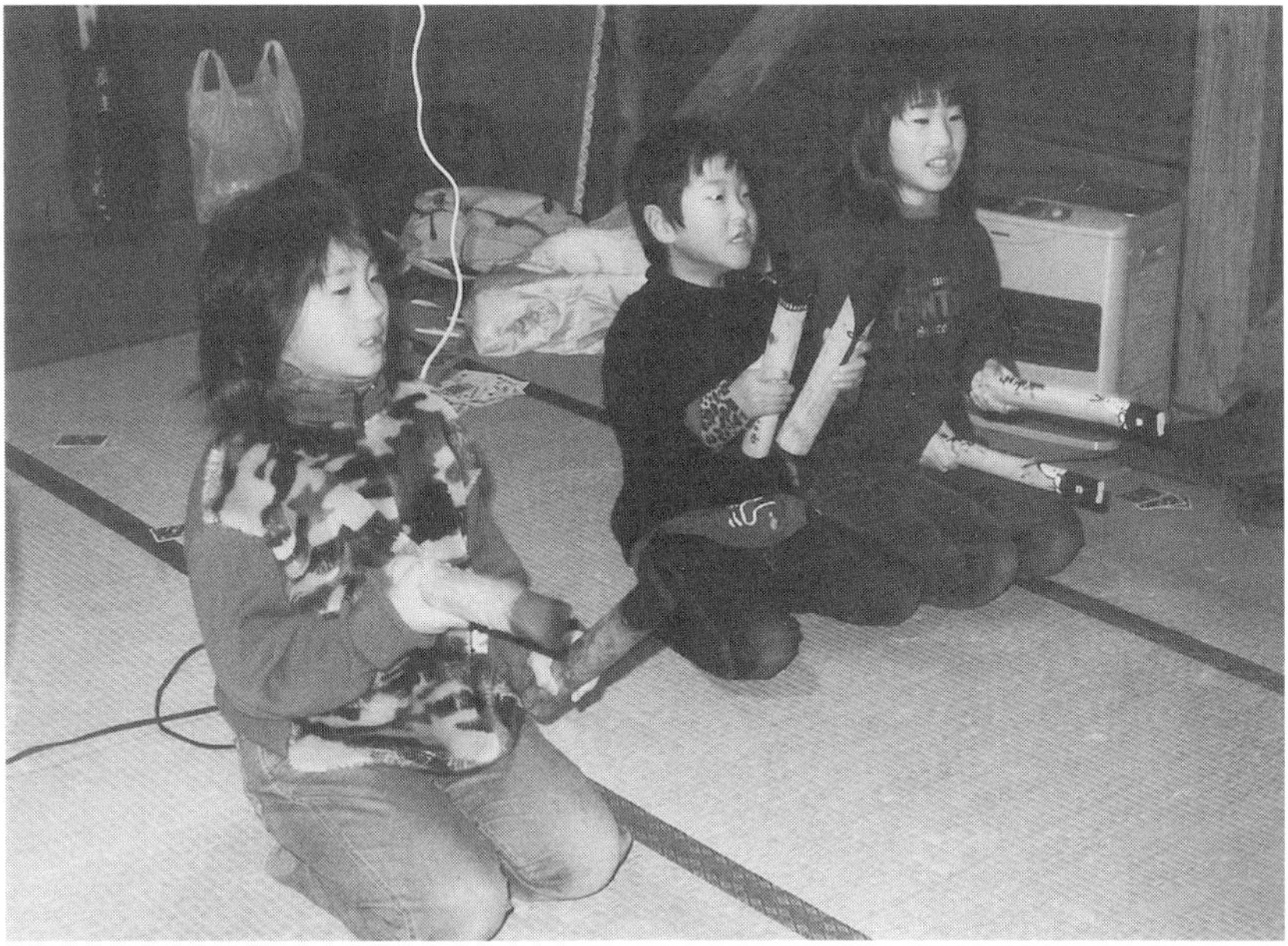

写真8　唱え言葉（祝い文句）を一斉に発する子どもたち
（東福稲荷神社　2004年1月12日）

6、唱え言葉（祝い文句）とサイの神の性格

(1) 唱え言葉の意味するもの

一番大将にあたる中学生三年生は、神社に参拝に訪れる人たちに家族の子どもの名前を聞く。一番大将はその子の結婚を祝した唱え言葉をするリード役なのである。一番大将は参拝者に向かって、「子どものお名前はなんですか？」と尋ねるのだ。それを伺ったならば、拝殿に正座して待機するその他の子どもたちに向かって、「○○君の嫁」（子どもが男子の場合）ま

たは、「○○さんの婿」（女子の場合）と告げる。そうして一番大将が叩く太鼓に合わせて、全員が元気に声を合わせて節をつけた唱え言葉で囃し立てる。それはつぎのような内容である。

○○君の嫁は（○○さんの婿は）、めっこではなかげでいじゃりのてっけで、それをばぬげで　いい嫁（いい婿）とるように、いい嫁（いい婿）とるように〜

「めっこ」（目が見えない）、「はなかげで」（鼻が欠けている）、「いじゃり」（足が不自由）、「てっけで」（でっかい）など、あえて罵詈雑言を言い立てている。現在は差別用語として使われない言葉でもある。しかし、結局「それをばぬげで」（それを抜け出て）良きお嫁さん、あるいは良きお婿さんをもらうように、と幸せを祈っているのである。

なお、この唱え言葉と類似するのは、同じ庄内地方の温海町越沢地区で行われるサイの神である。ここでは「メッコデ、タッコデ、ハナカゲデ、キンカデカダワデ、キカネ嫁（婿）授かるように」という。[5] また、立川町清川で行われるサイの神でも、家回り（勧進）の時の唱え言葉の中に、「こごねの嫁は、だだば、だだば、めっこで、鼻かげで、それびっこだ　それびっこだ、ええ嫁とる悪い嫁とらねよい」などという。[6] さらに、立川町松の木地区や藤島町中荒俣地区の唱え言葉とも部分的に共通するものがある。これらの集落は、サイの神祭り行事においては同一文化圏であると考えられる。

⑵ 唱え言葉と人びとの絆

未だ子どもが、よその子どもの幸せな結婚を祈って唱えごとをする光景に、いささかおかしみも伴う。だが、これは何を意味するのか。この唱え言葉は祝いごとであり、神社に参拝に訪れた人びとへの神の祝福の言葉なのである。その言葉を神に替わって、神の使いである子どもたちが述べていることになる。参拝者はそれをありがたくじっと拝聴する。

それを人間レベルに置き換えれば、同じ地域内の子どもどうしが、将来の幸せを祈り祈られるという関係構図がみえる。いま唱え言葉をしている若年の子どもたちが、より先輩である地域の若者に対して、幸せな結婚ができるように励ましの言葉を贈っている。その子どもたちはいずれサイの神を卒業すれば、それを引き継いだより若年の子どもたちによって、後年やはり幸福を祈られるのである。こうして幾世代にも連綿と繋がっていくことになる。ここに、サイの神を仲立ちとした地域の人びとの心の交流・絆が深められていることに気づくのである。

かつて村々では、子供組や若者組（十五歳以上）が組織されていて、祭りや行事を主体的に担ってきた。この子供組について、つぎのような解説がある。[7]

子供組は七歳くらいから若者組に加入するまでの少年の組で、小正月や村祭りなどに活躍し、将来一人前の村人になるための教育的機能を果たしていた。（中略）立川町清川のセイド神祭りは、（中略）昔は若者組が主体で祭り、子供組も参加していた。子供組は小・中学校男子の参加である。（中略）羽黒町手向の子供組は、八つの町内ごとにつくられ、その活動の一つに大規模なサイノカミマツリがある。

以上のことから、手向では八組もの子供組が大規模なサイの神祭りを担っていたことが知られる。このように、かつて若者組・子供組の活発な実践活動が地域社会をより健全なものにしていたことがありありと示されている。

⑶ サイの神の性格

当地のサイの神の役割として、この唱え言葉（祝い文句）をみるかぎり、男女の和合・縁結びの神という側面を濃厚に持っている。同じ庄内地方の東田川郡藤島町中荒俣地区のサイの神祭り行事は、戦後中断していたが昭和五十七年に復活した。復活の理由が「嫁ききん」であった。サイの神は縁結びの神なのでそれに期待をかけようということだった。なんと復活したその年に一挙に四件の縁談が解決したのだという(8)。

一般には、サイの神とは道祖神《どうそじん》ともいい、古くから境の神として村に進入する悪霊をさえぎる神であった。それがさまざまな信仰と習合して、道案内の神、除災・縁結び・夫婦和合・安産子育ての神へと複雑多様になった。南関東から中部地方、そして新潟県、福島県などには、小正月の行事において祀られる木製の人形道祖神も多い(9)。

安産子育ての神観念は、サイの神が子どもの神様であるという信仰も生んだ。サイの神祭り行事に、子どもたちが主体的にかかわることが多い要因もそこに求めることができる。当地サイの神が子どもたちによって維持運営されてきたのも、そういう全国的な流れのなかにあると言っていいだろう。繰り返しになるが、唱え言葉の内容から縁結びを期待する地域事情も察することができる。

7、人形棒「ケンケロ」の考察

(1) ケンケロの現状

この唱え言葉を発する際、両手に棒を持って打ち鳴らし調子をとる。この棒をケンケロといっている。朴の木の皮を削って作られていて、直径約五センチメートル、長さ約三〇センチメートルの棒の先端部を尖らせる。その部分を黒く塗れば烏帽子のように見える。その下には墨で男女の顔が描かれるので、まるで人形を思わせる。胴部には名前と生年月日を記したものが多い。

別当長圓坊の神林千祥氏によれば、かつてお参りする人たちは、これを持ち寄って奉納した。ケンケロの素材となる朴の木は秋になると山に採りに行き、しばらく乾燥させてから皮を削って作った。集落のなかで作る人もいたが、他地区の大工さんに頼んで作ってもらっていたという。しかし、残念ながらいまケンケロは作られなくなり、奉納する人も途絶えた。かつて奉納されたたくさんのケンケロは当屋に保管され、この日一年ぶりで子どもたちの手に触れるのである。

⑵ 他地区との比較

じつはこのケンケロと呼ばれる人形棒こそ、サイの神のご神体的役割を果たしてきたのではなかったかと考えられる。サイの神とは、先に述べた各地の事例から、小正月の行事に祀られる木製の人形形態をとる道祖神でもある。山形県内では庄内地方に多くみられる。東田川郡立川町(現庄内町)には注目すべきサイの神が多く分布する。立谷川流域の集落では、セドガミと称する木製人形を作って雪の祭壇に奉納するのである。人形は五十センチメートルから七十センチメートルと高く、先端を尖らせて黒く塗り、烏帽子を思わせる形態で顔も描く。手足もないひょろ長い胴体のみであるが、前部に「奉納　御妻之神御宝前」と書き、その下に奉納者の名前を記すのが多い。頭部から紙垂をなびかせているかたちもある。家々の訪問にはセドガミに衣装を着せる場合もある。

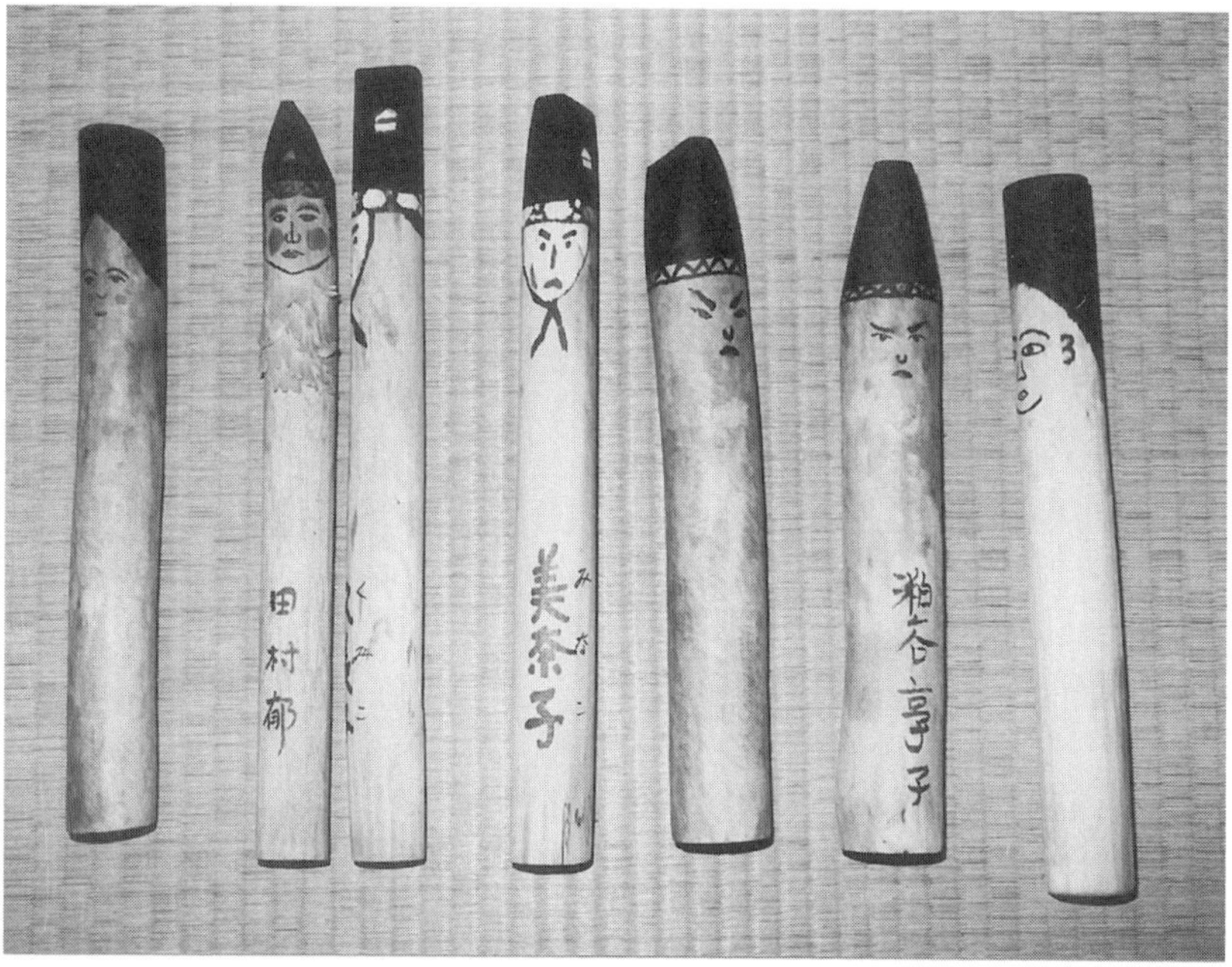

写真 9　ケンケロ（東福稲荷神社　2004 年 1 月 12 日）

立谷川上流の瀬場地区では、子どもたちがセドガミを持って集落の家々を回る。松の木地区でも、「ここねの嫁はめっこで鼻欠けて」という桜小路とほぼ同じ言葉を唱えて家々を歩き回ったのである。

立川の清川地区の十町内のサイの神では、デク（デコ）サマという木製人形を子どもたちが手に持って家々を回る。なかには人形師の作ったみごとなものまである。もしかしたら、これは冒頭に紹介した江戸期の記録にみえる「人形あやつり」となんらかの関係があるかも知れない。なお、清川の各町内の当屋（神宿）には木像の猿田彦命がご神体として祀られるのが多い。また、清川のほぼ中央付近に道祖神の石造祠もある。

これら立川の集落と羽黒町手向地区は山を隔てて隣接しており、同じサイの神の文化圏であることは間違いない。そういうことを念頭におけば、ケンケロの人形棒は、立川の各集落で作られるセドガミやデク（デコ）サマと同じ役割を持つものではなかったかと考えられるのである。

かつて桜小路下でも、子どもたちがそれぞれケンケロを持って家々を回った時代があったとしても不思議でない。現在のように大黒様をご神体として家回りをするようになったのは、後述する記録簿『歳之神覚』から、少なくとも昭和二年までさかのぼれる。この時点でケンケロをすでに持ち歩かなくなっていたかどうかは不明である。もしかしたら、大黒様を背負うようになってからも、一定期間子どもはケンケロを持って歩いたことがあったかも知れない。

同じ手向地区の亀井町でもサイの神を行っているが、ここでは、今でも大黒様とともに子どもたちがケンケロを手にして家々を回っている。この場合、外でケンケロの二体をぶつけて打ち鳴らす慣習が続いている。

(3) ケンケロの意味するもの

なお、戸川安章の論考には、サイの神の祭り行事では雪でカマクラを作ってその中でお祭りをしたことが記され、ケンケロにかんしては次のような用い方をしたことが述べられている。(10)

これ（注・ケンケロ）をカマクラの中へ持ち込み、火鉢の火で焼く。その時に左右の手に男と女のケンケロを叩き合わせて「サエの神のキンマラは、イッチャクハッチャクナンガクテ……」という唱えごとをする。

この唱え言葉の内容は、庄内地方の鶴岡市温海町山五十川地区のサイの神行事において唱えられるものとほとんど同じである。(11) あらためてここに広域的な文化の類似性をみる。

さて、このような光景はなにを意味するか。ケンケロを打ち鳴らすところに共通性が見出される。これは、音を発する効果をねらったというよりも、本来はケンケロをとおした男女の触れ合いを意味するのではないか。唱えごとの内容が男根を示唆する性的なものであることから、どうもこのしぐさは男女の交合を表していると考えられる。つまり、先ほど記したように、さいの神が縁結びの神と考えられたもう一つの根拠がこの行為となって表されているように思える。ケンケロはサイの神祭りのご神体的なものではなかったかというのは、こういう使われ方をしたところにもよる。なお、戸川安章の文面では、ケンケロを持って家回りをしたかどうかは記されていない。

手向地区のケンケロという人形棒は、視点を広げて東日本の木製信仰具を使用する一連の習俗のなかでみていく必要がある。先に触れたが、南関東から中部地方、新潟県、福島県会津地方などに広く分布する小正月に祀られる木製の道祖神人形との関連である。おそらくこの信仰人形の同一系譜として、ケンケロもとらえることができるのではないかと考えている。

また、男性を表すケンケロは、髭になぞらえてアゴの下を削りかけにしているものもある。そうすると、アイヌのイナウにも似た削りかけの習俗との関連も考えられる。さらに最上地方に多く分布する山の神勧進行事に使用する「山の神人形」とも通じる側面もある。真室川町木ノ下地区、三滝地区などの山の神神社に奉納される木製「山の神人形」の形態は、ケンケロときわめて類似していることに驚かされる。最上地方の山の神勧進自体も、子どもが主体であること、一番大将から三番大将などの役割があることなど、羽黒町や立川で行われるサイの神の家回り（勧進）の在り方と不思議なほど似通っていることにも留意しておきたい[12]。

8、大黒様の家回り

(1) 家回りの現状

桜小路下のサイの神では、夕方から大黒様の家回りが行われてきた。平成十六年は午後四時過ぎに当屋を出て、東福稲荷神社に朝から祀っていた大黒様を取りに行く。昔から三番大将が背負って回るという取り決めであった。人数の多いときには交代で背負ったという。

桜小路下では二十一軒すべてを回る。大黒様を背負い梵天を持った子どもを先頭にして、「豊年で～す」と言って家に入っていく。玄関では、外で打ち鳴らす太鼓に合わせてつぎのような唄を歌う。

「豊～年だ、豊～年だぁ～。ここの家さ福の神。どっさどっさどっさどっさり舞い込む、舞い込んだぁ～。どっ～さぁ～り舞い込んだぁ～。」

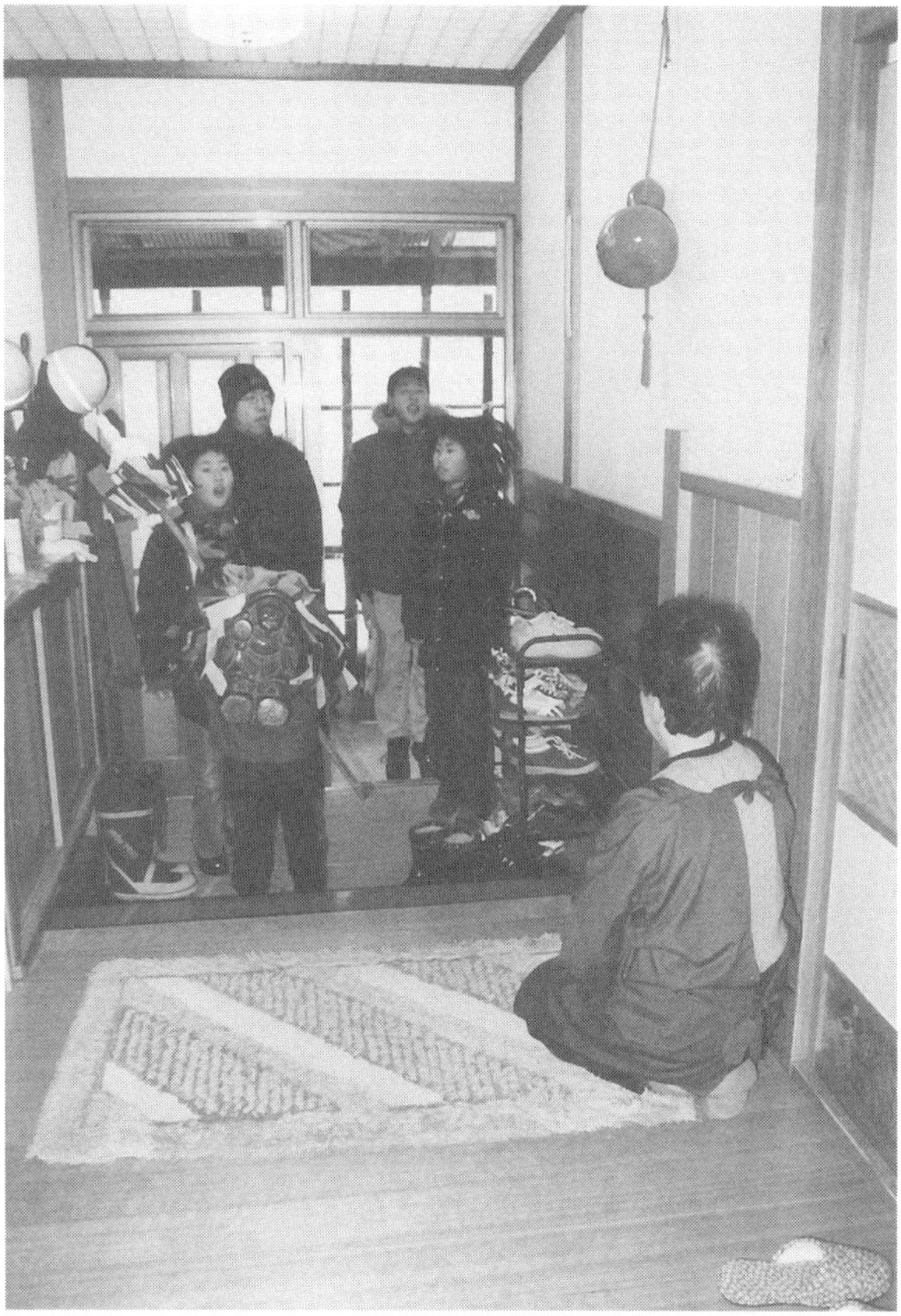
写真 10 「大黒様の家回り」（手向地区桜小路下　2004 年 1 月 12 日）

この唄を三回繰り返しながら地面を跳ねるのである。家々では喜んで福の神である大黒様を招き入れ、のし袋に入れた御祝儀を差し出す。

なお、跳ねるの

はかつては五回連続して跳ねていたという。[13] これはけっこうな運動量である。

このようにサイの神といいながら、実際家々を訪問するご神体は大黒様なのである。この大黒様は高さ三十五センチメートル、幅二十二センチメートルの木像である。東福稲荷神社の真向かいにある大進坊（早坂真一家）が所蔵する大黒天である。サイの神のこの日ばかり借用してくるのだ。大黒様の背中には、「弘化四年　未年　施主林光坊　松本坊泰信作之」とある。江戸時代後期一八四七年の作品であるからかなり古いものである。桜小路下のみならず、この手向地区のいくつかのさいの神行事ではみな大黒様が家々を回る。

(2) 大黒様と飛び跳ね

サイの神の祭り行事なのに何故大黒様なのか。庄内地方では、全体的に古くから大黒信仰がきわめて篤い。十二月九日の大黒様の年取り（御歳夜《おとしや》）には、豊作祈願として二股大根やハタハタとともに、盛大な豆づくしの料理を供える風習がある。米どころならではの慣行である。ところが、年が明けても手向地区では「初大黒の勧進」といって、一月九日に大黒様の木像を背負って家々を回っていたのだ。いつしか、六日後に行われるさいの神行事とこの初大黒の勧進が習合して、九日には行われなくなった。大黒様はこうしてサイの神祭り行事に残ったと考えられる。サイの神そのものはどこに行ったのか。このことについては、後ほどまた検討してみたい。

さらに留意したいのは、とにかく息を切らしながらも子どもたちは歌いながら跳ね続けることである。この跳ねる行為は何か。同じように近くの戸沢村柏沢の山の神勧進行事では、子ども達が家々の玄関で「山の神しょい、しょい」と叫んで跳ねるのである。かつては山の神様を「しょい」（背負って）跳ねたのであろう。まったく子どもたちの同じ行為に驚く。これはご神体を揺さぶって神威を高め、御利益を大きくする種々の行為と同類と考えられる。もう一つは、大地を飛び跳ねて悪霊を鎮める、あるいは地霊を刺激して豊作を祈願する、という切なる願いを表す行為と考えることもできる。いずれにしても意味のある行為として印象深い。

9、サイの神参加の子どもたち今昔

サイの神は、基本的に子どもたちの自主的な民俗行事であるが、当屋でいただく食事をはじめ、家族の世話や大人の支援をいただかないと成り立たない面は少なからずある。当屋は行事に参加する子どものなかから順番に決めているのが現状である。しかし子どもがたくさんいた頃は、現在と随分事情が違っていたようである。このあたりのことを、残っている記録をたどって振り返ってみよう。

平成十六年に当屋を務める斎籐俊広氏宅には、サイの神についての記録簿が引き継ぎされている。表紙には「歳之神覚」とある。以下はその内容である。

『歳之神覚』

福之神之注意

二番大将（二人ノ内相談ノ上）成ル可ク上ノ者ト定ム。
宿ノ家ヲ出ル時ハ大黒様ヲ先導ニ以下一番大将ヨリ順ニ正列《ママ》シテ歩ク事
宿ノ家ニテハ甘酒ヲワカシテ待ツテ居ル事。

一番大将ノ心得

ボンデン立ノ日ヨリ妻之神ノ過グル迄ハ下ノ野郎共ヲ指揮シテ門違《ママ》ヒノ起ラザル様心掛ケヨ
ケンクワは宜く注意して無からしぬる様注意す可し
福之神の貰物は平等に分与し苦情の起らざる様心掛け有りたし

注意

一、妻之神に入りし以上は途中でやめ奈以やうに注意すべし
一、もしやめる様奈時にはそれぞれの事をやる事
右堅ク守ルベシ

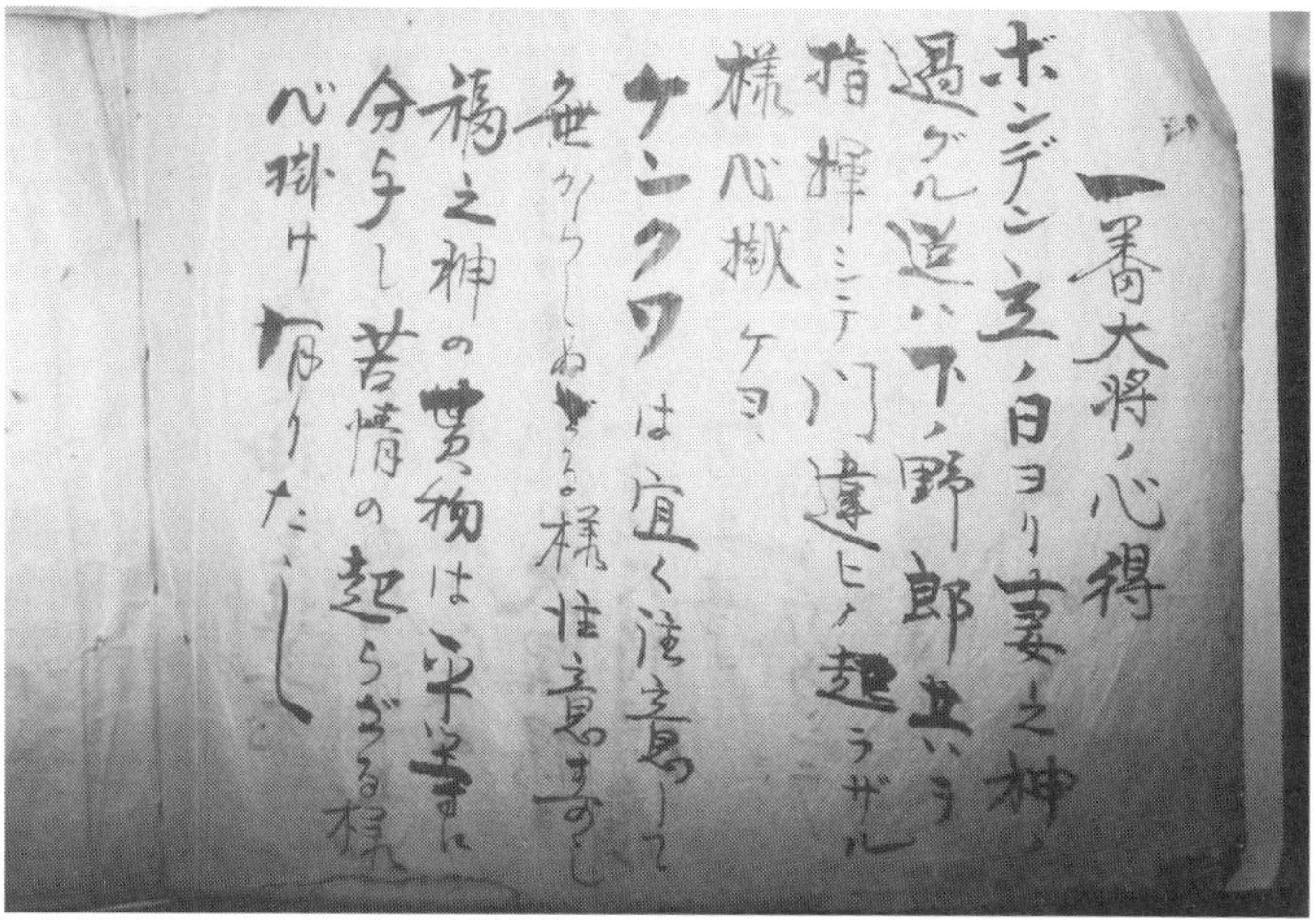
一番大将ノ心得
ボンデン立ノ日ヨリ歳之神ノ
過グル迄ハ下ノ野郎共ヲ
指揮シテ間違ヒノ起ラザル
様心掛ケヨ
サンクワは宜く注意して
[illegible]
歳之神の費物は平等に
分チし苦情の起らざる様
心掛け有りたし

写真11　『歳之神覚』にある「一番大将ノ心得」（昭和2年）

注意
一、二人宿を行う時は必ず昼はアンモチを
　する可し

記帳心得
字ハ丁寧ニ書ク事
記名ハ生年月日順ノコト
イタズラ書ハ堅ク禁ズ
右　神林鉄五郎告
昭和弐年右帳整理新タニ之ヲ作ル
以上

この『歳之神覚』は、昭和二年に神林鉄五郎によって、新たに書き起こされている。神林鉄五郎とは、つぎに紹介するサイの神参加者名簿から、当時の一番大将だったことがわかる。一番大将の任務の重要性をみずから説いている。代々先輩から引き継がれてきたことを、新たに書き記したものと思われる。二番大将の選び方も記されている。この記録から、大黒様をご神体として家回りをしていたことは、少なくとも昭和二年までさかのぼれる。先に記したように、この当時ケンケロを持参していたかどうかは文面ではうかがい知れない。当時宿で用意するものに、甘酒や餡餅があったこともわかる。ただし、昭和二年以前の様子は、この資料からはうかがえないのが残念である。

さて、先ほどの記述以降はサイの神参加者名簿が続くので、その一部を紹介しよう。

昭和弐年

一番大将　神林鉄五郎

神林福吉

手塚留次

寺岡誠

尾上正

手塚幸雄

昭和五年宿　田村　昿

星野一雄

昭和六年宿　星野庄八

（中略）

二十三年神林茂明

小関源六

二十四年田村澄男
　工藤誠一
二十五年田村茂夫
　星野正紘
二十六年小関　守
二十七年神林隆夫
（以下省略）

さきほど触れた神林鉄五郎は、当時二人の一番大将のうちの一方だったことがわかる。子どもの人数が多かった時代がしばらく続き、二人の一番大将が存在していた。それに対応するかたちで、宿である当屋も二人の一番大将の家が当てられ、子どもたちはどちらかに分かれて食事をしたり遊んだりして対処したようだ。極端な例として、昭和三十五年は一番大将に三人が当てられている。いわゆるベビーブームの時代に相当する時期を、複数割り当てて乗り切っていた様子が浮かんでくる。

10、サイの神のご神体の考察

ここで、「サエの神祭りとケンケロ」の小見出しのついた戸川安章の論考を引用してみる。[14]

サエ（塞）の神祭りは、道祖神の祭りである。その祭りには町内の七歳以上の子どもが一緒になって、サエの神祭りを行った。雪でカマクラを作り、その中でお祭りをするのである。六歳までの子どもたちは次の日の朝早く父親に連れられて餅だのミカンや米、お賽銭をお盆に入れて参詣に行った。（中略）

九日の初大黒の夜に大黒様の木像を背負って家々を勧進して歩く。「サエの神の勧進」と大声で叫んで、担って来た大黒様を座敷の中に投げ込む。勧進に来られた家では、米・銭などを供える。それを袋に入れて、次から次へと勧進に歩く。（中略）学校の先生や警察がこれに干渉するようになると、この祭りも下火となり、ついには消滅した。（中略）復活した村々でも、元のような子供組は再組織されず、小学校の生徒だけがかかわるように変わっている。羽黒町手向では、廃止されず、初大黒の勧進（九日夜）・蔵開きの勧進（十一日夜）・サエの神の勧進（十五日夜）などを続けてきたが、鳥追いは消滅した。

以上の記述を参考として、サイの神におけるご神体はなにかを検討してみたい。戸川の文章によれば、十五日夜にサイの神の勧進があるにもかかわらず、その六日前の初大黒の勧進のときに、大黒様を背負って「サエの神の勧進」と叫ぶ。これは、すでに述べたように大黒様の勧進とサイの神の勧進が習合している実態を示しているのではないか。現在は初大黒様の勧進は行っていない。十五日のさいの神では、長年この初大黒の勧進と習合してきたことから、この日も大黒様を背負って家回り（勧進）をするようになったことが考えられる。これは、桜小路下のみならず、手向地区でサイの神を行っている集落に共通する。大黒様は、桜小路下では大進坊からその日のみ借用してくることは前に述べた。このことからも大黒が本来のご神体ではないことがうかがえる。

このことは、唱えごとの内容をみればその違いが明らかである。すなわち、大黒は豊年をもたらす福の神として家々で歓迎される。東福稲荷神社での唱えごとでは、いい婿、いい嫁が来るようにと祈り、若者の幸福な結婚をもたらす縁結びの神が一方で存在する。やはり、大黒様はサイの神のご神体とは別物であり、手向では途中で両者は習合したと考えるのが妥当であろう。

後者の縁結びの神こそ、サイの神本来の役割であろう。手向のサイの神祭り行事の場合、何がご神体の役割を果たすのか。それは男女を表す人形棒のケンケロではないか。それを持って打ち鳴らす行為が男女の和合を象徴するのであり、サイの神ではそれを持って打ち鳴らして歩くのが本来ではなかったろうか。繰り返しになるが、そのスタイルを残しているのが亀井町のサイの神であると考えられる。

同じ庄内地方の酒田市域では、サイの神は木製男根である場合が多く、当屋の床の間に祀られたという。[15]そういえば、酒田市黒森歌舞伎の公演当日（二月十五日と十七日）には、野外会場の入り口二箇所に男根が祀られる。歌舞伎が小正月のサイの神祭りにおいて奉納された痕跡をそこに残しているのである。鶴岡市少連寺地区のサイの神は石造男根（三体）であり、普段は道路沿いのお堂に安置される。子どもたちの勧進も行われているという。[16]庄内地方からはるか隔たった村山地方の寒河江市平塩熊野神社で行われる「御塞神祭」では、ご神体である木製男根が子宝を授ける神として約三十体近く作られる。祭り当日観客に向かって投げ入れられ、激しい奪い合いが行われることで知られている。

これらの状況を踏まえると、もしかしたら手向地区にもケンケロとはまた別にご神体用の男根があったのかも知れない。そもそもサイの神祭りは性的信仰面を強く持つ祭り行事といえる。

なお、戸川の引用した文のなかで、「雪でカマクラを作り、その中でお祭りをするのである」とある。現在、手向地区のサイの神は、前半を各集落の氏神である神社で行っている。しかし、古くは雪で作ったお堂や雪室を祭りの場所として、その中にケンケロを祀ったことが考えられる。実際に立川の立谷沢では、雪の中に「セドの広場」と祭壇を設けて祭場としている。庄内地方の朝日村では、現在でも雪室を作ってサイの神の祭り行事を行っている所が多いという。[17]

11、まとめ

(1)江戸時代の文献をみる限り、鶴岡・酒田の城下や町場のサイの神祭りは芸能化した祭りの様相が濃い。ところが、本稿でみた周辺の村々では、子供組や若者組が木製人形道祖神を奉納したり、家々を勧進するかたちの祭りである場合が多い。同じ庄内地方のサイの神でも、以前からそのような違いがあったのではないかと思われる。

(2)桜小路下区のサイの神祭り行事は、若者の良縁を願いつつその家の繁栄を祈願するもので、道祖神の一つの側面である性の神信仰を基盤に持つ。

(3)サイの神祭りは、当集落で行われてきた「初大黒の勧進」と習合している。大黒様を背負って家々を回って勧進するのはその表れである。この場合、大黒は福の神であり豊年をもたらす神として歓迎される。

(4)したがって、大黒様はサイの神そのものではない。サイの神祭り行事ではケンケロがご神体になぞらえて作られる。ケンケロが祭壇に奉納され、家回りでは子どもたちがそれを手にして一軒一軒を勧進して歩くのが本来の姿であったと考えられる。

(5)男女を表すケンケロを打ち合わせるのは、唱えごとの調子をとり、音を生じさせるためではなく、男女の和合・交合を意味するものと考えられる。このことは(1)で述べたことと関連し、サイの神が縁結びの神ととらえられていることにもとづく信仰行為と考えることができる。

(6)ケンケロといわれる男女の木製人形は、南関東、中部地方、新潟県、福島県などに広範囲に分布する小正月の人形道祖神の系譜のなかでとらえる必要がある。最上地方の山の神勧進に使われる「山の神人形」との類似性に着目し、勧進を伴う子どもの祭り行事における庄内・最上地方の文化同一性を考察する必要がある。

(7) サイの神祭り行事は、かつては子供組が担ってきた地域文化である。しかし、過疎化・少子化の波に洗われて、維持・継承が困難な現在では変容や中断を余儀なくされている。地域の人びとの心と心を繋ぎとめる民俗文化として、なんとか継承していくための柔軟で多様な方策が、大人側から積極的に検討されなければならない。

【注】

(1)「大泉掌故」『鶴岡市史資料集編庄内史料集　十九』所収　鶴岡市　一九八三年
(2)『羽黒町史』　羽黒町　一九九一年
(3)『東遊雑記』平凡社東洋文庫二十二　一九六四年
(4) 前掲『羽黒町史』
(5)『温海の民俗』　温海町　一九八八年
(6)「清川の塞の神」『町の文化財』第五集所収　立川町教育委員会　一九七五年
(7)「社会生活と通過儀礼」『山形県の歴史と風土』所収　創土社　一九八二年
(8) 松田国男『民俗行事子ども風土記』六兵衛館　一九八四年
(9) 神野善治『人形道祖神境界神の原像』白水社　一九九六年
(10)『写真で見る清川の塞乃神』清川塞の神保存会　一九九九年
(11) 戸川安章『出羽修験の修行と生活』　佼成出版社　一九九三年

（12）菊地和博「山形県北部の山の神祭り考」『研究紀要』第一号所収　東北芸術工科大学東北文化研究センター　二〇〇二年

（13）梅木寿雄『新山形県庄内祭り歳時記』私家版　一九九七年

（14）前掲『出羽修験の修行と生活』

（15）佐藤昇一氏（当時酒田市立資料館）のご教示による。なお、荘内日報の昭和五十八年一月九日付記事に、氏が記した「酒田の塞の神歌」がある。それには、「酒田でも大正頃まで、塞道があちこちおこなわれ塞の神歌が唄われていた」とある。

（16）『山村集落　少連寺の歴史』鶴岡市少連寺住民会　二〇〇二年

（17）「手向のサイ（塞）の神」『庄内の祭りと年中行事』所収　無明舎出版　二〇〇一年

四　生業にまつわる民俗行事―大江町の山間集落から学ぶ―

日本農村の各時代をつうじて稲作が生業の代表的なものであることはいうまでもないが、大江町においては、江戸時代から明治時代中期頃までに全盛であった青苧、および大正時代頃から盛んになった養蚕等が生業の中心をなした時期もある。ここでは、これらの農村の生業にかかわる行事や村人の切実な庶民信仰とはどのようなものであったか、人びとは神仏にどんな祈りや願いを託して暮らして来たのかをみてみたい。以下は、季節ごとに主なものを取りあげてみたが、現在は廃絶しているものも含んでいる。なお、文末に示すように参考として大江町老人クラブ連合会編『大江町の年中行事』、佐竹与惣治『おらだの村田代』、大江町老人クラブ連合会編『大江町の石仏』、その他の多くの文献資料を活用させていただいた。

1、団子さし（旧暦一月十四日が多い）

ミズキの枝に紅白の団子をさし、縁起物の「ふなせんべい」などを多数吊り下げて家の中に飾ったものである。「だんご木飾り」ともいう。中央の太い幹は昆布で巻き、そこに大型の巾着餅を付け、さらにミゴに餅をつけ「十六団子」も下げた。主として豊作祈願を祈ったものであるが、「繭玉飾り」ともいうように養蚕農家の繁盛も祈る。また商家にとっては商売繁盛を祈るものでもある。塩の平では旧暦二月一日に年祝いの行事をしてから団子をとった。なお、最上地方や庄内地方では「なしだんご」といっており、だんごは角型であるのが特徴である。語源は不明である。

写真 12 「雪中田植え」（東根市六田地区　2005 年 1 月 15 日）

2、雪中田植え（旧暦一月十五日が多い）

「庭田植え」ともいう。積もった雪の上に一坪程度の範囲で豆がらと稲藁を束にして田植えをするかのように一束一束を植えていき豊作を祈願する行事である。その年の歳徳神《としとくがみ》（歳神様《としがみさま》）がいる方角をアキというが、雪中田植えはアキの方角に向かって行なうものとされ、植え終わったらアキに向かって手を合わせる。雪中田植えは主に東北地方で行なわれているが、「サツキ祝い」ともいうように、秋の米の稔りや畑作の収穫を前もって祝う豊作祈願行事つまり「予祝」行事である。

3、「地蔵様たがき」と「山の神様たがき」（旧暦一月十五日）

沢口、中沢口、南又、柳川平などの村々で、火祭りであるオサイト（お斎燈・お柴灯）の夜に行なわれた。沢口では子供組と大人組の二組が行なったという。お地蔵様や山の神様の御神体をだいて家々を訪れてお賽銭をいただく行事である。特に山の神信仰は篤く、そのあらわれとして「山神」の石碑は大江町で三十八基が知られている。そのほか、山の神の堂社をいれれば膨大な数になろうかと思われる。

農民にとっては山の神は旧暦二月十二日（地区によって異なる）に山から降りて来て田の神となり、十月十六日（地区によって異なる）にはまた山の神に戻ると信仰されてきた。一方、山で生計を立ててきた狩猟、炭焼き、林業従事者などにとっての山の神は一年中山中にいて見守る神様である。

4、葉山福田講（おふくでん、旧暦一月二十日）

この行事は村山葉山の作神（農耕神）信仰にもとづく行事である。塩の平では昭和三十四年まで行なわれていた。その内容を以下に記す。

一月十九日午後から青年会のメンバーが地区内の光養寺に集まり出す。各自持参する食べ物は、餅米一升、茶碗一つ分の味噌、納豆、醤油である。調理用具として臼、羽釜、蒸篭、薪等を準備する。そのほか各自の布団も持参する。まず光養寺で自炊し一泊する。翌日二十日は午前三時に全員起床して素足で雪を踏み、外にあるつるべ井戸より水を汲み上げて水垢離をとる。さらに囲炉裏の火を塩で清めて餅米を蒸かし味噌汁もつくる。餅米がふけると太鼓や鐘を鳴らし、それに合わせて「よいどおよい、よいどおよい」と勇ましい掛け声をあげながら餅を臼で搗く。搗き終わると勝ちどきをあげる。そして寺の地蔵様と葉山の方角へ餅を供えて全員で拝む。搗きたての餅は味噌汁のたれにくぐして納豆をつけて食べる。食べ終わると再び太鼓と鐘を鳴らして「やぁー」と勝ちどきをあげる。これらの儀礼行為は夜が明けないうちに行なう。食事が終わっても日中は一歩も寺の境内から外へは出ない。午後三時から朝に行なったような餅搗き儀礼をまた繰り返す。それが終われば翌朝食べる魚を買い出しに行く。二十一日は最後の「あとふき」といわれる儀礼がある。ご飯と魚の朝食をとる。新嫁のいる家では清酒一本を贈る慣習がありそれを参加者は飲むが、ない場合は買ってきて飲む。あとは昼食をとって解散する。この行事には妻の妊娠中は参加できなかった。

この行事は市の沢地区のように若衆の当番の宿に泊まって行なっていたところもある。市の沢では搗きたての餅を葉山大権現に供え、全員で「葉山南無帰命頂礼、懺悔懺悔六根清浄　葉山は日光月光、願薬師瑠璃光如来拝」と三回唱えて豊作を祈願した。なお、材木地区ではこの日は直接葉山に登拝して、山頂近くにある大円院から赤いお札をもらい受け水口に突き立てて虫除けとした。福田の行事は久保地区でも行なわれていたという。このような村山葉山の作神信仰は、大江町のみならず村山市、河北町、西川町などの村山地方の葉山山麓一帯に広がっている。

5、おしらさま（旧暦二月十六日）

「おしらさま」は養蚕の神様として信仰されている。それは片手に桑の木を持った女性神であり、この日はおしらさまが描かれた掛け図を祭壇に吊るして祀るものである。その際、おしらさまが天から降りて来るときの目印として、雪の庭に杉などの細木を三本か五本伐ってきたものを立てて依代《よりしろ》とする。この木を「おしらぼけ」という。この方法は貫見、沢口、柳平、徳沢、切溜などで行なっている。

また、団子を繭玉の形にこしらえておしらさまに供え、養蚕の安全と豊饒を祈願した。これは大江町のほぼ全地区で行なわれたようである。なお、中ノ畑では「おっしゃがみ」ともいった。白鷹方面でも「おっしゃがみ」「おっしゃさま」と言っている。

なお、石碑「蚕神」が大久保地区に一基みられる。明らかに養蚕の神を祀ったものである。この碑の前で、正月あるいは秋に女性たちが「おしら講」をつくって祝祭を行なったと伝えられる。良質の繭玉が多くとれますようにと蚕神に願った人びとの切実さが浮かんでくる。

6、大田植え（田植え終了後の夜）

当地方には、田植えを手伝ってくれた人びとを招待して賑やかに祝宴を催す慣習があった。その際に豆俵というものを作って祭壇に供える。柳川地区や楢山地区では、ホウ（朴）の木をたくさんとってきて、その葉に大豆と餅干し（あられ）を炒って昆布をいれたものを包む。それが豆俵である。それをホウの木に吊るして床の間に飾り、田の神様の依代とするのである。

塩の平のやり方は次のようである。豆と餅ぼし・団子ぼしを炒り、ホウの葉に一個一個包む。それを夕食のお膳のわきに配る。そのほかホウの木の枝の何か所かに下げ、さらに田の神の床の間と大黒様の前に供える。夕食はご飯にフキを食べる。フキは富貴につながり縁起が良いとされた。この日は風呂に入らない。風呂に入ると苗枯れするといわれた。

以上、大田植えの行事は各地区で戦前までかなり大がかりに行なわれたようで、そのやり方も多様であったが、現在ではほとんど行なわれていない。

7、蚕餅・お蚕上げ餅（六月末か七月はじめ）

春蚕が出来上がって繭の売り渡しが終わると、養蚕農家はみな餅を搗いて蚕神を祀り無事豊産を感謝した。この日は養蚕を手伝ってもらった人を招待して感謝する。朝から餅をついて、この日は農作業を休みにするのが慣習だったので「蚕さなぶり」「田植えさなぶり」ともいった。昭和五十年代始め頃には養蚕は行なわれなくなり、この行事も廃れた。

8、虫送り（五月末から九月上旬のあいだ）

稲につく害虫を火の力で村の外に追い出そうとする行事である。「うんか」や「いねのずいむし」などの虫害をなくすため、かつて藁束を燃やして虫を寄せ集め焼き殺したことにちなみ、子どもや大人が集団をつくり松明に火をつけて笛や太鼓を鳴らしながら村はずれまで行って虫を追い出そうというものである。現代では害虫防除と豊作祈願を願う呪術的な意味あいで行っている。他市町村でも、子どもの行事として復活している事例がみられる。

9、風祭り（二百十日の前日が多い）

この頃は台風が本土を襲うことも多く、稲の開花期であり農作物に被害がないように風の神に祈るのが風祭りであり、全国的に行なわれている。古くは、『延喜式』巻八にあるように延長五年（九二七）奈良の龍田神社で行なわれた「風神祭」が知られている。大江町の農村部では、各集落の鎮守の神様に被害防止と豊作を祈願するため地区民が神社に集まって神事を行ない、終了してから直会をする行事が行われてきた。ただし、神輿渡御や囃子屋台あるいは伝統芸能が伴うような、いわゆる祭礼行事ではなかった。周辺地域では、朝日町大谷の風神祭、河北町沢畑の風祭り、東根市本町の風祭りなどが知られている。

10、刈り上げ（十月一日頃）

稲刈りが終わり田の神が山の神へと戻る前に、収穫した米で餅を搗いて田の神（または山の神）に供えてその年の豊作に感謝する行事である。「刈り上げ餅はホイト（乞食）も搗く」という言葉が広く伝承されているように、大江町では左沢を除いてどの集落でも刈り上げ餅は搗いたようである。そのやり方は様々で、例えば上北山地区では、旧暦十月一日前夜に餅を搗き、その半分をお供え餅として作って新しい箕に入れ、さらに臼の上に供え、箕の周りに米、鎌を供えて祭る。残り半分の餅は、小豆餅、納豆餅、雑煮餅などにして家族一同でいただいた。箕や臼、鎌などの農具への感謝の心も表れている。一年間の稲作作業の締めくくりの行事として大切にしてきたことがうかがわれる。

11、石碑「青苧権現」

伏熊地区に一基みられる。『大江町の石仏』には、「青苧姫を祭った神。機織りの女性が中風になりかけた時、青苧を煎じて飲んだら治った。それで中風よけの神として崇めている。更に、青苧、機織り、中風よけの神として高畠町亀岡文殊様の境内に青苧大権現神社が祀られている」と記されている。

このように、伏熊の「青苧権現」碑への信仰は、良質青苧の大量生産の願いが中心となっているのではなく、健康祈願、病気治癒の祈りが強く表現されているものであり、「中風の神」として信仰されているという。これには意外な感をもつが、山形県内内陸部に見いだされる八基の同種の石碑は、現在ではすべて中風除けの信仰を集めたものであり、ほとんど青苧栽培・生産に関する祈願の対象にはなっていないのである。「青苧権現」碑は山形県外にも広範囲に見られる石碑であり、ほとんどは仙台市宮城野区岩切にある青麻神社を本社としている。青苧は強い糸であり簡単には切れないことから、血管が切れないようにとの素朴な願いから信仰対象となったかも知れない。しかし、かつて青苧の特産地として、左沢および羽州山形にはその栽培や生産にかかわる信仰がなかったのだろうか。じつは、山形と並んで青苧の特産地であった福島県南会津郡昭和村には「青苧権現」碑（文化八年）がある。その信仰には糸紡ぎや機織りが上手になるようにとの願いがこめられている。「青苧権現」の石碑についてはまだまだ不明な部分があり、引き続き今後の研究課題としなければならない。

〔参考文献〕

（1）『大江町の語り部』大江町老人クラブ連合会編　一九九二年
（2）沓沢喜代次『歴史の証言』一九九五年
（3）小関昌一『大江町の歴史探訪　地名を探る』一九九九年
（4）佐竹与惣治『おらだの村』二〇〇四年
（5）『大江町の年中行事』大江町老人クラブ連合会編　一九八四年
（6）『大江町の石仏』大江町老人クラブ連合会編　一九八二年

第二章　山の神勧進と山の神信仰

一　山の神勧進の概況

山形県北部の最上地方では、稲作農業に従事する一方で、炭焼き、燃料としての薪（まき）生産、狩猟、なめこ栽培、あるいは鉱山業など、かなりの割合で山に依存する生活を送ってきた。その結果、山の恵みへの祈りや感謝、あるいは危険な作業での身の安全祈願などが山の神信仰を生んだ。それは当地方のどんな集落に足を運んでもきまって山の神神社が見られるのは、まさにそのことを示していよう。

山の神神社を尋ねてみてほぼ共通することは、一部例外を除き、社殿が神明造りや春日造りなど、寺院や神社型式の荘厳な建造物などではなく、切り妻の屋根を持ったごく簡素な建物であり、ほとんど鍵がかけられていない。地元の人に、「山の神を参拝したいのですが」と聞くと、きまって「鍵はかけていないので、ご自由にどうぞ」と答えが返ってくるのである。

これらの山の神神社は拝殿と本殿の区別もないし、畳敷きの拝殿で奥まったご神体を恭しく参拝することもない。たいてい土足で上がり込んで目の前でご神体に接することが可能だ。内部が絵馬や奉納物で賑わっているわけでもなく、じつに質素な趣をもっているのがほとんどだ。それが山の神様にふさわしいといわんばかりにである。

そのような山の神神社のたたずまいは、当地方に限らないことだろうと思われる。古くから、山の神はいつでもだれでもが自由に参拝できる、庶民に開放された最も身近な神の姿をとってきたのではないか。親しまれている稲荷神社でさえ、もっと格式は高かろう。このことは、山の神がどのような神であるかを考えるうえで大事なポイントだろう。

この山の神信仰の中でとりわけ注目されるのは、山の神の勧進という子ども自身が主体的に行う家回りの信仰行事である。今も、新庄市、真室川町、鮭川村、金山町などの各市町村で広範囲に行われている。他地方の勧進に比べると、この地方の山の神勧進の特異性がいっそう浮き彫りになってくる。このことは、とりわけ勧進の際に子供たちが手にする「山の神人形」（山の神のご神体周辺に祀られる木製の人型奉納物を一括して、このように名づけることにする）に着目すれば、いよいよその感を深める。

本書では、「山の神人形」に対する分析・考察を加えた結果をもとに、当地方の山の神勧進は男子の成長を祈願し祝う側面が強いものであることを明らかにした。また、子授けと安産にかかわる女性守護神のイメージに包まれた山の神は、一方では男子を守り育てる神でもあるという捉え方を述べてみたものである。

1、山の神勧進の全体像

平成十三年から十五年の三年間にわたって最上地方の山の神勧進を調査した結果を記したい。調査は勧進を行っている地区は十六か所に及び、それらの内容は二種の研究誌にすでに明らかにしている。(1) 詳細な報告はそれらに譲るが、あらためて論を起こすには、地域的展開の細部は捨象して、まずここで各集落に共通する部分を抽出して勧進の実態を概観してみる必要がある。それは、おおよそつぎのような内容にまとめられる。

(1) 勧進の参加者は、小学生のみか、または中学生までの男子に限られている。子ども集団には一番大将から三番大将までのリーダーがいて、勧進はじつに統率のとれた子供の主体的な地域行事となっている。おそらくかつては「子供組」が担ったものであろう。

(2) 集落には氏神的存在の山の神神社がある。当地方の山の神のご神体は女性神もあれば男性神もあり、木像と石像のどちらかで、鉞を持つ姿が目につく。勧進の際は、鎮座する山の神のご神体を拝借して一番大将が持ち運び、一軒一軒を訪問して歩く。家の人は玄関に出てきてご神体に向かって恭しく手を合わせ、丁重な祈りを捧げる。

(3) 勧進の際、子どもたちはそれぞれ「山の神人形」を手に持つ。それはホウ（朴）の木で作られ

写真１　山の神神社と勧進廻りに出発する子どもたち（新庄市赤坂地区　2001年12月30日）

ている場合が多く、およそ二十～三十センチの手足のない素朴な人形である。男子の子どもが生まれたとき、生年月日と名前を記し山の神に奉納する。あるいは初めて勧進に参加したとき奉納する場合もある。「山の神人形」は、普段山の神神社の祭壇にご神体を取り巻くように林立している。勧進の前日になると子どもたちがそれぞれ自宅に持ち帰り、翌日勧進のために使用する。

(4)各家を訪問する際、玄関では全員が大きな声で、わらべ唄にも似た唱えごとを発する。今となっては意味不明な部分もあるが、およそ幸福がもたらされ家が繁昌するようにというような縁起のいい内容である。子どもたちは山の神の使者として歓迎される。

(5)各家々では、勧進に訪れた子どもたちには、必ず米、餅、お金、お菓子など、気持ちこめていずれかの供物を与える。近年はお金が多く米の場合は現金に換えてもらう。これをいただくことが子どもたちの毎年の楽しみである。いただきものは、一番大将を中心にリーダーたちが話し合いによって全員に分配額を決める。

(6)勧進の前夜に山の神神社に寝泊まりしたことが多かったが、現在は公民館に宿泊したり、廃止したところも多い。勧進が終わった夜も、神社や一番大将の当番宿にあらためて集落の主人たちが山の神のご神体を参拝に訪れる所があった。したがって二日目の夜も子どもたちは神社や当番宿に泊まることがあったのである。この夜は火祭りであるオサイトを行う集落も多かった。

(7)山の神の年取りが十二月十二日であることから、勧進はこの日に合わせて行うところが十六か所のうち五か所ある（近年ではこの日に近い日曜日が多い）。しかし、勧進を旧暦三月三日に行ってきたところがその他の大部分の集落であり、現在は新暦の四月三日あるいは二日に実施する集落が多い。

写真２「山の神人形」の１つの類型（金山町下中田地区　2001 年 11 月）

2、地区ごとの勧進の概況

ここからは、各地区の山の神勧進の特徴を中心に概況を述べることにする。

(1) 新庄市吉沢地区

近年の勧進は十二月九日に行っている。前日の八日には集落五十二軒のほとんどが、お膳またはお盆に餅五個を四隅と真ん中に載せて山の神様に奉納するため神社に足を運ぶ。これを地元では「餅上げ」といっている。吉沢地区の中学二年までの男子たちは、まず餅を持って参拝に来た人に御神酒を振る舞うのがこの日の役目である。平成十三年は、午後二時三十分から七時三十分までが餅上げの時間帯であった。あらかじめこのことは、子どもたちが有線放送を使って呼びかけるので、家々では心づもりをしている。子どもたちは雪の降る寒い中、山の神の神社内で餅を奉納するために断続的に訪れる地域の人たちを待ち受ける。餅上げに訪れた人には必ず他人が納めた餅一個を山の神様の御護符として家に持ち帰ってもらう。奉納される餅は、ほとんどが直径十五センチぐらいの大きなもので、社殿に所狭しと並べられる。

勧進の間は、子どもたちは唱え言葉を一斉に発しながら家々を移動する。唱え言葉とは、「山の神の勧進、今年の作は豊作だ、米なら一升、銭なら四十八銭、ほーすけ・ほーすけ十六っぺ、おひなのかげも十六っぺ」というもので、「ほーすけ」「おひなのかげ」などの意味は不明である。

(2) 新庄市黒沢地区

山の神神社には神社由来等に関することを記した「黒澤山神社調書」がある。そこに当地区の山の神勧進は「文政十年十二月十二日実行」とあることが目につく。最上地方の勧進はいつ頃から始められたかを考える手掛かりがないなかで、発祥年代が記録されているものは、今のところこれが唯一である。

祭壇には、ご神体のほかに「山の神人形」がここには少なくとも五十体～六十体くらい見られるのだが、そのなかの一体に「万延二年　酉　二月吉日」と記されている。これまで数十体もの奉納人形を手にとって形状や紀年名等を調べてきたが、確認できる古い年号は明治初期頃までであった。「万延二年」とは慶応元年であり、いわゆる幕末の時期に奉納された人形である。このことから、少なくとも江戸時代末期頃には山の神勧進はすでに行われていたのではないかと推測される。

⑶ 新庄市萩野地区

勧進の唱え言葉は、「山の神のおいで、餅なら十二、金なら七・八文（四十八文か）、祝ってたもれ亭主殿、餅蔵銭蔵つぐように（つむようにか）、この家のすいしょ（身上《しんしょう》か）昇るように昇るように」というものである。これを玄関で二回繰り返す。

この勧進では、他地区にない特徴が見られる。一つは、一番大将はご神体を玄関の上がり口でコロコロと転がしてやる。それを家人が拾って抱きかかえて茶の間や仏間に持って行き参拝する。それを終えれば、またご神体を抱きかかえて玄関に戻すのである。相当数の家では、このようにわざわざ奥の部屋に持っていってそこで手を合わせるというやり方は実に丁重である。ただし、すべての家が同じことをするわけでもなく、玄関の上がり口で参拝を済ませる家もある。

(4) 新庄市赤坂地区

当集落の山の神神社にある、「山の神人形」は二百体を越すだろう。当神社の「山の神人形」が、他種類のたかちを示しているのに目を奪われる。人間の姿がはっきりと象られているもの、その中でも着衣まで明確に描かれているものがある一方、人間の顔のみ簡素に描かれ、顔から下は手もなくただの棒状を示すものもある。それどころか、顔すら描かれないものもある。着衣した人形の中には、裏面に奉納年月日と奉納者名があり、さらに「一番」と記したものがいくつかある。これは、数え歳十五歳の子どもが一番大将になったことを記念して、本人自身が納めたもののようである。なかには「三番」と記したものもある。

手足がない棒状の人形で、頭部を刻み目・鼻・口などの顔を表現しただけの単純なものがある。その後頭部にあたる部分を見ると、「デコシケ」と墨書してあるものが一体ある。その他、胴部の「奉納」までは読み取れるが、人名らしき部分は墨が薄く滲んでいて解読できない。奉納年月日は記されていない。「デコシケ」とは何だろうか。デコ人形などの言葉があるように、デコとは広く人形をさす言葉である。やはりこの勧進に使われる「山の神人形」ということなのだろうか。

⑸ 新庄市仁田山地区

当集落の山の神勧進は、旧暦三月二日及び三日に行われてきた。これは後述する真室川町、鮭川村、金山町にみられる山の神勧進の場合とほぼ共通する。勧進の実施日は十二月と三月の二種のタイプに分けることができる。

仁田山地区では、かつて三月二日の夕方から、数え年十二歳から十五歳の男子が自宅で風呂に入って身を浄め、その後に山の神神社に集まったという。また、夜の十二時に勧進に出発するに際して、小川で手を洗い口もすすいだとも伝えられる。神を前にして身を清める習俗の名残がここにうかがえる。山の神勧進が厳格な神事であったことを知り得る貴重な証言である。むろん、不幸があった家の子どもが参加できないのは、勧進のあるどこの集落おいても同じである。

現在では、一か月遅れの四月二日から三日にかけて勧進を行う。この日はかつてのように神社で過ごすことはないが、やはり、夜中に集まって七十三戸の家々を今なおていねいに訪問している。

⑹ 新庄市土内地区

勧進は旧暦より一か月遅れの四月三日に実施している。約三十軒を一日かけて回っている。やはり、かつては勧進の前夜は神社に寝泊まりしたというが、今でも社殿の板敷きの床中央には囲炉裏が昔の姿をとどめている。それほど大きなものではなく、囲炉裏枠は土を固めて作った簡素なもので、底は非常に浅いものだ。天上を見上げると、自在鈎を吊した形跡がはっきりと残存している。燃え残った薪もそのままで、ふと、子どもたちが囲炉裏を囲んで勧進を前に談笑する姿が浮かび上がってきそうな気配を感じる。

⑺ 新庄市小月野地区・月岡地区

この地区では勧進を「山の神講」と称している。旧暦三月三日に行っていたが、現在は四月三日に移行している。五歳から十五歳になる男子が担い手であり、勧進に参加するにあたっては、勧進の行う年月日と自分の名前を「山の神人形」に記入して奉納する習わしである。「人形」は、雑木を切って頭部を山形に細工するのみで、高さ二十センチ前後の手足のない棒状の単純な造型である。

勧進前日の四月二日に自分の「人形」を一旦自宅に持ち帰り、各自が荒縄を用意して「人形」に巻き付ける。そのまま「人形」は神棚に奉納しておき、翌三日にそれを持参して勧進に参加する。自分の「人形」が決められてあること、前日にそれを自宅に戻して神棚に奉納しておくこと、縄を結わえることなど、ほかの集落にはない当地区の特徴点である。

家々を勧進して歩く際、かつて土間のある家では、手に持った「人形」をそこに放ってたたきつけたという。荒縄は投げつけたのち、また手元に引き寄せるために必要なのである。しかし、現在は荒縄を作れる子どももいなくなり、替わりに、近頃はビニールの紐を「人形」に巻き付けて玄関先に投げ入れるようになった。

かつて、「人形」は勢いのあまり割れて壊れるのもあったが、壊れるほうが元気があっていい、そのほうこそ縁起がいい、などと歓迎されたものだという。勧進が終われば、荒縄や痛んだ「人形」は近くの川に流す習慣もあったというから、「病送《やまい》り」など最後に川に流すやり方と共通するものを感じる。

(8) 鮭川村の京塚地区・府の宮地区

当地区では毎年四月三日未明に行われる。子どもたちは四月二日の日中にご神体と「山の神人形」を山の神神社から下ろし、別当である愛宕神社祭壇に仮に祀って一旦解散する。夜に京塚多目的集会場に毛布持参で再び集まる。そこで十二時近くまで仮眠を取る。かつては一番大将の自宅を勧進のための宿として寝泊まりしたという。十二時近く起き出した子どもたちは夕食のおにぎりを食べた後、いよいよ勧進のため動き出す。十二時過ぎにご神体を一番大将が背負い、その他の子どもは「山の神人形」を手にして集落を回る。一晩中、京塚・府の宮の約百五十軒の一軒一軒を勧進して歩き続けるのである。地区内をすべて回り終える頃にはすっかり夜は明ける。

(9) 真室川町北東部地区

当町の北東部にある塩根川地域一帯の「山の神人形」の姿は、凛々しい顔つき、烏帽子に紋付き羽織・袴姿に描かれ、よりリアルな形状を示しているのが特徴である。「人形」正面袖部分には、「奉納」「山神社」「山神」などと墨書し、裏面には奉納年月日、願主(親または子どもの名前)、親の年齢などを記している。当地区一帯では、男子が誕生すればその家族の者が山の神神社に必ず「人形」一体を奉納するのが習わしである。つまり、生まれた子どもの成長を山の神にずっと見守ってもらうために、その子の身代わりとして「人形」を奉納するという。だから、地元ではこの人形を「身代わり人形」と呼ぶ。

現在では中ノ股地区だけにこの勧進が続けられていて、他はもう途絶えてしまっている。その中ノ股でも、最近は山の神神社に子どもたちは泊まらず、朝方集合して学校へ行く前に地区内を勧進しているのが実状だ。

なお、真室川町の新町地区では、現在でも四月第一土曜日・日曜日に公民館に寝泊まりをして山の神勧進を続けている。

⑽金山町山崎地区

金山町で子どもの勧進を行っている地域は、内町、山崎（上組と下組）、下野明、安沢地区である。かつては、田茂沢、上中田、下中田、有屋などでも行っていたが、現在は途絶えている。今なお勧進を行っている四地区ではいずれも四月二日に実施しているが、かつては旧暦の三月二日であった。

他地区同様、ご神体のほかに「山の神人形」が無数に奉納され、勧進当日はそれらを持って、唱え言葉を叫びながら各家々を訪問することなど、基本的なやり方はほとんど同じである。ただ、人形を「にぎり地蔵」「地蔵っこ」など、「地蔵」と称することは、勧進を行っている内町、山崎、下野明、安沢すべてに一致しているのはきわめて特徴的なことである。また、この「地蔵」である「山の神人形」の体に縄を巻き付けて、かつて勧進の際に家の中の土間部分に放り投げたことなどは、新庄市の小月野、月岡地区と共通している。

⑾戸沢村柏沢地区

当集落の山の神勧進は十二月七日に行っている。「山の神様、参りましたぁー」と、子どもた

写真3　戸沢村柏沢地区の山の神勧進（2002年12月7日）

ちは声を出して家々に入っていく。唱えごとはここでは言わない。玄関では「山の神しょい、しょい！」と三回叫びながら一斉に跳ねる。これは最上地方の勧進にはまったくみられない特徴である。「しょい」とは「背負う」ことだろう。かつては山の神様を背負って回ったことが考えられる。

当地区では、勧進を終了すると関連する行事がそのあとに待っている。十二月十一日に「豆腐汁」を食べ合うことである。当日の夕方、子どもたちは当屋の家に集まるが、一人につき豆腐一丁とお灯明一個、そしておにぎりを持参する。床の間には勧進で使った山の神の木箱と梵天が奉納され、みんなで参拝する。そのあとは大きな鍋を囲んで豆腐汁を食べ合う楽しみが待っているのだ。かつて当屋では、店から買ってきた駄菓子なども並べて売った。子どもたちは、かくれんぼをして家中を遊びまわったりしても怒られなかった。この夜ばかりは遅くまで過ごすことが許される特別の日だったからである。子どもたちが少なくなった今でも、一軒から一人は参加してこの行事は続いている。

本来十二月十二日が山の神様のお年越しなので、豆腐汁を食べるこの行事は、それを前夜に祝う宵《よい》祭りであり、また夜籠《よこ》もりのような意味をもっていたのではなかろうか。事実、最上地方の勧進では、行われる前夜に山の神神社に泊まり込んで仲間と夜を過ごした事例がたくさんあることは、これまで述べてきたとおりである。

当集落の勧進が他の最上地方の勧進と決定的に異なるのは、「山の神人形」を持たないことである。それらしきものはいっさい見当たらない。もともと作られなかったのかどうか、今の時点で明らかにすることはできない。（現在、当地区の山の神勧進は中断している。）

3、山形県以外の山の神勧進

(1) 岐阜県益田郡金山町（現下呂市）

『金山町誌』によれば、十一月七日と二月七日に「山の講」が行われる。この日は山で働くことをしないという。同誌では、「昔は子どもたちが『山のこの勧進』と呼んで、集落を回って米や野菜などを集め、夕方から頭屋の家で味飯を炊き、山の神に供えて自分たちも頂いて楽しんだ。この行事と山の神の庭で大きな火を焚く行事は、近年少なくなってきた」と記している。(2)

また、『ふるさと祖師野』では次のように説明している。(3)

「春は二月七日、秋は十一月七日が山の講でした。前夜夕山の講といい山から受ける恩恵に感謝し、山仕事の安全を祈願する祭りの一種です。夕山の講は大人が主体であったが、山の講は子どもが主体の行事で、学校から帰ると組内を『山の講のかんじん』といって回り各家から米やお金を貰った。大きな家で『宿』をしてもらい、小さい子どもが各家を回っている間に高学年は山仕事に使う道具の形を板でつくったり、しめ縄や榊や御幣をつけたりして準備し、貰ったお金で油揚げなどを買って味ご飯を炊いて貰って夕方山の神に供え、みんなでお参りをしました。

この後が子どもたちの楽しみで普段はあまり食べられない味ご飯だけに七杯も八杯も食べ、高学年の指導で色々な遊びや話しをして夜遅くまで過ごしました。この祭りは男の子だけのもので女の子にはなかったが、これは山の神様は女の神であり、女がついて行くと嫉妬するからだと言われています」。

つぎは、「山のこの勧進」を実際体験された地元の星屋昌弘氏（当時岐阜県金山町教育委員会勤務）からお聞きしたことである。(4)

「勧進参加者は小学生と中学生の男子であり、年一回十一月七日に行っている。勧進は夕方から夜にかけて回り、現在は集会所に一泊する。勧進でいただくものは、お金ではなくその年に収穫した農産物で、特に米が多い。それをお金に換えたり、料理に使ったりしている。山の神は祠であり、それを勧進で持ち歩くことはしない」。

⑵ 岐阜県美濃加茂市深田町

『綜合日本民俗語彙』第四巻には、「山の子勧進。岐阜県加茂郡太田町（美濃加茂市）で、十一月初の寅の日、または七日を山の子という。十歳より十五、六歳までの男児が、この日米や銭の勧進をし、山神の祠の前で青竹、藁などを積んで焼く。特別に小屋掛はしない」とある。(5) 太田町深田地区は、現在では美濃加茂市深田町と変更されている。深田町に住む兼松重弘氏からは、上記山の子勧進の現状について次のようなことをお聞きすることができた。(6)

「深田神社の境内に、石碑の山の神様が存在する。これは女性の神様であると伝えられている。十一月始めの土曜日の夜から日曜日にかけて、小学生と中学生の男子が山の子の勧進を行っている。『山の子の勧進』と大声で叫びながら家々を勧進して回る。昔は米をいただいたが現在はお金である。かつて子どもたちは当元といわれる家で宿泊したが、現在は宿泊することはない。夜公民館に集まって食事をして、レクリエーションや肝試し、手品、お話などして楽しんだ後は家に帰る。また、日曜日の夜、深田神社の山の神様を前にして、高さ三メートル程にもなる竹に藁をかけたものを焼く行事をドントといっている。山の子の勧進は、かつて周辺地区でもさかんに行われていた。現在は深田町以外行っているところはないと思われる」。

(3) 三重県内の勧進

堀田吉雄は『山の神信仰の研究』の中で、「志摩あたりでも、山の神勧進をして米銭をもらうと、祝福の歌とも呪言ともわからぬようなことをいう」と述べ、勧進を行っている地域として、「答志島の和具」「志摩国崎」「鳥羽市今浦」などをあげ、さらに子どもたちが歌う歌詞も記している。また、「伊勢員弁郡山郷村」をとりあげ、そこでは「山の神の勧進、餅藁八束竹八本それを寄こさなかかよこせ」と子どもらが家々ごとにねだり歩いたことを記している。(7)

「伊勢員弁郡山郷村」は、現在は員弁郡北勢町山郷地区に変更されている。その山郷地区では、すでに山の神の勧進は行われておらず、隣地区である同町の治田地区において、今なお山の神勧進が継承されている。この町の生活文化を著した『北勢風土記』には、山の神の祠は町内各字に一社ないし二社もあったと記しており、山の神勧進については次のようなことを報告している。(8)

・小学校にはいると子ども会に入り、十五歳の子ども大将がすべての祭事を司る。
・十二月六日が山の神の祭礼日で、子ども全員が筒袖着物に紺の股引をはき、鉢巻き、草鞋ばき姿の、いうなれば一人前の出で立ちで大将に従って家々を回り、竹や藁、きびがら等よく燃えるものを貰って歩く。

・はやし言葉は、「山の神のわら勧進、よしわら八束竹二束、それが嫌なら嫁かやせくーれた者はお多福じゃ、くれん者はしわんぼじゃ」という。

ここでは「わら勧進」と称していることからわかるように、小正月に行う「どんど」と呼ぶ火祭りを主とする勧進がおこなわれているようである。先に記したように、山形県最上地方でも山の神勧進と「どんど」(当地域ではオサイトいう場合が多い)は山の神祭りとして一緒になっている地区がいつくかある。ただし、勧進の最中に、藁や燃えるものをいただいて回ることはまったくない点が異なる。

一方、『綜合日本民俗語彙』第四巻には次のようにある。(9)

山の神勧進。三重県志摩郡で、十一月七日、五・六歳の児童が歌い歩いて寄進を乞う。

　山の神の誕生日
　お家も御繁昌この家も御繁昌
　商い商売よいよい仕合わせよかれ

と唱え、銭を貰えば祝言をうたい、貰えぬと悪口をいった。

三重県内では、特に伊勢方面に山の神信仰および山の神勧進がさかんな様子をうかがうことが

できる。『日本の民俗　三重』に記されている一部を紹介しよう。(10)

「伊勢山の神」というほどで、伊勢では山の神のない村はない。津藩士の書いた随筆の中に、山の神は農山村に限らぬもので、城下の各町にも男の子どもの山の神宿というのがある。一軒一軒米銭を勧進して宿ごもりをし、町同士で喧嘩もした。

4、勧進の男子成長祈願・祝祭性

岐阜・三重両県の山の神勧進について長々と紹介したのは、結局、最上地方の勧進との相違点を明確にしたかったからにほかならない。もちろん、いずれの場合も金や米などを家々からいただいており、勧進本来の寄付を募る行為という共通性は見出せる。しかし、決定的に異なる点もすでに明らかである。それは勧進のなかでのご神体の有無である。山形県の場合、勧進行為に必ず山の神のご神体が伴うのである。勧進には、神の巡行・神の来訪という重い意味が込められている。そのうえ、さらに重要なことは「山の神人形」も巡行に伴って家々を回ることである。たんに子どもが家回りをすることとの違いは大きい。

ここでは、特に「山の神人形」の存在に焦点を当てて論を進めたい。巡行神または巡行仏は、神仏が居場所を変えて家々を訪問することであり、それは全国的に見られる。しかし、子ども一人一人の手によって「山の神人形」が家回りをするという事例はあるのだろうか。筆者は、山形県最上地方の山の神信仰の本質を解き明かすには、この「山の神人形」が重要なカギを握るのではないかと考えてきた。「山の神人形」については、かつて次の七つの視点から考察を試みた(11)。

つまり、①「山の神人形」の形状　②ご神木的発想　③道祖神人形との関連　④身代わり人形⑤にぎり地蔵　⑥「山の神人形」の神格化　⑦「山の神人形」と女の節供、である。そこで、これらを踏まえて言えることは、最上地方の山の神勧進については、ご神体が家々を訪問する山の神の巡行という側面と、男子一人一人の成長を地域住民が祈願しお祝いするという側面の二面性においてとらえることができることであった。本書では最上地方特有の民俗現象として、後者の男子成長を地域全体で祈願し、祝福する行事という側面を、より明らかにしていきたい。

繰り返しになるが、勧進とは寄付を募る行為である。他県のように、子どものみが山の神の使者の意味合いで家々を回ってモノをいただくこともできよう。だが最上地方では、使者だけでなくご神体そのものが子どもたちによって運ばれて、一軒一軒祝福して回る。ところが、さらに子どもたちは、「山の神人形」を神社から下ろし、神の巡行とともに一人一人が手にして回っている。このことの重みに留意すべきである。

「山の神人形」は、彼らが誕生したときに山の神に奉納したものが多い。それを持って回るのは、地域の人たちに「このぐらい成長しました」というお披露目する意味が含まれている。直接玄関先で子どもたちの成長ぶりが家々で確認されるのである。一方、地域の人びとによってさらに元気に育つよう彼らに対する今後の期待が示される。したがって、山の神勧進は当地方にあっては男子成長への地域共同的な祝祭性を強く帯びた行事とみることができるのである。

このような見方に立てば、勧進の際の供物・お金は、山の神の使者としていただくのはもちろんであるが、何よりも成長祝い・祈願として生身の子ども自身がいただくという意味を持つことにあらためて気づくのである。供物の分配に大人の介入を許さない原則は、一面では、子ども自身へのご祝儀物であるという捉え方に裏打ちされていると考えることができる。

勧進には男子成長祈願があるという見方ができる理由はもう一つある。それは、三月三日に「山の神人形」を雛人形のように祀ることが当地域に多いことである。すなわち、男子の節供に近い状況がそこに生まれているのである。

山の神勧進は、十二月実施と三月実施の二種があることについてはすでに触れた。平成十五年までの調査では、勧進実施十六か所のうち十一か所が三月に実施し、そのうち二日から三日にかけて実施する集落がほとんどであった。あとの五か所が十二月十二日に近い日程で行っている。現在中断しているが、かつて勧進を行っていた地域は五か所確認できる。それらのすべてが三月三日に行っていた。このように最上地方の勧進の大多数は、三月三日に行われていることがはっきりしている。いったい三月三日に行われる理由とは何か。

三月三日が、女児の成長を祈願する女の節供にあたることはいうまでもない。ここでは、女の節句に合わせたかのように、当地方の山の神勧進が集中していることにあらためて目を向けなくてはならない。次のことは、かつて三月三日に勧進を行っていた金山町の下中田地区の場合であ

写真４　雛人形飾りとともに祀られる「山の神人形」（左側床の間）
（金山町山崎地区　2002 年 4 月 2 日）

る。

当地区の山の神神社にある「山の神人形」は、今でも四百体は下らないおびただしい数が奉納されている。ここでは、男子七歳になると名前・生年月日を記した「山の神人形」を奉納する習慣があった。勧進が近づく三月一日になると、参加する子どもたちは自分の名入りの「山の神人形」を神社から自宅に持ってくる。そして、簡単に紙で作った裃を人形に着せ、胴部を紙紐で結わえて、雛人形を飾った雛壇に置いてともに飾ったという。この時、「山の神人形」にはシトギを食べさせる所作をして、口元を白く塗るのである。二晩雛壇に飾った後、三日の朝に裃をはずして神社に持参し、そこから山の神勧進が始まるのだった。

金山町杉沢地区では、勧進が行われなくなってから久しい。それでも男子が十歳になれば名前と生年月日を記した「山の神人形」を奉納する習俗は残った。そして、三月三日に山の神神社から自分の人形を自宅に持ち帰って雛壇に一晩飾る慣習は今なお継続されている。下中田と同様に、「山の神人形」には紙製の裃を着衣させる。御神酒を捧げ、ここでもシトギを食べさせるのが通例である。翌日になれば、餅を添えて「山の神人形」は神社に返すのである。

以上は、地域的集団行為として、三月三日に「山の神人形」を雛壇に飾る慣習があった事例である。一方では個人的行為として同じようなことがあった。その事例を紹介しよう。

真室川町平枝地区の佐藤家は現当主で二十五代目となる。敷地内の裏山に氏神様として山の神を祀っている。毎年三月三日朝に、佐藤豊安家の大人子どもを含む男子の人数分だけ「山の神人形」を作り、山の神神社に奉納する習わしがある。その形状はやはり立雛型である。毎年作り替えるのでその数は膨大である。人形の胴部には「山の神」、腕部の左には「三月三日」の日付を書く。腕部右には「家内安全」など各自の願いごとを記す。奉納年月日は記さない。人形は、午前中に雛壇の最下段に雛人形と共に飾った後、午後から山の神神社に奉納する。戦前まで、三月三日になれば、佐藤家の分家七軒が「山の神人形」を抱えて持参し、本家と共に神社に奉納したのだという。雛壇の前では宴を張ったというから、さながら一族の祭りの様相を示している。

金山町山崎地区の一番大将の当番宿においても、勧進が始まる前日から雛の段飾りの脇に山の神のご神体と「山の神人形」を祀っていた。この光景は、女子の雛節供とともに男子成長のお祝いの場面としてじつに印象的である。

以上のように、三月三日に「山の神人形」を神社から戻し、自宅の雛壇、またはその脇に飾る、雛壇がない自宅では床の間に飾る、という習俗は何を語っているのか。これは女児の節供と共に、男児の成長を祈り・祝うという男の節供の意味であると考える以外にないだろう。雛祭りという女児の成長を祝う節供は、広く知られた行事として受け止められる。だが、「山の神人形」を奉納して男子成長を祝う行為がこのようなかたちで実施されることに大いに注目したい。これは数少ない民俗事例ではないだろうか。

日本列島を見渡すと、三月節供に女児のみならず、男児の成長祝い・成長祈願を行う地域は、福井県および鳥取・島根・岡山・広島県などである。いずれも天神様を飾る風習がある。初めての節供では、男児については「初天神」が里親や親族から贈られるという地域も少なくない。このように三月節供は必ずしも女の節供とは限らない地域があることに着目したい(12)。

宮田登は、鳥取県の事例をとりあげてつぎのように記している(13)。

これは鳥取県の因幡とか伯耆とよばれる地域で、三月三日は天神の節供と称していた。別に女子が内裏雛を飾るのではない。男子のある家が泥でつくった泥天神を飾って祝ったという。(中略)一方では盛大な雛人形の祭りがあり、その雛の原型は陰陽道の祓えの呪具に使われる人形《ひとがた》であったことはすでに指摘されている。穢れを払うことは、生活のリズムをつくっていく上に大切であり、これは男と女がともに行ったのである。そのうち女子の人形を重んずる風が、都会に住む貴族・公家・武家の階層に広まり、都市民俗として定着したとみれば、因伯地方の農山村に男子中心の三月節供が行われても別におかしいことではないのである。

宮田のこの文章を踏まえて考えれば、山形県最上地方の山の神信仰行事が、男子の成長を祝う三月節供という側面を持っていてもけっして不思議なことではない。女子の雛人形の華やかさの一方で、「山の神人形」は隠れた存在ながら男子の成長祈願の象徴として、この地方では確たる位置を占めていることを強調したい。

おわりに

三月三日を中心に「山の神人形」を雛壇に飾るとか、それを持って勧進を行う集落がきわめて多い事実は、当地方の山の神勧進が、男子成長を集落全体で願い祝うという側面を色濃く含んだものということがいえる。子どもたちは十五歳までの男子（地域によって小学生まで）は原則的に全員参加であること、一人一人が「山の神人形」を手にして家々を訪問して歩くということ、こういうことが決められているのは、子どもたち自身が祈願や祝いの対象となっているからとも考えることができる。もちろん、子どもたちはご神体をかかえて訪れる福の神の使者というもう一つの存在であることは、これまで確認したとおりである。

このような信仰行事のありかたをみれば、当地方では山の神は男子の成長を守り育てる神という捉え方が根底においてなされていると考えなければならない。山の神は、安産の神、子授けの神として、どちらかというと女性の守護神のイメージで捉えられている傾向が強い。何よりもご神体を木花佐久夜比売命《このはなさくやひめのみこと》とする女性神が多い。しかし、山の神の役割・機能は女性に向けられているとはかぎらない。最上地方の山の神勧進をとおしてみるかぎり、男子にこそ祝福の暖かい眼差しが注がれているといえる。山の神は男子成長を見守る神として尊い役割を果たしているのが当地方の特色ともいえる。

これまでの考察をとおして明らかにしようとしたのは、山の神の多面性の一端として、東北の山間の集落にみる独自の役割と、その加護にあずかる子どもたちの姿であった。

【注】

（1）①菊地和博「山形県北部の山の神祭り考」『研究紀要』第一号所収　東北芸術工科大学東北文化研究センター　二〇〇二年、②菊地和博「山の神勧進にみる地域共同的祝祭性」『山形民俗』第十六号所収　山形県民俗研究協議会二〇〇二年、以上①②の二種において明らかにしている。

（2）『金山町誌』岐阜県金山町　一九七五年

（3）『ふるさと祖師野』池の島会発行　二〇〇〇年
（4）二〇〇二年六月八日、岐阜県金山町在住の星屋昌弘氏（四十四歳）より聞き取り
（5）（財）民俗学研究所編著『綜合日本民俗語彙』第四巻　平凡社　一九五六年
（6）二〇〇二年六月七日、美濃加茂市深田町在住の兼松茂弘氏（七十五歳）より聞き取り
（7）堀田吉雄『山の神信仰の研究』伊勢民俗学会　一九六六年
（8）『北勢風土記』北勢町教育委員会　一九七八年
（9）前掲『綜合日本民俗語彙』
（10）堀田吉雄『日本の民俗　三重』第一法規出版　一九七二年
（11）前掲　菊地和博「山形県北部の山の神祭り考」
（12）『日本民俗地図（年中行事1）』文化庁　一九六九年
（13）宮田登『民俗学への招待』ちくま新書　一九九六年

二　山の神勧進の地区別詳細記録

以下に記す記録は、平成十三年（二〇〇一）から十五年の三年間にわたる調査内容であり、現状とは異なっている部分もあることを断わっておく。

1、新庄市内の山の神勧進

写真5　一番大将が持つ山の神様のご神体に手を合わせる
（新庄市吉沢地区　2001年12月9日）

(1) 吉沢地区

①山の神をめぐる状況

吉沢地区の山の神神社は、集落東部の畑の中のこんもりとした低い山の観音堂境内にある。

吉沢地区の山の神のご神体は、

朽ちかけた木製の祠に安置されている。真綿でくるまれて普段は容易にその姿は見えないが、黒く塗り込められた木製の女性像であるようだ。この地方では山の神のご神体は鉞を所持している場合が多いのだが、このご神体は何も持っていない。真綿でくるむのは山の神様が寒くないようにという配慮からだろうと地元の人はいう（養蚕業の発展を祈願しているという説もある）。

ご神体の側には、七体の稚拙な細工を施した古びた木製人型（「山の神人形」）が箱に納められているが、これは当地方に典型的に見られるもので、ほとんどの山の神のご神体とともに奉納されているものだ。一般に数十体のおびただしいばかりの人型が見られるのが結構多いのであるが、当神社に納められる七体という数はまったく少ない。おそらく古いものは片づけられてしまったのではなかろうか。他方、木製男根が六体もあるのは意外である。男根奉納は最上地方の山の神信仰ではあまり見受けられず、筆者の調査範囲では、当神社と新庄市赤坂地区、鮭川身村京塚地区の山の神神社に存在する。ただし、他の山の神神社に奉納されたものもあることを確認しているので、実際はもう少し多いだろう。

②餅上げ

かつて、山の神のお歳夜（年越し）である十二月十二日に山の神祭りのメインである勧進行事が行われ、前日十一日にオサイト（お斎燈）の民俗行事が行われていた。オサイトとは、さまざまな神仏の行事やお歳夜で行われる火祭りのことで、藁を集落から集めてきて高く積み上げ燃やすのである。ドント焼きとか置賜地方ではヤハハエロなどともいう。しかし、勧進は現在では十二月十二日に近い日曜日に行われるようになり、前日のオサイトも現在は行われていない。

平成十三年の勧進は十二月九日であった。前日の八日には興味深い風習が見られる。集落五十二軒のほとんどが、お膳またはお盆に餅五個を四隅と真ん中に載せて山の神様に奉納するため神社に足を運ぶのである。これを地元では「餅上げ」といっている。一年間に不幸があった家は、このような山の神祭りに参加することはできないしきたりとなっている。

ここで、吉沢地区の中学二年までの男子たちの存在に注目したい。彼らは、まず餅を持って参拝に来た人に御神酒を振る舞うのがこの日の役目である。平成十三年は午後二時三十分から七時三十分（実際は午後七時で終了した）までが、餅上げの時間帯であった。あらかじめこのことは子どもたちが有線放送を使って呼びかけるので各世帯は心づもりをしている。子どもたちは雪の降る寒い中、山の神の神社内で餅を奉納するために断続的に訪れる地域の人たちを待ち受けるのだ。餅上げに訪れた人には必ず他人が納めた餅一個を山の神様の御護符として家に持ち帰ってもらうのはなるほどと思われる。奉納される餅は、ほとんどが直径十五センチメートルぐらいの大きなもので、拝殿内に所狭しと並べられる。

かつて、子どもたちはこの夜は神社の中に泊まり込んだという。中には囲炉裏があったので、自分たちで材料を買い込み鍋料理で夕食をとったということだ。現在は、一番大将をはじめ二番・三番大将と名付けられるリーダークラスに該当する小中学生が公民館に宿泊する。したがって、山の神様のご神体は夜のうちに公民館に移される。今も昔も子どもたちは神とともに一夜を過ごすことに変わりはない。本来は、神仏を前に罪穢れを払う「お籠もり」の意味合いだったのだろう。現在の公民館での寝泊まりは、電気こたつあり、ストーブあり、テレビありという状況で、夜更けまでテレビゲームに興じられる環境なのだ。古くから行われている神とともにあることが果たされていれば、よしとしなければならない時代なのだろうか。

③山の神の勧進

翌日、子どもたちは山の神様に奉納されたたくさんの餅の一部を朝食にいただく。餅はご神体の移動とともに前日のうちに子どもたちによって公民館に運ばれる。近年では、一番大将や二番大将の子どもたちの母親が早朝にかけつけて雑煮餅を用意してくれるようになった。このあたりに、子ども自身の自治的な力が時代と共に失われつつあることを示している。一時代前は、すべて子ども自身の手によって進められたというから大変頼もしくあり、逞しくもあった。

この祭りの雑煮餅は、五歳以上の男子だったらだれでも食べることができ、有線放送で箸とお椀持参のうえ朝食に参加するよう、子どもたち自身が呼び掛ける。餅は子どもたちが食べる量はさほど多くはなく、大半はほしい人の注文を受け付けて売ったりして金に換える。直接公民館に買いに来る人もいれば、あらかじめ数十個の餅を注文している人もいる。山の神に奉納された餅として特別の意味を見出しているのだろうか。子どもたちの朝食が済めば、いよいよ山の神祭りのクライマックスである勧進行事が始まる。

山の神の勧進とは、吉沢地区の数え年十五歳（現中学二年生）までの少年達が山の神のご神体や人型（「山の神人形」）・男根を手にしながら一軒一軒を巡る民俗行事である。参加は小学生の男子であるが、かつては歩ける子どもであれば何歳からでも行事に加わることができた。平成十三年の参加者は十八人だ。女子は山の神信仰行事から今も昔も一貫して遠ざけられている。

勧進の間は、子どもたちは唱え言葉を一斉に発しながら、集団をなして移動する。唱え言葉とは、「山の神の勧進、今年の作は豊作だ、米なら一升、銭なら四十八銭、ほーすけ・ほーすけ十六っぺ、おひなのかげも十六っぺ」というもので、わらべ歌に似た節回しである。「ほーすけ」「おひなのかげ」などの意味は不明だ。意味がわからないままに、一番大将に「声が小さいぞー」と注意されれば、皆が必死になって大きな声で唱えるのである。

一番大将は山の神のご神体を胸に抱いて先頭に立って家々を訪問する。待ち受けていた人びとは、ご神体を前に手を合わせて深々と頭を垂れ、そしてご神体の頭部を撫でてあげるのだ。すこしでも御利益にあずかるための所作なのだろう。こうして、たいていの家では、お金とともに米を一升舛に入れて山の神に捧げる。三番大将の持つ米袋はたちまち一杯になるので、時々公民館に戻しに帰らなければならない。

米は買い取ってもらってお金に換え、家々からのご祝儀や餅代金とともに子どもたちの小遣い銭となる。その分配は一番大将を最上位にランクする年功序列的なもので、小学一年生までのランキング付けやそれに応じた金額の多寡は、昔同様一番大将の判断に委ねられている。これは今なお大人達が立ち入ってはならない分野で、この原則は勧進を行っているすべての地区でほぼ守られているようだ。勧進に参加すれば貴重な小遣いが得られるという子どもたちにとっての現実的・打算的な動機もみられるのは確かだ。しかし、それだけでこの山の神祭りと勧進を評価するのは一面的すぎるだろう。地域社会がこの祭り・勧進を支えなければ成り立たないのは明白である。逆に子ども集団がそこに自治的に参入している構図こそ見逃してはならず、それがこの勧進の特質を物語っているといえる。

山の神勧進は昼頃まで集落をくまなく回り、午前一杯かけて終える。子どもたちは公民館に戻って全員昼食をとってから解散する。こうして子どもたちは年に一度の大きな役割を終えるのだ。

(2) 黒沢地区

① 「万延二年」銘の人型

黒沢地区の山の神神社は、集落の中程にあってまったくの平地にある。屋根の中央に宝珠を載せた宝形造りのお堂風の建物である。山の神神社にしては珍しく鍵が掛けられている。社殿には神社由来等に関することを記した「黒澤山神社調書」がある。近年作成したものと思われるが、額縁に納められ正面に掲げられている。その中で、当地区の山の神勧進は「文政十年十二月十二日実行」とあることが目に飛び込んでくる。最上地方の勧進はいつ頃から始められたかを考える手掛かりがなく、発祥年代が明らかにされているものを目にするのは、今のところこれが唯一である。しかし、それが何を根拠にしているのか裏付けに乏しいのは大変惜しい。

ただ、ご神体のほかにどの山の神神社にも奉納されている人型（地元では「地蔵」といっている）

がここにも少なくとも五十体～六十体くらい見られるのだが、その中の一体に「万延二年　酉二月吉日」と記されていることに大いに注目したい。これまで数十体もの奉納人型（「地蔵」）を手にとって形状や紀年名等を調べてきたが、確認できる古い年号は明治初期頃までであった。「万延二年」とは、慶応元年でもあり、やはり「酉」年にあたる。いわゆる幕末の時期に奉納された人型（「地蔵」）なのだ。ここから、少なくとも江戸時代末期には、当地区において山の神勧進は行われていたと考えてもよいのではなかろうか。

先の「黒澤山神社調書」には、「祭神大山祇神　御神体　木造一体　彫刻師不明」とあるが、現在ご神体は二体存在する。二つとも赤い衣装を身につけ、吉沢地区の場合と同じように真綿を頭部周辺に巻いていていて素顔は見えない状態で鎮座する。

②子ども社会の原則

黒澤地区の勧進は、平成十三年は吉沢地区同様に十二月九日に行われた。勧進の前日、八日は吉沢ではすでに行われなくなった山の神の年取りを祝う火祭り、つまりオサイトが実行されている。また同時に、当地区でも各家々で山の神様に餅を奉納することが行われていて、先に記した吉沢地区の「餅上げ」とほぼ同様の祭りの内容がここでも見られる。

この年は、三番大将まで三人の子どもが公民館に宿泊した。かつては、最上地方に集中的に見られる師走の民俗行事である「サンゲサンゲ」という祈祷が行われた建物、つまり「行屋」が現在の神社所在地西側にあり、十二月十二日にそこに寝泊まりをした。それを経験した人の話では、夕食の準備については一番大将の指示により、二番・三番大将が家からおかずを持参し、主として三番大将が奉納された餅を行屋のいろりで焼いたり、豆腐汁を作ったりする役目を負ったという。中学二年に該当する一番大将たちが指示を出し、中学一年の二番大将と小学六年の三番大将たちはそれに厳然と従わなければならない決まりになっているのは、今も昔もそう変わりない。前年まで勧進に加わっていた中学三年生たちは、「お呼ばれ」して夕食の輪に参加したという。ここでは、子ども社会の上下関係の大変厳しい姿が浮かび上がってくるが、一方では、この地域の祭りをとおした子ども同士の深い絆の結ばれ方も見えている。

前日に山の神のご神体を公民館に遷座させる時は、ご神体を前に子どもたちは唱え言葉を十回繰り返す。「山の神の勧進　米だら一升　餅だら十二銭だら四十八文　祝ってたもれば亭主殿　この家のしんしょう昇るように　昇るように　銭やら金やらたまるように」というのである。さらに、勧進が終わってから神社にご神体を戻す時も、再び十回唱える。この唱えごとは、勧進で家々を訪問した玄関先でも唱える。この場合は二回続ける。吉沢とは違って移動中の路上では口にしない。

③一輪車に載せる米袋

平成十三年の勧進は六人の小中学生の男子が参加した。ご神体二体を二人が一体ずつ持って歩き、あとの子どもたちは人型(「地蔵」)を持つ。一番大将が先頭になって玄関に入り、「すみません。山の神でした」と断ったあと全員で唱え言葉を繰り返しながら家人が出てくるのを待つ。ご神体

写真6　一輪車に米袋を載せて勧進して歩く子どもたち（新庄市黒沢地区　2001年12月9日）

は二体とも玄関の上がり口に置かれる。出てきた家人はご神体に手を合わせて参拝した後、ほとんど一升枡に入れた米を山の神様への奉納物として差し出す。いただいた米は用意した米袋に入れ、一輪車に載せて運ぶ。子どもたちがはじめから一輪車を用意していることは、それだけ例年米の奉納が多いことを示している。あえて米を差し出すところに、祭りの古い形態が維持されていると見たい。ここでも、当然のことながら米は現金に換えられて子どもたちの大切な小遣いとなる。

ちなみに、昭和二十二年に中学二年で一番大将を経験した人の話では、当時は子どもの数は多く、同じ一番大将は九人もいたので勧進で得た現金の分け前は少なかった。それでも一番大将は一人八十円もらうことができ、これは一日働いて得る日当より多い金額だったという。子どもにとって、勧進の役割の大きさを考えさせられることがらだ。

④雪とご神体

この地区では、かつてそれぞれの子どもが持つ人型、つまり「地蔵」の腰に縄を結わえ、わざと雪を付着させて路上を引っ張って歩いた。そして、雪の付いた状態のまま、訪れた玄関先から家の中に投げ入れたという。わざと雪を付けたまま家に投げ入れるのは、何を意味するのか。尾花沢市北郷地区で行われる「地蔵ころがし」という子どもの行事でも、たっぷり雪を付けて家々の玄関の上がり口にドンと置くのである。わざとあたりを雪だらけにするのがいいという。積雪地方における共通の考えがそこにみられる。「門松に門松、祝いの松よ、かかる白雪みな黄金」（新庄節）とか、「雪はたくさん降ったほうがその年の作柄は良い」（地元古老談）といったことを重ね合わせるに、雪を忌避したい心情の一方で、雪を前向きに捉え、雪＝水＝田＝豊作という連関させた発想なのではないか。つまり、雪は恵みをもたらす歓迎されるべきものとして、神仏とともに家々に運び込まれると考えられる。

午前九時に始まった勧進は、半日では黒沢の全集落を回りきれず、子どもたちは一旦昼食をとりに公民館に戻らなければならない。勧進をすべて終える頃は午後二時を過ぎている。この日は前夜から十二月にしては希にみる大雪で、翌日の勧進も降り止まない雪と寒さで、子どもたちにとってはけっして楽なものではなかった。特に体力のない小学校低学年の子どもたちは大変だ。

それでも大声で唱えごとを発して家々を回り続ける子どもたちを、いったいどのように捉えたらよいのか。十分な考察が加えられねばならないだろう。

最後に付け加えるが、当地区でも山への生活依存度は高い。稲刈りが済んで冬の季節となれば、山に入って木の伐採に取りかかり、燃料としての薪を生産することに精を出している。新庄市内の町場に売りにも出した。このような生活から、自分の歳祝いの場合、二十重ねの菱餅を山の神に奉納祈願したものだという。そんな地域の生活背景が山の神祭りを今日まで支え続けてきたものと考えられる。

⑶ 萩野地区

①山の神

山の神神社は、集落東方の丘状の台地にある。大正十一年に社殿を修繕したことが当時の寄付者を記す板額に示されている。流れ造り風のしっかりした建物で、黒沢地区の山の神神社と同じく例外的である。

山の神のご神体は一体で、じつに立派な木製の祠に納められてある。黒沢のご神体とほぼ同じ状況で、赤い着物を身につけて真綿を頭部に巻き付けている。それは約四十センチの木製で、手足が極端なまでに簡略化された造型を示す。その他は、五体の人型（「山の神人形」）が祠の前に無造作に置かれている状態で、これらも自然木にやや手を加えたといえるほどの姿に留まっている。目鼻もよくは描かれていない。その稚拙さが、かえってこの山の神勧進の歴史を考えさせる。

②勧進の姿

山の神勧進は、前記二地区と同じ十二月九日に行った。前夜はだれも宿泊せず、午前八時に研修センターに集合して始まった。勧進参加者は中学生のみ七人で、当地区では小学生は参加しない。かつては十二日に近い土曜日の夕方六時頃から十二過ぎまでの夜間に行っていたという。一番大将は赤い着物を取り外した丸裸のご神体を手に持って先だって各家庭を訪問する。それに続く六人は「山の神人形」を持たない。他地区は参加者全員が「山の神人形」を持って歩くのだが、当地区ではまったく何も手にしない。しかし、かつてはおそらく「山の神人形」を持って一番大将に続いたのではないか。

唱え言葉は、「山の神のおいで、餅なら十二、金なら七・八文（四十八文か）、祝ってたもれ亭主殿、餅蔵銭蔵つぐように（つむようにか）、この家のすいしょ（「身上」か）昇るように昇るように」。これを玄関で二回繰り返す。

③勧進の特徴

この勧進では、他地区にない特徴が見られる。一つは、一番大将はご神体を玄関の上がり口でコロコロと転がしてやる。それを家人が拾って抱きかかえて茶の間や仏間に持って行き参拝するのだ。それを終えれば、またご神体を抱きかかえて玄関に戻すのである。すべての家でそうするわけではなく、他地区と同じく玄関の上がり口で参拝を済ませる家もある。しかし、相当数の家では、わざわざ家の部屋に持っていってそこで手を合わせていることに注目したい。

二つは、山の神様への奉納物として餅が中心であることだ。鏡餅風の比較的大きめのもので、一個ないし二個、あるいは重ね餅にして四個など、家によって様々である。ほとんどの家でお盆を用意し、御神酒、灯明、餅、現金などを載せて山の神様にお供えする。その中から、餅と現金をセットにして子どもたちに手渡す場合が多い。黒沢地区に特徴的に見られた一升米の奉納はまったくない。こちらは、米袋の替わりに餅袋を用意するのである。近距離の集落でも、これほど違いがあるものである。

④勧進の原動力

勧進は午前八時に始まり、一旦昼食をとりに研修センターに戻ったあと再び家々を巡る。勧進は夕方まで続けられる。萩野地区約百三十戸、不幸があった家を除きすべて回るというから、かなりの時間を要するのは当然だ。それでも子どもたちは大きな声を絶やさずに、元気いっぱいに家から家へと訪れるのである。ふと、この行動の背景となっているものは何なのだろうかと問わずにいられない。

先輩から受け継いできた伝統的なものは絶やしてはならない、というなかば義務感にかられているからだろうか。それとも、終わってからみんなで分け合うことができる小遣いの収得という一念からだろうか。たぶん、自分たちがやらなくてはならないもの、という先行意識や先入観が強烈なことだけは確かだろう。それほど、この山の神の勧進は地域に定着しているといえる。

(4) 赤坂地区

①山の神のご神体と「山の神人形」

山の神神社は集落西方の水田の一角にある杉林の中にあって、まさにその限られた空間が特有の景観をつくっている。神社は小振りながらも切妻型平入りの堅牢な造りで、比較的新しい建物のようである。神社内部の正面に設けられた簡素な神棚には、ご神体や「山の神人形」が所狭しと並んでいる。

ご神体は、台座の上の立像で高さ約六十センチメートルの石造物である。持てばずしりとした重さを感じる。右手に持つものが欠損しているが、おそらく他地区に見られるような鉞ではなかったろうか。頭部には真綿が巻かれてあるのは他地域と同じである。

かつて、勧進の一番大将の家が宿泊の宿になっていた時、神社から遷座するご神体がこの石造のご神体だった。今は移動することもなく中央に鎮座し続ける。勧進の当日は、無数にある「山の神人形」が子どもたちの手によって持ち運びされてご神体の役割を果たすのである。この「人形」は二百体を越すだろう。

写真７「山の神人形」に手を合わせる（新庄市赤坂地区　2001年12月30日）

当神社の「山の神人形」が、多種の造型を示しているのは興味深い。人間の姿がはっきりと象られているもの、その中でも着衣まで明確に描かれているものがある一方、人間の顔のみ簡素に描かれ、顔から下は手もなくただの棒状を成すものがある。中には顔すら描かれないものもある。造形的には稚拙な人形ほど時代的に古いと、つい考えてしまいそうだが、はたしてそう言えるかどうか。奉納年月日が書き表されていないものが多く、人形の造形と年代がどう関連しているのか、安易な判断はできない。

着衣した人形の中には、裏面に奉納年月日と奉納者名があり、さらに「一番」と記したものがいくつかある。これは、数え歳十五歳の子どもが一番大将になったことを記念して、本人自身が納めたもののようだ。中には「三番」と記したものもある。

手足がない棒状を示し、頭部を刻み目・鼻・口などの顔を表現しただけの単純な人形の後頭部にあたる部分を見ると、「デコシケ」と墨書してある。その他、胴部の「奉納」までは読み取れるが、人名らしき部分は墨が薄く滲んでいて解読できない。また、奉納年月日がないのが惜しい。「デコシケ」とは何だろうか。デコとは広く人形をさす言葉である。

ここで男根奉納がみられるのも特徴的なことである。先に吉沢地区にも六体あり、これらは最上地域ではめずらしいと記した。赤坂地区では、十三体がみられ、うち六体の先頭部に人面が描かれるという奇異な姿を示している。男根すべての中で最も古いのは、明治四十四年十二月十二日である。この頃は山の神の年取りである十二月十二日に勧進が行われていたことを表しているのではないか。それにしても、男根奉納の意味合いは何だろうか。女性神と考えられている山の神への捧げ物として考えられた、とする解釈は本来的なものでないという立場をとってきた筆者は、ここでも難問に直面する。

限られたものではあるが、奉納年月日が記されているものを確認すると、明治・大正・昭和初期の十二月十二日、二十七日、三十日あたりが多く、それは勧進が行われた時期、あるいはその前後を示しているように思われる。したがって、ほとんどの「人形」奉納は、勧進参加を記念して行われたのではなかろうか。地元では、子どもが産まれたら「人形」を奉納したというが、神社内の「人形」には、近年の新しいものはほんのわずかといっていい。奉納の風習は、個別的にはともかく、地域の集団的行為としては途絶えて久しいのかも知れない。

かつて奉納の習俗が確実にあったことを踏まえると、この「人形」は自分の分身であり、それを山の神に奉納するということは、奉納者が神に仕える意思を示したものであり、さらに、神に見守られて成長を遂げられるようにという願望を表すもとのいえるのではないか。ちなみに、「人形」の裏の多くは「山神」と記されているが、中には「山神大権現」という表現も二体ほどある。

②勧進の姿

当地区の勧進は、近年は十二月三十日に行う。本来は十二月十二日に行われていたことを示すものとして、明治・大正期の山の神人形の奉納日に、十二月十二日の日付のものがある。聞き取りによれば、十二月二十日に移行して三十年くらい経過しているらしい。その理由は、子どもたちが年末の休みに入ってからのほうがやりやすいことからだという。

勧進は、子どもたちが午前八時三十分に山の神神社に集合して始まる。かつては、風呂に入って身を清めてから定められた宿に集まり、そこから山の神神社に向かったという。二〇〇一年(平成十三年)は、一番大将二人（中学三年）、二番大将一人（中学二年）、三番大将二人（中学一年）のリーダーたちを含め、小学一年生まで十四人が参加した。昔は一番大将ともなれば、矢羽根文様の付いた立派な簑を着て勧進の先頭に立ったという。

子どもたちは、降りしきる雪の中、寒さをものともしないで元気良く一軒一軒ていねいに回る。手にはみな「人形」や男根を持つ。玄関に入ったら「山の神です」と名乗り、玄関の上がり口に

「人形」を並べる。

その後、一斉に勧進の唱え言葉を発する。それは、「山の神の勧進　てのごけでさんばい　さんばいずつの十六ぱい」というものだ。意味は分からないが、まじないのようなものであるかも知れない。

家々では、お盆や台の上に一升瓶に入れた米、御神酒、灯明、現金を載せて玄関に現れる。そして「山の神人形」を前に手を合わせ、恭しく参拝する。ほとんどの家で一升瓶の米を奉納するのが特徴である。だから、用意した米袋はたちまち一杯になる。重くて大変なので子どもたちは一輪車を用意して運ぶ。これは黒沢地区の場合とまったく同じである。ここでも米の奉納が基本なのだ。もちろん米は現金に換える。米は地域の誰かが買ってくれるのである。

赤坂地区は六十軒～七十軒あり、勧進は午前中いっぱいかかる。昼食は公民館に戻ってからとる。「山の神人形」は公民館の床の間に一晩安置される。公民館では大将たちの母親が、豆腐汁やおにぎりを準備して待っている。神事ということなので、肉や魚の入った料理などはとらないのだという。勧進参加者全員は、各自のお椀と箸は持参して昼食をとり、食べ終われば解散となる。公民館に残るのは大将たちだけである。頃合いを見計らって、公民館から有線放送を使って、午後八時頃まで公民館に遷座する山の神に参拝に来てくれるよう、子どもたち自身が全戸に呼びかける。今なお、地区の男性にとって山の神参拝はかかせないものであり、夕方あたりが訪問のピークとなる。かつては、二段重ねの餅を山の神に捧げるために持参したという。しかし、近年は持参する人がまったくなくなった。山の神祭りのため各家々でついた餅は自宅で消費し、あらためて神前に奉納する習慣はなくなったようだ。吉沢地区では、勧進前日に神社まで餅を奉納しに訪れることは前述したとおりである。

こうして、地区民は再び山の神に参拝するために公民館に訪れる。お賽銭箱も子どもたちによって用意される。訪れた中の誰かが米も買ってくれる。訪れた人に対しては、子どもたちはわざわざ出向いてきてくれたことに感謝し、御神酒を振る舞う。その際、以前はシトギ餅と茄子もご馳走したという。茄子は「何事も成す」の語呂合わせによるらしい。このように、子どもたちの感謝の振る舞いと、これに応じる大人たちとの普段は見られない関係が生じる。地域住民と子どもたちとの、山の神まつりを仲立ちにした対話や結びつきが成立するのである。地域社会におけるこのことの意味はけっして少なくないだろう。

公民館にいるあいだに、一番大将の判断で勧進の奉納物である現金が年齢順に分配されていく。これには大人も立ち入ることはできず、まったく子どもの独自のやり方で、小遣いとなる金額が決まっていくことを見守るのである。ここに決定的な子ども世界への不可侵性をうかがうことができる。勧進の持つ子どもたちの自治性が象徴的に見出される場面でもある。

かつては、この日大将たちは宿に泊まり込んだ。その時の夜食として大人たちが持参した餅を食べたのである。そして、余力のある子どもは、裸になって宿周辺の家々を再び訪問して回ったのだという。それによって、いくばくかのお金を再び手にすることができたのだから、体に自信のある子どもは積極的に出かけたのだろう。翌朝はシトギ餅を山の神に食べさせるしぐさをし、白色を口元に塗りつけた後に神社に戻す習慣だったという。その後は藁集めのため農家を回り、神社近くの田で火祭りであるオサイトをして楽しみ、終われば山の神祭りのすべてが修了ということになった。

しかし、今では宿での宿泊もなく、翌日のオサイトもなくなり、勧進のその日の夜に解散することになっている。翌朝、大将五人だけが公民館に集まり、床の間に安置された「山の神人形」やお賽銭箱を山の神神社に戻しに行き、終了となる。時代に合わせた山の神の祭りと行事ともいえよう。

(5) 仁田山地区

山の神神社は、集落北東部の杉林の中にあり、石段を登れば鋳金製の鳥居や石灯籠が建っている。宝珠造りのお堂風の建物であるが、扉は開けられていて、いかにも山の神神社に特有の開放された雰囲気を放っている。

社殿正面中央に神棚があり、木製の祠の中に十数体の「山の神人形」が鎮座するが、ご神体は真綿で頭部をくるまれた大黒天風の容姿をしたのがそれらしい。しかし、両手が朽ち果ててはっきりした像容がつかめない。鉞などは持っていたのかどうか。人形は、例によって雑木を細工して簡単に目鼻を付けた、高さ三十センチ前後のものである。それには、「山の神」と記して奉納者の名前を著したものが二体あるのみで、他には年号も何も記されてはいないので、来歴などの手掛かりになるものは見出せない。

当地の山の神の勧進は、先述した地区のように、山の神の年取り、つまり十二月十二日を基準にするものとは違って、旧暦三月二日及び三日に行われたようだ。これは、鮭川村、真室川町、金山町にみられる山の神の勧進の場合とほぼ共通する。勧進の実施日は、おおよそ十二月と三月の二種のタイプに分けることができる。それがどういうことを意味するのか、十分検討を要する課題である。

仁田山地区では、かつては三月二日の夕方から、数え年十二歳から十五歳の男子が自宅で風呂に入って身を浄め、その後に山の神神社に集まったという。また、夜の十二時に勧進に出発するに際しても、小川で手を洗い、口をすすいだものだとも伝えられる。神を前にして身を清める習俗の名残がここにみられ、山の神の勧進が厳格な神事であったことを知り得る貴重な証言である。むろん、不幸があった家の子どもが参加できないのは勧進のあるどこの地区おいても、今も昔も変わらない。

集まった子どもたちは、夜食を食べたり遊んだりしながら十二時まで神社で過ごし、いよいよ勧進に出かける。それから、一晩かけて集落を回って明け方に神社に戻り、疲れ切った体ながら自分たちで朝食をとった。いただいた米はお金に換えて、協議のうえ一番大将から順番に分配して小遣いにしたのである。大人たちは、これらの子どもの一連の行為に対しては一切干渉しないのが原則だった。今もこの原則は生きており、仁田山以外のどの地区でも、大人は最小限の関わりを持つにとどめている。これは、勧進の自治的な在り方からして大変望ましいことだといえる。

現在の仁田山地区では、一か月遅れの四月二日から三日にかけて勧進を行う。この日は、かつてのように神社で過ごすことはないが、やはり、夜中に集まって七十三戸の家々を今なおていねいに訪問している。

ご神体は一番大将が持つことに変わりはないが、他地区と違うのは、ご神体を一升桝に入れて家々を巡ることである。それは、奉納物がほとんど米であった時代のなごりとみられるのではなかろうか。一方では、訪問する一軒一軒の「益々繁昌」という言葉の語呂合わせもあるだろう。ただし、今でも米の奉納がきわめて多い黒沢地区では、ご神体を一升桝に入れるというようなことはない。

子どもたちは一軒一軒の玄関で、「山の神、只今参りました」といい、さらに、「山の神の勧進」と三回全員で唱える。かつては、「山の神の勧進、米だら一升、銭だら十文、ここの家のしんしょう昇るように」などと唱えたのだというが、今ではほとんど忘れ去られている。

なお、仁田山地区でも山の神の年越しである十二月十二日は、かつて子どもたちが各家々から藁を集めて神社の前で燃やす、火祭りのオサイトを行っていたという。その他、当地区では山の神信仰が篤く、いずれも旧暦の二月十六日は山の神が田の神になる日、八月十二日は山の神神社の夏祭り、十月十六日は各家で餅をついて、それを一升桝に入れて山の神にお供えするなど行事・祭りが多く、山の神への思いは強い。稲刈りが終われば、集落の七・八割が製炭業に従事したという、山への依存度合いがきわめて高いことが背景としてあるのは、当地周辺に共通していえることである。

⑹ 土内地区

仁田山地区からさらに東北へ入った山間にある三十軒ばかりの集落が土内である。山の神神社は、集落北はずれの山の裾野にあたる部分にある。仁田山同様、宝珠造りのお堂風の建物であるが、社殿内部はいささか粗雑な状況にある。ご神体は、厨子に入れられていて赤い衣装を身につける。衣装の下にのぞくのは、束帯風の公卿の正装を思わせる立像で、やや長めの髪を持ち、ふっくらとした顔容は女性を連想させる。見方によっては聖徳太子像にも見える。両手は前方に差し出しているが、何も持っていない。何かを所持していたことをにおわせる手の動きではある。その厨子を挟んで、五体の「山の神人形」がご神体に劣らず赤の衣装をしっかりと着込んでこちらを見つめている。ここの「山の神人形」に描かれた目鼻は、じつにはっきりと描かれている。その一体には、正面「奉納　高橋」、裏面「昭和二十六年」と銘記されている。かつては「山の神人形」はもっと多く奉納されていたのだろう。土内地区では、現在山の神勧進は中断中である。

2、鮭川村の山の神勧進

最上郡鮭川村の京塚地区と府の宮地区でも、子どもたちによる山の神勧進が行われている。鮭川村京塚地区一帯では、山の神が田の神になるのは四月三日と考えられていて、この日に行われる山の神勧進は、田の神迎えの行事という色合いを濃くしている。これに対して、隣の真室川地区では同一日に勧進を行っているが、田の神になる行事という意味合いはまったくない。

鮭川村の勧進での子どもたちの唱え言葉は、「山の神の極楽、一升賜れ勧進」であり、山の神のご神体そのものが家々を巡行する。田の神はどこにもその姿を具体的には現さない。このような実態からすると、鮭川村の勧進行事も山の神信仰が古層または基層としてあり、田の神信仰はその上層を覆っているという見方も可能である。

さて、京塚・府の宮の勧進行事は毎年四月三日未明に行われる。男子小学生は、まず前日二日午後二時に、まだ雪の残る小高い山の頂上にある山の神神社に向かう。神社のご神体は地蔵菩薩風の古い木像である。他に木製の「山の神人形」が十数体奉納されている。ただし、真室川方面に多く見られる烏帽子に羽織・袴姿と似たものは一体しかない。が、その背丈は六十五センチメートルで真室川のものと比べて大型である。その他の「山の神人形」は三十センチメートル前後の棒状の細長い木で作られ、手足はない。頭部は尖っていて目口鼻は墨で描いた単純なものだ。胴部にはほとんど「山の神」と記されている。真室川町のように、男子が誕生すれば「山の神人形」を奉納するということは見られない。しかし、かつてはあった可能性も考えられる。

子どもたちは、二日の日中にご神体と「山の神人形」を山の神神社から下ろし、別当である愛宕神社祭壇にに仮安置して一旦解散する。そして、午後七時半に京塚多目的集会場に毛布持参で再び集まる。そこで十二時近くまで仮眠を取るのである。かつては小学六年生である一番大将の自宅を勧進のための宿として寝泊まりしたという。真室川町と同じく、女子は参加の資格がまっ

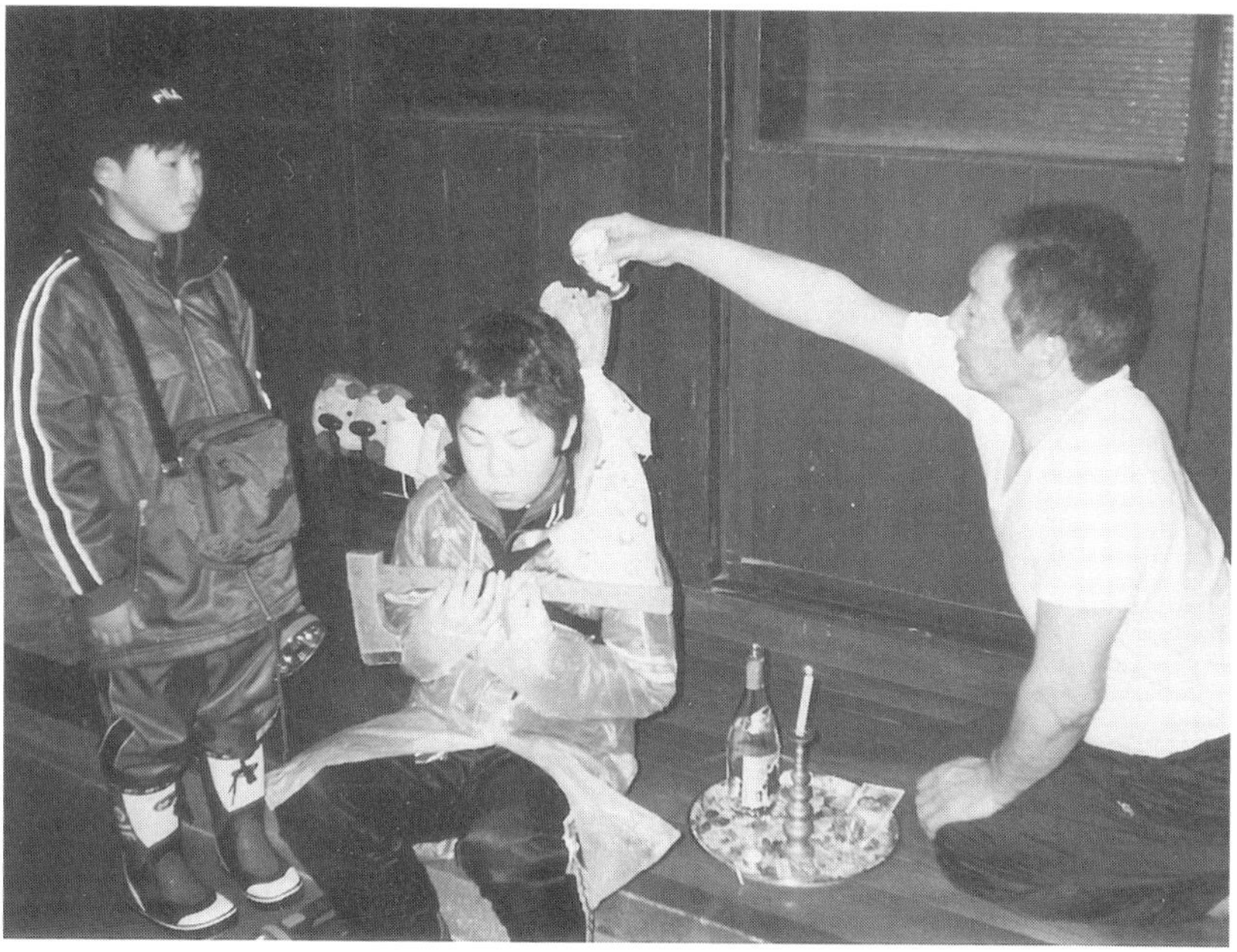

写真8　背負われた山の神のご神体に御神酒をかける
（鮭川村京塚・府の宮地区　2001年4月3日）

たくない。

さて、再び起き出した子どもたちは夕食のおにぎりを食べた後、いよいよ勧進のため動き出す。近年の少子化のため参加人数は減り続け、平成十三年は参加小学生は十人だけである。一年生には親が付き添う。十二時過ぎにご神体を一番大将が背負い、その他の児童は「山の神人形」を手にして集落を回る。一晩中、京塚・府の宮の約百五十軒の一軒一軒を勧進して歩き続けるのである。

子どもたちは、寝静まった家々の玄関先で、一斉に大声を出して「山の神の極楽、一升賜れ勧進」と叫ぶ。そうすると、地域の人たちのほとんどは玄関を開けて子どもたちに労いの声をかけ、我が家に山の神（当日からは田の神）を迎え入れるのである。家の中では、小さなお盆に灯明と御神酒、供物（かつては米、現在はお金）を用意して待つ。招かれた一番大将は、玄関先に腰を下ろし背負ったままのご神体を家人の正面に向ける。すると、御当主によって御神酒はご神体の頭に流し込むように振り掛けられるのである。一見手荒いように思えるのだが、これは当地の従来からの丁重な振る舞いの仕方なのである。ご神体を背負う一番大将は、掛けられる酒でびしょ濡れになることを承知なので、背中が濡れないようにあらかじめカッパを着込んで備える。ご神体の頭部が一部陥没状況を呈しているのは、長年地区民に掛け続けられた酒のためかも知れない。こうして家々では、ご神体を前にして、静かに手を合わせて深い祈りを捧げるのである。

勧進の途中までは、これまで経験のある中学生も応援に駆け付け、なかなか起きてこない家の玄関前では、一際大声で「山の神の極楽」の文句を一緒になって叫んでくれる。それでも起きてこない家も何軒かある。一方、子どもたちや付き添いの大人達にお菓子や暖かいコーヒーなどを振る舞う家も数軒ある。こういう有り難い行為は、子どもたちの心を和ませ、また、なくてはならない尊い行事を担っているのだという自覚も促してくれる。

午前三時頃には僅かながら休憩を挟む。こうして子どもたちは眠い目をこすりながらも、「あともう少し」「頑張れ」と自らを励まし、一軒一軒をていねいに勧進して歩き、貴重な「供物」をいただく。地区内をすべて回り終える頃にはすっかり夜は明け、山の神神社にご神体と「山の神人形」を戻して安置し、再び多目的集会場に戻ってくる頃は午前七時を過ぎている。供物としていただいた現金は、大人立ち会いのもとで子どもたちに配分される。もちろん、大将の六年生から一年生まで学年に応じて全員に与えられる。真室川と同じく、不幸があった家の子どもは参加できないことになっているので、その子どもたちにも漏れなく配分されるのである。待ちに待ったずしりと重いのし袋を手にする。一晩掛けて回った苦労が吹き飛ぶ瞬間だ。鮭川村の場合、この地区に過ごす限り、誰もが小学校の六年間毎年この体験を続け、そして青年へと成長していくのである。

3、真室川町の山の神勧進

当地域での山の神への奉納物をみると、木製で男子の姿を象った「山の神人形」が多く目に触れることができる。凛々しい顔つき、烏帽子に紋付き羽織・袴姿で描かれ、よりリアルな形状を示している。「人形」正面袖部分には、「奉納」「山神社」「山神」などと墨書し、裏面には奉納年月日、願主（親または子どもの名前）、親の年齢などを記している。当地区一帯では、男子が誕生すればその家族の者が山の神神社に必ず「山の神人形」一体を奉納するのが習わしなのである。つまり、生まれた子どもの成長を山の神にずっと見守ってもらうために、その子の身代わりとして「人形」を奉納する。だから、地元ではこの人形を「身代わり人形」と呼ぶ。ところが、当地域では「人形」はたんに神社に奉納されるにとどまらない。この「人形」はさらに重要な役割を持っていた。

まず、毎年三月一日午後になると、それぞれの地区の十五歳（中学三年生）までの男子は各拠点である山の神神社に集まり、奉納されている「人形」（これを「カンジンコ」という）を手に取って十五才までの子どもがいる家庭に向かう。かつて納めた「人形」を一旦家々に帰す作業が始まる。子どもが二人いれば二体帰すことになる。ただし、不幸があった家は一年間のぞかれる慣習がある。こうして、家々では戻った「人形」をまず神棚に祀り、しとぎもちを食べさせる仕草で口に餅を押しつける。「人形」の口のまわりは白い粉にまみれる。もちろん御神酒もご馳走する。こんなふうに、「人形」は家々でもてなしを受けて家族と共に夜を迎えるのだ。

この日の夜は、各地区のおよそ十歳前後から十五歳までの男子たちはそれぞれの山の神神社に集合する。各自布団まで用意して寝泊まりする。多いときで二十人ぐらいになるときがあったらしい。やはり不幸のあった家の子どもは参加できない。もちろん女子は神社に近づくことさえ出来ない。この子ども集団のリーダーとなるのが最年長の十五歳の少年である。この統率者を大将といった。同年齢が二人いれば、二人が大将となるのだ。一歳下になれば、二番大将、次は三番大将という決まりである。こういう序列と統率のもとで、子どもたちは喧嘩をすることもなく、神社の中で一晩中仲睦まじく、大人の指図を受けないでまさに自治的に過ごしたのである。

さて、午前零時を過ぎ翌三月二日になると、午前二時頃から少年達はそれぞれ自分の背中に「人形」一体を背負って山の神神社を出発する。大将は一番立派なものを背負う。目指すは自分達

写真９　中央奥の山の神ご神体を取り囲むように祀られる「山の神人形」
（真室川町中ノ股地区の山の神神社　2001年12月）

の地区内の一軒一軒である。家々の玄関先で、子どもたちは「山の神勧進　銭ころ　米ころ」と三回叫び声をあげる。家の人が起きてこなければ何回でも叫ぶ。すると、たいていは起きてきて米やお金を授ける。いまは全部が現金であるが、かつて米はどの家でもおおよそ一升であった。これが一回のみならず、塩根川地域の四各地区の子どもたち全てが回ってくるのだ。つまり、各家庭は三月二日未明に四度もの子どもグループの勧進を受けることになり、この日十二時を過ぎれば、ゆっくり眠るところではなかったのである。

当地域のすぐ西隣りの新及位地区では、不幸があって山の神勧進に参加できない子どもがいた場合、その子の家の前では「山の神の勧進　銭ころ　米ころ　握り飯参った　参った」と叫んだという。これは参加できなかった子どもが気の毒なので、握り飯をこしらえて持参したということなのだろう。子どもたちの仲間意識の強さを物語っている。

こうして子どもたちは地区を一巡してたくさんの供物を携え、明け方山の神神社まで戻る。戻ったらようやく背中から「人形」を下ろす。かつて、授かった米は非農家に売ってお金に換えた。全てのお金は一番大将が従来のやり方を踏襲してみんなに分配した。その日学校があれば、授業を終えてから再び神社に集まり分配した。分配されたお金は子どもたちの小遣い銭となりこれが最大の楽しみなのである。このことは今も昔も変わらない。

家々に一旦返された「人形」は二日夜に大人達によって再び神社に戻される。このとき集まった大人達は神社の中で飲食するのが習慣だが、その費用の一部は、子どもたちが山の神の勧進でいただいたお金をあてたという。けなげなことに、子どもたちは前もって大人のおつまみを買って用意してあげたという。

以上が真室川町の山の神の勧進行事のかつての姿である。しかし、現在では塩根川地域では中ノ股地区だけにこの行事が続けられていて、他はもう途絶えてしまった。その中ノ股でも、最近は山の神神社に子どもたちは泊まらず、朝方集合して学校へ行く前に地区内を回ってお金をいただいているのが現状である。

なお、真室川町の新町地区では、平成十三年現在、四月第一土曜日・日曜日に公民館に寝泊まりをして山の神勧進を継承している。

4、金山町山崎地区の山の神勧進

(1) 山崎地区の概況

新庄市北端の赤坂の集落を北に向かって進めば上台峠にさしかかる。そこを越えれば、三角型の薬師山をはじめとする三つの山の麓に金山の町並みが姿をあらわす。明治十一年（一八七八）七月に、イギリス人のイザベラ・バードがここに至ったとき、「非常に美しい風変わりな盆地」「ロマンチックな雰囲気の場所」と褒め称えた所である。その盆地に降りたって最初の上台地区を過ぎれば、本題の山崎地区に至るのである。

江戸時代の金山は、羽州街道（現在の国道十三号線）における宿駅が置かれた宿場町であった。一方、元和八年（一六二二）までは、山城である楯山城に山形城主最上家の家臣が居城した地域でもある。山崎はこの金山の中心街の南方に位置し、羽州街道沿いに形成された集落である。

(2) 山の神神社とご神体

山崎は上区・下区合わせ七十以上の戸数が道路沿いに密集して形成されている。集落東方には、「金山杉」として名高い杉の美林に覆われた愛宕山がある。山頂には愛宕神社があり、その中腹には白山神社を目にすることができる。この白山神社の中に「山の神」が合祀されているのである。山の神神社は、かつては白山神社後方の高台に存在したらしいが、いつのころからか合祀されたという。山の神神社は、集落の人たちの信仰の中心的存在である山の神は、美しい杉木立の中の長い階段を上って辿り着いた、この白山神社に母屋を借りて鎮座しているのである。

社殿の中に立ち入ってみると、中央の右手側神棚に、山の神のご神体一対が祀られている。二体の神像を納める例はそう多くはない。二体とも真っ赤な布地の前垂れをあてがわれ、木箱に入っている。いずれも石像で、一体は鉞を持ち、もう一体は左手に鎌、右手に宝珠らしきものを持つ。石製で鉞を持つ山の神像は、最上地域ではかなり一般化している姿だ。二つの木箱には、「奉納　昭和弐年三月二日　須藤銀次郎」と墨書されている。じつは、以前ご神体は鉞を持つ一体のみであったが、昭和二年に須藤銀次郎氏が鎌を持つもう一体を寄贈したのだという。上・下両区でご神体が必要だったからだろう。

神棚下には、男子の姿を模した夥しい「山の神人形」が並べられている。およそ百体はあろうか。大小や形状はさまざまだが、おしなべて、二十～三十センチくらいの木製で、目鼻のみを描く素朴な手作り人形というふうである。最上地域の他の「山の神人形」と基本的には同型である。各集落によって「身代わり人形」「にぎり地蔵」「地蔵っこ」などと呼び方が異なる。

山崎では、平成十年になってから作られた「山の神人形」には、手足のないこけしと変わらない姿のものもある。ほとんどの背部には、出生年月日と男子名が記されている。当地区では男子が誕生するとこの「人形」を奉納する。

写真10　蓑を着用した一番大将が背負う山の神ご神体
（金山町山崎地区下組　2002年4月2日）

また、「初飾り」といって、始めての勧進に参加するときに奉納する場合もある。地区外に嫁に行った人が男子を出産したときも、人形を奉納した例があるという。

「人形」には上区と下区の別

を表記したものがある。勧進のとき、子どもたちは両区ともこの人形の中からそれぞれどれか一体を持ち出し、家々を回るのである。

(3) 勧進の実際

上区・下区ともに勧進の内容はほとんど同じであり、おおざっぱな流れは次のようなものである。

①かすべ寄議（旧暦二月一日）
②コオハタキ（旧暦二月十五日）
③山の神もらい（新暦三月三十一日）
④「山の神人形」配り（新暦四月一日）
⑤山の神まわり（新暦四月二日）
「勧進」と「花遊び」
⑥山の神参拝儀礼（新暦四月二日夜）
⑦山の神返し（新暦四月三日）

ほぼ二ヶ月にわたる当集落の山の神祭りについて、関係資料も活用しながらできるだけ詳細に記してみたい。

①かすべ寄議

この語源は明らかではない。下区では「かすび寄議」といっている。これは、勧進に参加する子どもたち全員が集まって開く会合のことである。場所は、一番大将の家か次年度の一番大将の家で行い、今ではその家の親も参加している。

会合では次のようなことを話し合う。勧進参加者の確認、「山の神もらい」で持ってくる「山の神人形」の数、山の神を返したあとの反省会の料理の内容、ご祝儀（寄進）をいただいた米を買い取ってもらう値段や手だて、ご祝儀の金額のおおよその見積もり（一年間に男子が生まれた家の数・近く子どもが生まれそうな家の数など）、ご祝儀の分配の方法について、等である。一番大将が司会進行を務める。

②コオハタキ（粉はたき）

粳米一升を一晩中水につけておき、笊にあげて水を切って臼で搗く。搗くことを「はたく」といった。その粉を水で練り、味付けに砂糖を入れてできたものを「シロコモチ」（シトギモチ）といい、勧進終了後、山の神様の口元に塗って食べさせるのである。

コオハタキは本来三番大将の仕事といわれているが、現在は子どもたちに代わって母親が行っている。

③山の神もらい

勧進に参加するのは小学生と中学生の十五歳までの男子たちである。現在は子どもが少ないので小学生以下の子どもも参加している。中学三年生が「一番大将」としてすべてを取り仕切る立場にある。中学二年生・一年生が「二番大将」・「三番大将」として、一番大将を補佐する役目を負う。

大将を中心とする中学生以上は、三月三十一日夜十二時になると、両区ともに白山神社に山の神様のご神体と山の神人形を取りに行く。これを「山の神もらい」という。夜食にうどんなどを食べ、朝方まで一番大将の家（当宿）に寝泊まりして夜明けを待つ。

④「山の神人形」配り

四月一日、朝六時に男子のいる家すべてに「山の神人形」を配るために出かける。これが「山の神人形」配りである。家々ではすでに起きていて、人形をありがたく預かる。こうして「山の神人形」は四月二日の午前中まで、それぞれの家で一泊して丁重に祀られるのである。

山の神のご神体そのものは、当宿となった両区の一番大将の自宅床の間に祀られる。ご神体と「山の神人形」の前にあるお膳の上にはごはんやみそ汁のほか、大きなニシン（カド）が一匹供えられ、じつに恭々しく祀られる。それは、雛人形の段飾りの脇に祀られ、まるで雛の節供行事と同時に行なわれているかのようである。

写真 11　子どもたちは縄で「山の神人形」を結んで手に持ちながら勧進する
（金山町山崎地区下組　2002 年 4 月 2 日）

⑤山の神まわり

〈勧進〉

いよいよ、「山の神まわり」と称する勧進は、二日午後一時から上区・下区ともに同時にスタートする。近年は両区とも午後一時に始めている。平成十四年の参加者は上区十二名、下区十四名である。双方の一番大将は鉢巻きをして簑を着用し、山の神のご神体を箱ごと背負う。この出で立ちは他地区には見られないほど古風で、ある種の威厳さえ感じさせる。

一番大将は先頭に立って各家々に入っていくのだが、上区の大将は「山の神来ました」、下区は「山の神様来たさげ　祝ってたもれ」

という。すると子どもたちは一斉に唱え言葉を発する。その文言は両区ともに同じである。「山の神の勧進　勧進、三升五合はかれっちょ、はかれっちょ」と大声で二回叫ぶ。下区の子どもたちの大部分は家の中に入らず叫び続ける。声を出しながら、縄で吊した「山の神人形」を地面にさかんに打ち付ける。上区は、玄関の中に入れる者と外で待つ者とが一斉に叫ぶ。地面には打ち付けたりせず、一人が玄関の上がり口で縄を操って人形を転がしてみせる。

かつては両区とも、「山の神人形」を家の中に投げ入れたのだという。投げた「人形」が立てば縁起がいいともいった。この縁起説は、新庄市の小月野、月岡集落の勧進でも聞くことができた。すでに述べたように、「人形」は四月一日早朝「山の神人形配り」で男子のいる家に配られ、二日の勧進が始まるまで家々で祀られる。じつは、そのあいだ「人形」に巻き付ける縄を各自準備しなければならないのだ。それは、勧進でかつて「人形」を家の中に放り込むときに必要とした縄だった。現在は玄関が傷むという事情から放り投げるようなことはしなくなった。それでも、縄は現在も必要だ。つまり、地面に打ちつけたり玄関の上がり口でゆっくりと転がす際に使用するためである。

かつては、投げても切れないように、牛馬用の丈夫な縄をになって使ったものだという。その縄は「左にないの三つ繰り縄」といわれた。三つ繰り縄とは、普通二筋の縄を交互に縒《よ》り合わせるのが縄のにない方であるのに対して、さらにもう一筋を二筋の間に入れ込ませて綯って完成させるものである。今はこういう縄をになえる人もめっきり少なくなり、近所のお年寄りに頼んで作ってもらうことが多くなった。

勧進終了後、「人形」を結わえた縄は鉈で細かく切断して道路の脇の川に流した。翌年はまったく新しい縄を使うのである。「人形」が古くて割れたものも流した。このことも新庄市小月野・月岡集落と共通する。川に流すとは、七夕流しや人形流しのこころとどこか通底するものを感じる。しかし、現在は縄を鉈で切断はするがもう流してはいない。

ところで、唱え言葉の「三升五合　はかれっちょ」とは、三升五合の米を計って僕らにください、ということなのだろうか。今も米を献上する家は多いが、普通は一升か、多くとも二升のようだ。もちろんお金の場合もある。一番大将のみは三升五合を奉納するという。三番大将はあらかじめ一升

写真 12　玄関で一斉に「山の神勧進」を叫ぶ子どもたち
（金山町山崎地区上組　2002 年 4 月 2 日）

枡を用意していて、玄関先でそれを差し出して米をいただくのが役割だ。

ちょっと変わった光景として、箕の中に米を入れ、さらにその上に米を入れた枡を乗せて玄関に持ってくる家がある。まず枡に入った米をそのまま子どもたちに差し出し、さらに箕の中の米を枡に掬って米袋に入れてやる。つまり二升献上するのだ。その仕方は、おそらくかつての慣習を物語っているように見受けられる。米はだんだん重くなるので、今では始めから一輪車を用意して運んでいる。その年生まれた子どもがいたり、妊婦のいる家では、特にご祝儀もはずむというものだ。

一番大将は、山の神のご神体が家の人と対面できるように背中合わせに背負っていて、玄関先で家人に後ろ向きにしゃがめば、ちょうど正面で拝めるかたちとなる。家々では、灯明を立て御神酒を準備している場合が多い。山の神の訪問を受けた誰しもが、手を合わせて深々と一礼するのである。

勧進は一年間で不幸のあった家には絶対に行わない。これは最上地域のすべての山の神勧進に共通する鉄則でもある。ここには、家々において喪に服していることが表明され、さらに共同体において、神を「黒不浄」（死穢）によって穢さないという古来の考え方が表わされているものと考えられる。

帰り際、子どもたちは「今晩七時から山の神様を拝みに来て下さい」と告げる。宿である一番大将の家で、夜に再び山の神の参拝儀礼があるのだ。勧進は午後四時過ぎに終了する。

〈花遊び〉

勧進が終わったあとの帰り際に、子どもたちは「山の神人形」（山崎では、かつて「ジンゾコ」といった）を雪解けの土の上に引きずり回して、わざと泥だらけにした。泥にまみれて子どもたちと「人形」はともに遊ぶことから「花遊び」といわれた。「人形」自身も楽しんでいるのだという。

この花遊びをもって、勧進のすべてが終わる。ただし、泥だらけになった「人形」を川で洗い清める作業が最後に残されている。かつては用水の堰で洗っていたが、今では水道水で洗うようになった。道路は舗装されたこともあり、昔ほど泥だらけにはなっていないのが実態で、花遊び自体が以前の姿を留めていないといえる。それでも、清める意味でジャブジャブと水につけて汚れを落とす。

そのあとは並べて天日に干して、夜までに乾かしておく。乾いたご神体や「人形」にはシロコモチ（シトギモチ）をご馳走する。それはドロドロに練られたものだ。口元に押しつけられるので、それぞれの口周辺は白く塗られてとぼけた表情になる。シロコモチは子どもたちもお裾分けとしていただく。

⑥山の神参拝儀礼

勧進の最中に告げて回ったように、午後七時になると、宿となった一番大将の家には集落の家々から男衆があらためて山の神の参拝に訪れる。これはめっぽう儀式的に行われていて、見る者はある種の感慨を持つ。つまり、ご神体や「人形」が整然と並ぶ床の間の電気は消され、蝋燭のともる薄暗い中で子どもたちは威儀を正して正座し、間もなく訪れる参拝者を待つ。玄関では、やはり蝋燭をともして一人が参拝者を待ち受け、訪れたら丁重に床の間まで一人一人案内する。廊下には蝋燭がところどころに灯されて足元を照らし出す。参拝はたいそう厳かな雰囲気の中で行われるのである。

参拝の男衆は断続的に続く。彼らは子どもたちが居並ぶ中で山の神の前に進む。ご祝儀袋を子どもに手渡し、深々とご神体へ参拝する。そのあと差し出された杯を受け、皿に入ったシロコモチ（シトギモチ）もいただく。すべて子どもたちがこの儀礼を取り仕切る様子はじつに新鮮に映り、彼らが大人びて見える。接待を受ける大人たちも神妙そのものである。こういう光景は、ほかでは絶対に見られないものである。

大人たちは、そのあと別室に引き下がり、宿の主人と酒を酌み交わして歓談し、思い思いに帰っていく。

⑦山の神かえし

かつては、二日夜子どもたちはご神体や人形とともに寝泊まりし、三日早朝になって神社に返していた。しかし、現在は十二時になると中学生のみが真っ暗な中を返しに行く。ご神体や「山の神人形」をもとの位置に戻したあと全員で参拝し、最後は拝殿内を清掃して帰ってくる。

勧進で家々からいただいた米は、すぐさま買い取ってもらって現金に換える。こうしていただいたご祝儀は、翌日までに原則的に子どもたち自身の手によって分配される。以前はまったく大人が口を差し挟むことなく自治的に行われた。しかし、近年は宿になった一番大将の親が立ち会ったり相談に応じたりしている。

下区はまったく平等に分配するというが、上区は一番大将を高額筆頭者にして、年齢を下る毎に低額となるような年功序列型分配である。この金の分配をめぐり、幾度か学校側からの苦言があり、この山の神勧進自体を廃止するよう指導すらあったという。他地域でもそのような働きかけがあり、実際廃止に追い込まれたところもあるようだ。山崎では、学校の意向に対する地元の根強い反対があったことから、幸い今日まで地域の伝統文化は維持されてきたということである。

三　山の神勧進の起源とその意味するところ

1、山の神勧進の起源について

(1)「嘉永」「安政」の年号がみられる二体の「山の神人形」

真室川町新田平岡地区に、「嘉永」「安政」の年号が墨書された「山の神人形」が奉納されている。一体の「山の神人形」には、尖った頭部に顔面が造作された正面下に「奉納　山神」が読み取れる。また右側面下には「嘉永」の文字も認められる。そのほかにも文字が記されているもののの判読不能である。

もう一体には、顔面が描かれた正面下に「奉納　山神様」が読み取れる。右側面下に書かれた文字は「安政四」かと思われる。「四」の判読が微妙であるが、もし「安政四年」であるとすれば一八五六年ということになる。左側面下にある「三月三日」の文字は明確に読み取れるが、それに続く文字が不明である。地元では、「昭和三十年代まで、当地の山の神勧進行事は旧暦三月三日に行われていた」と伝えられるので、「山の神人形」に記された「三月三日」が安政期頃から当地の勧進日だったことが考えられる。

いうまでもなく、嘉永年間（一八四八～一八五三）と安政年間（一八五四～一八五九）は江戸時代末期である。この二つの元号が読み取れる真室川町新田平岡の「山の神人形」は、当地区の山の神勧進はすでにこの頃から行われていた可能性を示唆する貴重な資料といえる。

(2)黒澤山神社調書と「万延二年」の年号

新庄市黒沢地区の黒川山神社に黒澤山神社調書と題する扁額がある。そこに以下の内容が記されている。

一、建　立　　大同年間創立なれど年月日不詳

一、祭　神　　大山祇神
一、御神体　木造一体　彫刻師不詳
一、社　殿　木造　九尺四面
一、祭　日　八月十六日
一、寒行初期　文政十年十二月十二日
一、毎年一回十二月十二日当村内の男子十五才以下の子供達によって戸別して御開帳するもの
也

御開帳の拝調

一、山之神の寒行（カンジン）米だら一升　餅だら十二　銭（ゼネ）だら四十八文　祝って祈（タモ）れば亭主此の家の資産（シンショウ）のぼるようにゝ　銭（ゼネ）やら金やらたまるように　以上参回繰返す

（以下省略）

後段の「御開帳の拝調」部分で「寒行」を「カンジン」と記していることから、上段の「寒行初期」も「勧進の始まり」と捉えられる。したがって、当地の山の神勧進の起源は文政十二年（一八二七）十二月十二日ということを示しているのであろう。

しかしながら調書自体は比較的新しいものと考えられる。はたして「文政十年」開始とは何を根拠に記したのかが不明である。残念ながら勧進が確実に始められたことを示す記録としては不

十分であろう。

ただし、黒沢地区に江戸時代末期に勧進はあったかも知れないと思わせるものがある。それはこの神社で確認できる約六十体の「山の神人形」の一体に、「万延二年　酉　二月吉日」の銘が確認できるからである。万延二年とは一八六一年であり慶応元年でもある。先に述べた真室川町新田平岡の年号より若干下るが、同じ江戸時代末期に当地区の山の神勧進が行われていた可能性を示すものである。ただ他の人形と比較して片方の腕・肩部が造形されずに、なぜか途中で切り取られている変形人形である点がいささか気になる。

以上、⑴⑵両地区の「山の神人形」三体に墨書された「嘉永」「安政」「万延」の年号から、最上地方の子どもたちがそれらの「人形」を手にして巡る山の神勧進は江戸時代末期にはすでに行われていたことが十分考えられる。

2、山の神勧進の意味するところ

⑴勧進の戸別訪問の二面性

最上地方の山の神勧進は、「巡行神」として山の神のご神体が家内安全と豊作をもたらすために家々を訪問する側面と、一方では同時に「山の神人形」を手にする子どもたちが訪問する側面の二面性に着目したい。山の神は当地方では勧進の「巡行神」のみならず日常生活において篤く信仰されていることを踏まえて、あえてここでは後者の側面に焦点を当ててみたい。「山の神人形」は子どもたちが誕生したときに山の神神社に奉納したものが多い。それを持って全員玄関に入り込んで勧進の唱え言葉を発するのである。地域の人たちに「このように成長しました」というお披露目の意味が含まれているのではなかろうか。各玄関先で子供たちの成長ぶり、元気な姿が直接地域の人々の目で確認されるのである。さらに元気に育つよう彼らに対する祈り願いも含まれるだろう。このように、山の神勧進は当地方にあっては参加男子一人一人の成長への地域共同的な祝祭性を帯びた習俗とみることができるのではなかろうか。

じつはこのことを裏付けるているのではないかと思われるのが次の事例である。

(2)ご神体参拝の二重性

新庄市赤坂地区や金山町山崎地区では、山の神勧進後の夜に大人たちが再びご神体参拝を目的に公民館、あるいは一番大将の家（宿）を訪れる。子どもたちは勧進中に家々で「夜〇時にまたお参りに来て下さい」と触れ回るのである。事前に子どもたちは、床の間周辺にご神体と「山の神人形」を整然と並べて祭壇とし、その前にご祝儀やお菓子なども供えておく。山崎地区の場合は部屋の電気は消して蠟燭に明かりを灯して訪問を待つ。訪れた大人に対しては蠟燭で足元を照らして祭壇のある部屋まで案内する。

大人はご祝儀を子どもに手渡し祭壇に向かって参拝。その後に子どもが差し出すお神酒を恭しくいただく。その後は皿に入ったシャッコモチ（シトギモチ）をいただいて退く。これら一連の参拝はかなり儀式張っているが、すべて子どもが取り仕切ることに驚かざるをえない。大人は退いたあとは別室で時間の許す限り宴会となる。

新庄市仁田山地区はかつては勧進後も神社に参拝に訪れていた。土内地区は中断中であるが、やはりかつて同じようなことをやっていたという。

なお、新庄市吉沢地区や黒沢地区は、十二月十二日山の神のお年越しに合わせてその前後に勧進を行っているが、ここでは勧進の前夜に地区の人々が山の神社に参拝するのが慣習である。山の神のご神体は翌日子どもたちによって家々に運ばれ、そこで再び参拝されることになる。

さてここで考えたいのは、山の神のご神体参拝が勧進前後に二度連続して行われるのはなぜかということである。この地域では子どもの勧進の主体はご神体ではなく、まずは「山の神人形」とそれを持つ子ども自身にあるのかもしれない。先に述べたように勧進は訪問先において参加男子の成長を祝っていただくものであり、この場合男子を見守っているご神体（山の神様）はあくまでも背後に控える存在である。とすれば、このようなご神体は勧進のほかの場面であらためて地域の人々に丁重に参拝されなければならない。したがって、前述したように勧進後あるいはその前に大人たちは宿や神社に出向いてご神体に手を合わせる場面が必要であったと思われるのである。

これは仮説であり今後の大きな検討課題であるが、ご神体参拝の二重性は勧進が男子成長への祈願・祝祭性をもつという考えを補強するものとして捉えたい。

(3)男子の節供的意味合い

勧進が男子成長の祈願・祝祭性をもつことを確認できる状況がさらにある。それは、三月三日（現在は四月二日・三日）に「山の神人形」を雛人形のように祀る、あるいはそのように扱うことが当地方に多いことである。すなわち、男児の節供に近い状況がそこに生まれているといえる。

先にみたように山の神勧進は、大きく分けて十二月実施と三・四月実施の二種がある。平成二十五年度に文化庁国庫補助事業で調査した三十か所（実施二十三か所、休止七か所）のうち十二月実施は六か所（うち新庄市が四か所）だけである。そのほかは三月末のみ実施は二か所、あとは四月実施がほとんどである。とりわけ四月二日・三日に実施する地区が十六か所ときわめて多い。いったいこの時期に行われる理由とは何か。

鮭川村の京塚・府の宮、岩木地区などには山の神が田の神になるのはこの日からという伝承があり、そのことと勧進とを重ね合わせて考えることもできる。しかし、最上地方で山の神が田の神となると考えるのは二月十二日か十六日が圧倒的に多いのである（『山形県民俗地図』山形県文化財保護協会　一九七八年）。したがって、田の神となることを祝うことと最上地方の勧進とを関連させることには無理がある。

本来旧暦三月三日が、女子の成長を祈願する女の節供にあたることはいうまでもない。本文中では、女子の節供に合わせたかのように、当地方の山の神勧進が新暦四月二日・三日に集中していることに留意したい。その象徴的な事例について、本文中にすでに取り上げたものも含めて、あらためて以下に記してみる。

①金山町下中田地区の事例（すでに本文「4、勧進の男子成長祈願・祝祭性」にて記載）

②金山町杉沢地区の事例（同右）

③真室川町平枝地区の事例（同右）

④金山町後川地区の事例

後川地区は昭和六十一年に同じ町内に集団移住した集落であるが、勧進が中断して久しい。二〇一年に内町に移転した方々への聞き取り調査では、男子は山の神社に奉納している「山の神人形」を家々に持ち帰って、三月三日の雛祭りの雛段に一緒に飾ったという話を聞くことができた。

⑤金山町山崎地区やその他の事例

これもすでに本文で記しているが、金山町山崎地区の一番大将の当番宿において、勧進が始まる前日から雛の段飾りの脇に山の神のご神体と「山の神人形」を祀っている。その前には二つのお膳にカド（にしん）一匹とご飯、水などが供えられていた。同じようなことは新庄市小月野地区にもあり、現在は中断中の鮭川村岩木地区にもみられたという。

⑥真室川町新田平岡地区の事例

先に記したが、平成二十五年度の調査において、新田平岡地区の「山の神人形」に「安政四年」の年号が見出され、さらに「三月三日」の文字が明確に読み取ることができた。聞き取りでも、昭和三十年代までは当地区の山の神勧進は旧暦三月三日に行われていたという。「三月三日」は安政期頃から当地区の勧進日だったことが考えられる。男子の節供的な観念は江戸期から定着していた様子がうかがわれる。

以上のように、三月三日（現在は四月二日・三日）に「山の神人形」を神社から戻し、自宅の雛壇に飾る（金山町の三地区は裃を着衣させる）、またはその脇に飾る、雛壇がない自宅では床の間に飾るなどの習俗は何を語っているのか。これは女子の節供と共に、男子の成長を祈り・祝うという男子の節供の意味であると考えるほかないだろう。雛祭りという女子の成長を祝う節供は広く知られた行事として受け止められる。だが、「山の神人形」を媒介として男子成長を祝う行為がこのようなかたちで実施されることは数少ない民俗事例ではないだろうか。

⑦金山町内町地区の「小豆ご飯」配り

金山町内町地区内において、かつて山の神勧進が終わった翌三月三日は地区内の三歳までの男子すべてに対して「小豆ご飯」を配る慣習があった。昭和三十年代頃まで、三月三日は勧進を終えた男子が山神社に集合して、ご神体を前にしてカド（にしん）一匹とお汁、小豆ご飯を食べて過ごした。その後、一番大将が内町地区内の三歳までの男児すべての家を訪問して、おにぎり状にして皿に載せた小豆ご飯を届けたのである。小豆ご飯とは何か。おそらく赤飯の意味であり、おめでたいハレの日の食べ物の意味だったのだろう。男子が三日に小豆ご飯を食べたり幼児に配ったりする行為は、この日が女子のお祝いの日であるとともに、男子のお祝いの日でもあるという認識があったからではなかろうか。この小豆ご飯を食べたり、配ったりする慣習は、現在でも勧進が終わった翌週の日曜日に継続されている。

おわりに

以上、最上地方の山の神勧進は普段の山の神への信仰心の発露はもとより、とりわけ男子の成長を祝う節供的意味をもつのではないかということを多くの事例から推論してみた。本稿は『「最上地方の山の神勧進の習俗」調査報告書』(山形県教育委員会　二〇一四年三月)の筆者執筆部分を一部加除修正したものである。報告書作成にあたって、調査は平成二十四年度と二十五年度の二か年にわたって国庫補助として実施された。調査執筆は山形県教育委員会から委嘱された私を含めて八人の執筆調査委員の手によっている。調査報告は三十か所に及ぶ広範囲なもので、最上地方の山の神勧進について歴史民俗の視点からアプローチしたこれまでにない貴重な研究報告書といえる。本書第二章では、これらの研究成果の一部を反映させていただいたことを断っておく。

四　山の神勧進に類似した山形県内の民俗行事

1、西川町大井沢地区

西川町大井沢の山の神信仰は「山の神のおんび」という子どもの行事で知られている。「おんび」という名称は何を意味するのか。大井沢の人に尋ねると「おび」がより正確だという。「ん」はほとんど発音しない。つまり山の神を「背負うこと」（おんぶ）を意味するという。山の神のご神体をおんぶして、家々を訪問して歩く行事が、「山の神のおんび」である。(1)

この行事は、大井沢の中村地区で毎年十一月一日に行われる。現在山の神神社は、かつて「大日坊」と呼ばれた湯殿山神社境内にある。この神社に午後一時三十分頃に大井沢中村地区の子どもたちが集まり出す。ここでは、翌春小学生になる子どもが主人公となる。調査を行った平成十四年の該当者は二人のみであった。この子どもたちが山の神のご神体を背負う役目を負う。そのほか、小学生が二人と中学生一人も参加した。

地区の世話人である志田卓さんが、太鼓を数回たたいたあと、男女二体の山の神のご神体を祭壇からおもむろに取り出した。厚い布にまとわれたご神体は、鉞《まさかり》をしっかり抱いている。これまで見た最上地域の山の神像のほとんどが鉞を持っていた。このご神体も山の神であることはほぼ疑いない。ご神体に向かって全員参拝したあとは、いよいよ一体ずつ小さな木製のお社に納めて背負う。小さいといっても、小学生以前の子どもにとってはとても大きい。からだの半分以上をおおってしまう。中村の子どもたちは、山の神をおんぶしないと一人前になれないという気持ちを自然に植えつけられた。

中村地区は三十一軒もある。幼い子どもたちはご神体を背負いながら、一軒一軒を訪問し始める。「山の神様きましたぁー」と元気に声を出しながら家に入っていく。「あらぁ、よくきたねー、来年はもう一年生だよねー」などと、行く先々でねぎらいを受ける。家々ではつきたての大きな餅を用意して、二体の山の神に二個ずつ献上し、深々と手を合わせる。それが古くからの慣習なのである。

山の神のおんびは、かつては旧暦十月一日に行われていた。(2) じつは、米の収穫に感謝する「刈り上げ」祝いの祭り行事なのである。だから、山の神に感謝するために朝から餅をつき、ご神体が来るのを待ちかまえているのだ。田の神ではなく、なぜ山の神なのか。山の神はいっとき田に降りてきて、田の神となる。田の神の実体は山の神なのである。山の神は石碑や神社のご神体として、いたるところに姿をあらわし、庶民の祈りの対象となっている。

この日は平日だったが、大井沢小中学校では午後から子どもたちを地域に帰した。だから、山の神は学校にも訪問できた。玄関に入ると、なんと「山の神様ようこそおこしくださいました」と記す黒板が立ててあるではないか。それを見た私は仰天し、たちまち感動でいっぱいになった。地域と一体となって貴重な伝承文化を守ろうとしている学校が、いまここにある。ご神体を職員室で待ち受ける先生方には、子どもたちへのあたたかい配慮に溢れていた。

途中でお裾分けしてもらって食べた新米の餅は、とびきりおいしかった。この日、山の神を力

写真13　校舎入口にある「山の神のおんび」を歓迎する黒板
（西川町大井沢中村地区旧大井沢小学校 2002年11月1日）

いっぱいおんぶして歩く、子どものけなげな姿が目に焼きついた。このようなみごとな民俗文化に出会えてすがすがしい気分になったことが記憶に鮮明に残っている。

2、庄内地方

真室川町と鮭川村の山の神勧進と類似した民俗行事が山形県庄内地方にも見られる。

一つは、余目町京島地区（現庄内町）に伝わる「いっとごしょ」である。これは十二月三十一日（かつては十二月十日）の夜に、地区の氏神である山神社《さんじんじゃ》のご神体を十三歳までの男子たちが背負って一軒一軒回るものだ。玄関前で太鼓と鉦を打ち鳴らして、大声で「いっとごしょ」（語源は「一斗五升」か）と唱える。大将がご神体を背負い、太鼓と鉦以外の子どもたちは長い竹に紙製の梵天を持つ。家々では灯明をつけて迎え入れご神体に手を合わせる。いただいた「初穂料」（かつては米、現在はのし袋に入れた現金）は、翌日に公民館で年齢順に地区の十三歳の男子にすべてに配分される。

二つは、朝日町大網地区（現鶴岡市）に「山の神の年夜」という行事がある。十二月十二日に山の神のご神体（鉞を持つ石像）を公民館に移し、各家から参拝に来た人達を御神酒と白餅などでもてなすのだ。そのもてなす役目は十二歳までの男子が原則だが、最近は子どもが少なくなったこともあり女子も参加することが許されている。地区の人びとはご神体に対してお賽銭をあげ、お菓子をお供えし厳かに参拝する。その後は最年長の子どもが参拝者に御神酒を注ぐ習わしだ。大人は子どもたちと談笑しながら酒を飲んだり白餅やスルメをいただく。参拝者が途絶えたあとは、最年長の子どもによってお菓子や賽銭が参加者に配分される。こうして、子どもたちは山の神を前にして楽しいひとときを過ごす。この場合、これまでの事例と異なってご神体を背負って唱え事をして家々を巡ることはない。

【注】

（1）「山の神のおんび」という名称はあまり古いものではなく、一方では「山の神の村回り」とも言っていたと集落の人に教えていただいた。
（2）「山の神のおんび」は二月十五日（かつては一月十六日）にも行っている。

五　山の神がもつ「作神」（農耕神）の役割
――西川町大井沢の二つの民俗から――

すでに取りあげたように、大井沢中村地区で行なわれている「山の神のおんび」が注目される。この信仰行事のなかで特に留意すべきことは、山の神そのものが作神（田の神）として機能していることである。この「山の神のおんび」を調べようとして『大井沢中村の民俗』(1)で目にしたのは、江戸時代の飢饉のさなかに、豊作を祈願して村山葉山へ参詣に登る人びとの姿であった。偶然にも、祭り行事と参詣・参拝において、「山」に向かって豊作を祈願するという、ある意味では不思議な民俗的心意があらためて筆者の問題意識として残った。本稿では中村地区の二つの民俗事象をとおして、作神の役割を顕著に併せ持つ山の神像を浮き彫りにし、山の神信仰の重み、山の神の存在の本源性を考える手がかりにしようとした。

1、山の神のおんび

「山の神のおんび」について述べてみる。「おんび」とは背負うこと（おんぶ）を意味する。大井沢の中村地区で、山の神のご神体をおんぶして家々を訪問して歩く祭り行事が、「山の神のおんび」である。ただし、この名称が古くから使われてきたかどうかはわからない。この祭り行事は、大井沢の中村地区で現在は毎年十一月一日と二月十五日に行われている。

ご神体がある山の神神社は、かつて大日寺と呼ばれた湯殿山神社境内にある。祭壇に男女二体の木製の山の神が鎮座する。厚い布にまとわれたご神体は、容易にその姿を見せないが、鉞《まさかり》をしっかり抱いていることは確認できる。最上地域の山の神像のほとんどが鉞を持っていることと共通する。ただし、実際のご神体は、近くにある湯殿山神社本殿に鎮座しているのだという。

「おんび」が行われる日、神社のなかに翌春小学生になる子どもたちが集まる。この子どもたちが山の神のご神体を背負う役目を負う。しかし昨今の少子化で、小学生や中学生も応援に加わっているのが現状だ。ご神体は一体ずつ小さな木製のお社（厨子とも言えようか）に納められて背負われる。小さいといっても、小学生以前の子どもにとっては背中の半分以上を覆ってしまうほど大きく重い。でも、中村地区の子どもたちは、山の神をおんぶしないと一人前になれないということを代々教え継がれてきたという。

写真 14　西川町大井沢中村地区の「山の神のおんび」（2002 年 11 月 1 日）

中村地区は平成十四年十一月現在、家数三十一軒ある。幼い子どもたちはご神体を背負いながら、一軒一軒を訪問する。「山の神様きましたぁー」と元気に声を出しながら家に入っていく。行く先々で子どもたちはねぎらいの言葉やお菓子をいただく。訪問を受けた家々では、必ずつきたての大きな餅を用意して、二体の山の神に二個ずつ献上し、深々と手を合わせる。それが中村の古くからの慣習なのである。いただいた餅は、本行事の世話人にあげる以外は参加した子どもたちに分配される。二月十五日に実施している「山の神おんび」は、かつては一月十六日に行っていた。『大井沢中村の民俗』では小正月行事としてつぎのように紹介している。

一月十六日
山の神村まわり　六、七歳（学齢前）の子ども（男女）が集まり、山神社の神体男女木像二体を厨子に移して背負い、中村の各戸を「山の神様お礼（正月礼）に来た」といって訪れ、小銭と餅などをもらい、のちナオライする。父兄同伴する。

なお、十月一日の項にも「山の神の村廻り―正月十六日と同じ」とある。これは現在十一月一日に実施しているものと同じである。

一月十六日の内容は、現在行われている「山の神のおんび」とほとんど同じである。ただし、「おんび」ではなく「村まわり」と表現している。

「おんび」は新しい言い方なのかも知れない。

この祭り行事では、ご神体を背負うのはかなり古くから学齢前の男女であるという点が特徴である。最上地方の山の神勧進にかかわる子どもは小学生、あるいは中学生を含む男性のみであるということと大いに異なる。特に山の神に女性がかかわることを禁忌としないことはめずらしい。とくに幼児ということからなのだろうか。

また、先にも触れたが、山の神を背負わないと一人前になれない、といわれていることについて留意したい。このことは湯殿山に対する「十五歳の初参り」を想起させる。つまり、山の神を背負うことは、山の神信仰を背景にした就学前の幼児の通過儀礼的な意味があり、この地域の子ども社会の仲間入りを果たす大切な社会体験であったととらえることができる。見方を変えれば、山の神は

写真15　山の神ご神体を２つ背負って家々をめぐる子どもたち（西川町大井沢中村地区 2002 年 11 月 1 日）

子どもの成長を促し、かつ、祝うという機能を持ち続けているということに注目したい。家々を訪問して山の神に献上された餅を子どもたちがいただくのは、まさに食をとおして山の神のご加護にあずかるということを意味する。

最上地方の山の神勧進は、子どもの成長を地域社会で祝う祝祭性の側面をもつと述べた。(2) いままでみてきたことから、中村地区の「山の神のおんび」もほぼ同じ側面を持つ。ただし、中村地区で異なるのは「山の神人形」を持たないという点である。この「山の神人形」についてはすでに述べているのでここでは繰り返さない。(3)

蛇足であるが、大井沢中上地区でも山の神様を背負って家々を回ることが行われているが、山の神様のほかに地蔵様と三宝荒神様と三体を三人で背負って回るというところに特色をもっている。

2、作の神としての葉山

先に述べた『大井沢中村の民俗』には、中村地区の人たちの村山葉山への篤い信仰心がのぞかれる。それは「宝暦五年大井沢大凶作の記録〈妙学坊文書—志田与一郎所蔵〉」という文章の一部にうかがわれる。これは「宝暦五年巳亥年大不作」という題名に始まる古文書を採録したもので、この民俗誌で十ページ分を費やすほどの長い文章である。周知の通り、宝暦五年の大凶作とは江戸時代の三大飢饉の一つであり、奥羽地方に数十万という餓死者が発生した悲惨な飢饉として記録に留められている。このとき当地大井沢ではどんなに過酷な状況に置かれたか日を追って詳細に記されているのである。その内容については本稿の主題ではないのでさておくこととする。ところで、作の神が宿るとされる村山葉山のことについて、七月二十日の日付のところに、わずかであるが次のように出ている。

七月廿日時分ハ稲はらみ之時ほの内ニ而小髪筋様成虫　ほを喰枯スと云て送物抔し葉山参詣する　葉山ハ丑年有之由御参七百人も有之由　七軒里方不残参也

この時期は稲の穂の中から虫が喰い枯らすという。そこで「送物抔し葉山参詣する」、つまり代参をたてて葉山に参詣したということだろう。「送物抔し」とは代参者へ金品を贈るなどして、ととらえられる。葉山へは丑年には近隣のほとんどの人が参詣に登り、七百人にもなったことがわかる。「七軒」とは、中村にはない地名であり、他の部分にも七軒の名称が三か所出てくる。隣接する現大江町七軒地区をさすのだろうか。丑年とあるが湯殿山のご縁年が丑年といわれ、この年はことのほか参詣者が多いことで知られる。湯殿山と同じ作神信仰を持つ葉山へも、丑年には多くの人びとが参詣に登ったことがここで明らかにされている。

以上からわかるように、江戸時代から大井沢周辺の人びとは稲の正常な稔りを祈願するために葉山に参詣していたのである。凶作・飢饉であればなおのことだろう。作の神信仰が葉山山麓の村山地方は当然としても、山間部の大井沢にまで広がりをもっていたことは注目に値する。このことはさらにつぎの記述をみればいっそう明瞭となる。同じ『大井沢中村の民俗』にある「中村の年中行事」には、「サナブリすぎに村山の葉山に代参をおくり虫札をもらい、田畑に立てて虫よけとする」と記しているのである。この代参とは、先にみたように江戸時代から時期的な違いがあるが、農民の葉山への信仰の深さという点で、時代を超えて共通する。実際、葉山大円院は稲や農作物に被害をもたらさないよう虫除札《むしよけふだ》（虫を駆除するお札）を発行してきた。江戸時代に虫除札は年間三万枚も発行されたといわれている。(4) やはり、農民はそのお札を竹や小枝に挟んで田んぼの水口や畑に立てて豊作を切に祈ったのだ。これは近年まで行われてきたことである。

村山地方では「葉山講」もいくつか組織された。その一例として、河北町岩木地区では旧暦五月二十日に集会を開いて葉山の神に祈りを捧げた。尾花沢市延沢地区では一月二十日の集会で大円院苗代《なわしろ》祭りへの代参者を決めていた。大円院に納められた奉納額からは、山形市にも葉山講があったことがわかる。村山市岩野に移築された大円院では、現在も七月一日に春祭り（苗代祭り）として、虫送り祈祷や火渡りの儀式が行われていて大勢の参詣者で賑わう。いまなお連綿と葉山への信仰が続いていることに驚く。

3、山の神の重みと本源性

「山の神のおんび」が一月十六日行われるのは、小正月の行事として行われる。かつては旧暦一月十六日に行っていたことは先に触れた。小正月行事とはなにか。それは五穀豊穣への予祝の意味で行われており、豊作を前もって祝うのである。同じ小正月の雪降る季節に豊作を祈願して踊る田植踊りの心と一緒である。しかし、山の神の祭り行事が、なぜ小正月の予祝として行われるのか。なぜ作の神の祭り行事ではないのか。

この疑問は、現在十一月一日に実施されている大井沢中村地区の「山の神のおんび」についてもいえる。この「おんび」はかつて旧暦十月一日に行われていた。これは米の収穫に感謝する「刈り上げ祝い」の祭り行事なのである。当地区では山の神は旧暦二月十七日から「御田の神」になって田を見守り、旧暦十月一日からまた山の神に戻る日だと考えられてきた。そうであれば、この日は締めくくりの意味を込めた「御田の神」への感謝祭ととらえても不思議ではない。しかしまさにその当日に「山の神のおんび」の祭り行事が行われるのは、その日が山の神そのものへの感謝の日ととらえているからであろう。家々では朝から餅をつき、子どもたちによって運ばれて来るご神体を待ちかまえている。あきらかに山の神に対する祝いと感謝の心を表そうとしている。これは山の神こそ「御田の神」の本源的存在として考えられているがゆえに成り立つ祭り行事といえよう。「山の神のおんび」では、作の神は山の神に完全に包摂されているともいえる。

ここから、山の神の存在の重みに対して、「御田の神」の存在の希薄さを感じないわけにいかない。

このことは山の神と作の神（田の神）の民俗信仰全般につながる問題であるよう思われる。つまり、山の神は石碑や神社、お堂、あるいはご神体など、目に見えるかたちで常態化し、庶民の祈りの対象となっている。それに比較して、作の神の石碑・神社などは圧倒的に少ない。ご神体としての作の神の姿が形象化されることは一部を除きほとんどない。[5] このことは山形県内のみならずほぼ全国的にいえるかも知れない。作の神の希薄性や山の神の本源性とは、こういう普遍的な実態を背景として考えられるべきことがらだろう。ただし、作の神と山の神の根本的な問題については、すでに他の論考で詳述しているのでこれ以上は述べないことにする。[6]

「山の神のおんび」を通して明らかになる山の神と作の神との関係性は、村山葉山の信仰においても同じことがいえる。大円院で七月一日に行われている春祭りで配られるお札には、「五穀成就　家内安全　奉修作神葉山大権現祈祷之牘　葉山大圓院」と記されている。人びとは葉山に登りそこに宿る「作神葉山大権現」に対して五穀成就を祈願しているのである。それはすでに山の神が作の神の機能を包摂することによって可能となる。地域の人びとにとって、山そのものが作の神なのである。

葉山信仰は、村山葉山に限らず県内各地にある。置賜地方には長井葉山や葉山（羽山）神社など数か所にその信仰の痕跡をみることができる。そのほか岩手県、宮城県、福島県にも見出すことができる。特に福島県では、阿武隈山地の東側海岸地域とその西側の山すその地域に多く分布する。福島市松川町金沢の黒沼神社と相馬飯舘村大倉の福善寺では、夜籠もりと託宣の儀礼をともなった作神信仰としてのハヤマの祭りが今でも続いている。[7]

山の神がすなわち作の神であることは、とくに葉山だからこそいえる、という指摘があるだろう。つまり、それは葉山信仰の基層に祖霊観念があるからである。山地中央部から端にあって、平野部から眺めればすぐ近くにある山が葉山（端山）であり、こういう山は古来死者の霊が最初に赴く山であると考えられた。その考えはさらに、先祖の霊つまり祖霊は山頂から家族を見守ってくれているという観念を生み出すことになる。この祖霊こそが葉山における山の神であり、それはまた作の神ともなって春先に田に降りてきて豊作をもたらしてくれる、という信仰が農民のあいだに広まった。いうまでもなく、この見解は柳田国男をはじめとする日本民俗学の主流にあるものだ。

しかし、山の神と作の神の関係について、常に祖霊を介在させて論ずることが妥当であるかどうか。このことに言及すれば本題からそれることにもなるので、ここでは多くを述べないことにする。とりあえず筆者は、山の神・作の神の関係を論ずるのに必ずしも祖霊論を介在させる必要はないと考えていることだけ述べておこう。最上地方に聳える神室山の中腹にある「大田神」の石碑[8]、蔵王山麓にある「御田神」の石碑[9]などは、葉山だからこそ作の神が宿る、という祖霊論的な解釈が当てはまらない事例といえるかも知れない。

最後になるが、今後も地域に生きる人びとの山の神に係わる民俗的心意を通して、山の神の存在の重要性を再確認する作業をつづけていきたい。願わくば、信仰諸相（特に作の神信仰）における山の神の本源性をいっそう明確し、おそらく山の神信仰の古層に見えてくる、より原初的な人々の姿と思想に出会えればと思っている。

【注】

（1）山形県最上郡最上町の民俗研究家・故佐藤義則氏の著書である。私家版であるが、奥付がなく発行日が不明である。ただし、「凡例」につぎのようにある。

本誌は昭和四十二年七月下旬の一週間、「中村」における採話記録を主体にし、他に数年間十数回にわたる遊行時の見聞メモと、更に現地の旧友、志田賢太郎君より昭和四十二年冬期の採話の助力を受けて、その記録を含める。（中略）本誌の記録は、歩行時代（昭和十年頃より以前）の特に明治・大正期の習俗を主にしてまとめる。

以上のことから、本民俗誌は昭和四十二年から数年間のあいだの記録であり、その内容は、古老などからの聞き取りによってまとめられたもので、明治・大正期の頃のものと考えられる。昭和五十五年三月に復刻版が出ている。

（2）菊地和博「山の神勧進にみる地域共同的祝祭性」『山形民俗』第十六号　所収　山形県民俗研究協議会　二〇〇二年

（3）菊地和博「山形県北部の山の神祭り考」『研究紀要』第一号　所収　東北芸術工科大学東北文化研究センター　二〇〇二年

（4）『河北町の歴史』上巻　河北町　一九六二年

（5）鹿児島県と宮崎県南部の水田地帯には、江戸時代中期以降から作り始められた「タノカンサァー」と呼ばれる田の神の石像が集中して見られる。
（6）菊地和博『庶民信仰と伝承芸能―東北にみる民俗文化―』岩田書院　二〇〇二年
（7）『重要無形民俗文化財　金沢の羽山ごもり』福島市教育委員会　一九八四年
（8）大友義助『新庄の石碑』新庄市教育委員会　一九七四年
（9）『蔵王山調査報告書』上山市教育委員会　一九七一年

第三章　鎮魂供養と山寺夜行念仏

一　歴史にみる餓鬼仏・無縁仏の供養

盂蘭盆会とは、本来旧暦七月十五日に行なわれる寺院行事をさしている。それは餓鬼道におちいって苦しむ者を救うための供養の意味合いがあった。のちにその行事は先祖祭祀の意味に変化し、実施日も十四日に移行している。現在の盂蘭盆いわゆる「お盆」は、いくつかの変遷を辿って今日に至っていることは記すまでもないだろう。

そこで、盆の供養とはいったい誰を対象にしたものなのかがあらためて問われる。本書では、東北地方各地の事例を踏まえて盆の供養対象を考察し、その実態と本質を明らかにしてみようとするものである。

1、盆の供養説

柳田国男は盆行事の供養の対象とされる仏に三つの型があると考えていた。一つは家代々の先祖の霊（本仏・精霊）。二つは死後二、三年までの死者の霊であり不安定で荒々しい霊（新仏・新精霊）。三つ目は、祀られない霊、恨みをもった霊、異常死した霊など（餓鬼仏・無縁仏・三界万霊）である。(1)

また、折口信夫はほぼ柳田と同じ考え方に立っていると考えられるが、死霊を無縁霊・未成霊・祖霊という三種類・三段階を考えた。(2)また折口は、「盆といふ時期は、死人の魂が戻って来ると共に、無縁の亡霊もやって来ると考へた。其為、家では魂祭りをし、外では無縁の怨霊を追ひ払はねばならぬ」と述べている。(3)

近年、松崎憲三はこれら先学の見解を踏まえながら各地の供養の調査事例を加えて整理している。(4)松崎によると、盆の供養は一般に先祖代々の供養として考えられがちであるが、実際は新仏や無縁仏の供養にかなりの力点が置かれていると述べている。それは、正常な人間として生を全うしえなかった霊、祖霊化コースから外れた霊ととらえ、それには幼児、未婚の男女、出戻り娘、行き倒れ、漂流者、水子、戦死者、被災者などの霊が含まれるとしている。

ここにおいて、いま問題とする供養の対象になるのは、お盆においては先祖代々の霊のほか、新仏や餓鬼仏・無縁仏である場合が少なくないことを知るのである。

江戸時代に生きた菅江真澄は「くめじの橋」において、河原で提灯をともして輪になって踊る盆踊りと精霊流しの場面を描いている。そこに次のような解説文をしたためている。(5)

門ごとに、まつ火たいて、又、市中をいとはやうながるる小河あるに、わらをお束につかねて火をかけて、これを、ながし火とて、ながすやあり。こは、水におぼれて身まかる人の、むかしにても、いまにてもあれば、そのたままつるとて、としごとにすといふ。ねよとのかねもうちすぐるころより、男は女にすがたをまねび、女は男のふりによそひたち、すが笠を着、あるは於古層（お高祖）ていふものに顔おしつつみて、おどりせりけるそのさうか（唱歌）こそしらね、声うちどよみて夜はあけたり

ここでは、盆踊りについて、男女が互いを装って菅笠を被り、お高祖頭巾で顔を隠して明け方まで踊る様子が記されている。まるで現在も行なわれている秋田県羽後町の西馬音内盆踊りを彷彿とさせる場面である。そのすぐ脇を流れる川では、燃やされた小さなワラ束が間隔をおいて流れていく。精霊流しの原型のような風景といえる。

これらは、水死した人の霊を祀るために行なわれていることに注意を払わなければならない。柳田国男のいう異常死した霊、折口信夫のいう無縁霊・未完成霊、さらに松崎憲三の言葉でいえば祖霊化コースから外れた霊、つまり無縁仏化した死霊を共同体全体で心を込めて鎮魂供養している事例だと考えられる。なお、鎮魂とはタマフリといわれて弱った魂を揺さぶって活性化させる意味もあるが、この場合はタマシズメ、つまり荒々しい死者の霊魂（荒魂）を鎮静化させる意味をさすことはいうまでもない。

2、怨霊観念

このような死霊に対するじつに丁重な供養について、もう少し日本の歴史をさかのぼって考えてみる必要がある。まずそれは、怨霊によって疫病が蔓延して多数の犠牲者が出たということで、貞観五年（八六三）に神泉苑で行なわれた「御霊会」にあらわれている。(6) 同じようなことは、延長五年（九二七）に行なわれた疫病をもたらす悪霊（疫神）の祀り「宮城四隅疫神祭」や「畿内堺十處疫神祭」などにもみることができる。(7)

歴史上、恨みをもった死霊は祟るとする怨霊観念を強く植え付けたのは、なんといっても太宰府に左遷させられて延喜三年（九〇三）に憤死した菅原道真の怨霊であろう。承久元年（一二一九）頃に成立したとされる承久本『北野天神縁起絵巻』巻六（北野天満宮所蔵）には、延長八年（九三〇）六月二十六日に道真の怨霊が火雷神（赤鬼）となって宮中の清涼殿を襲って落雷し、大納言藤原清貫らの死をはじめ多数の犠牲者が出た場面が描かれている。実際に起こったこの落雷事件や、左遷にかかわった醍醐天皇・左大臣藤原時平のその後の連続死は、恨みをもった死霊に対する弔い・鎮魂供養の必要性を日本人に強烈に刻み込ませることになったと考えられる。

先にみたように、折口信夫はお盆は無縁の亡霊もやってくるので、家では先祖の祭りを行う一方で、外では無縁仏の悪霊を追い払う必要があると言った。祖霊とともに悪霊も伴って来るというこの怨霊観念は、庶民のなかにも伝統的に根強く生き続けてきたと思われる。

3、東北地方の餓鬼仏・無縁仏供養

東北地方における餓鬼仏・無縁仏供養とはどんなことが行われてきたのかみてみよう。以下は三崎一夫の一文である。(8)

お盆には無縁ボトケの供養もされる。無縁ボトケとは、子孫に供養されることなく巷をさまよい、人びとに害をする好ましくない霊と考えられていて、一般の仏事や墓詣りでも、無縁ボトケに供物がされるか、盆棚の傍らに特別に供物がされる。青森県の尻屋地方では盆棚にブドウの葉を並べ、小豆飯や煮染などを供え「餓鬼飯」といっている。宮城県では無縁ボトケに先に供えないと、家のホトケの供物が取りかえされると語られ、お盆には家のホトケの荷物を背負ってくるので、客分として供養するともいっており、いずれこのホトケは恐れられて、丁重に供養すべき霊であるとの感覚を伝えている。

また三崎は、盆棚が屋内だけでなく屋外に設けられる例があるとして、青森県、秋田市近郊、山形県飽海地方、宮城県加美地方などの実際を紹介し、屋外の棚とはもともと無縁仏のためのものではなかったかと述べている。さらに、子どもたちがお盆期間中に河原などでご馳走を作って遊ぶ行事が岩手県沿岸、津軽地方、新潟県頸城地方、宮城県などにみられるが、それは家に招き入れることが好ましくない無縁ボトケは屋外で供養すべきとの考えにもとづくものだろうとしている。

『日本の民俗　宮城』では、無縁さまは大切にするものとか、家の仏より位が上だとか伝えられていることを記し、具体的に次のような地域例を紹介している。金成町長根地区では、無縁さまにまず供物をしないと家の仏さまの供物がとられるという。白石市大卒塔婆地区では、無縁仏は家の荷物を背負って来るので客であるから盆棚の下に皿を置き供物をそなえなければならない。柴田郡村田町菅生地区では、平常でも炉に線香を一本立て無縁仏に手向けたという(9)。

山形県川西町や飯豊町では、餓鬼仏や無縁仏を「餓鬼霊」といい、十分に供養されないため墓に落ち着いてはおれず、いつも空腹を抱え浮遊しており、半分は眠たそうにしているという。お盆に餓鬼霊に食べさせる供え物の一つを「ガキゴメ」といっている(10)。なお、聞き取り調査によれば、山形県小国町ではほとんどの墓地に無縁仏が祀られており、現在でも八月十三日の墓参りでは、訪れた人は最初にこの無縁仏にお参りをしてから自分の墓参りを行うという順序を固く守っている。その際に、無縁仏には茄子と胡瓜を細かく切って作った「ガキマイ（ガキゴメ）」を供物として捧げる慣習が今も続いている。

以上、盆は先祖の霊がかえってくる時期であるが、「釜蓋朔日《かまぶたついたち》」といわれるように、地獄の釜の蓋が開いて悪霊や亡霊、餓鬼仏や無縁仏などもたくさんやってくると考えられた。先祖用の精霊棚とともに無縁仏用の施餓鬼棚も作って丁重に鎮魂したのである。このことは、前述した柳田国男や折口信夫の言説のみならず、現代の事例として大島健彦編『無縁仏』[11]、高谷重夫『盆行事の民俗学的研究』[12]に多くが記されている。

なお、東北地方の餓鬼仏・無縁仏供養の歴史実態を把握するため盆期間の習俗全般の調査を試みた。その結果を文末に「東北地方の盆期間の習俗一覧」として掲載した。[13]

おわりに

いわゆるお盆とは、その期間は地域によってかなり異なるものの、「釜蓋朔日」といわれる旧暦七月一日から、「晦日盆」といわれる旧暦七月三十一日まで、じつに幅広いものであることが確認される。また、お盆に供養の対象となるのは、まずは餓鬼仏・無縁仏が最初であり、次に先祖の霊（祖霊）という順序であった。餓鬼仏・無縁仏は、丁重に鎮魂供養されて家々や集落から送り出される必要がある。そうでないとそれらは悪霊として祟りをなすと考える伝統的な怨霊観念が未だ根強いことが各地に認められる。つまり、餓鬼仏・無縁仏が行なわれてこそ、先祖の霊は家々に無事戻って来てもてなしを受けることができると考えられてきたのである。丁寧にも盆棚が二つ作られたのも、餓鬼仏・無縁仏用と祖霊用のためであった。

このように、歴史的に餓鬼仏・無縁仏の供養は重要視されてきたのであるが、現在はどうであろうか。荒霊とみなされる死後一年から三年までの新仏の供養観念は未だ残っているものの、お盆の期間の餓鬼仏・無縁仏供養の観念はかなり薄れているのが現状であろう。しかしながら、東北各地の事例を探っていけば、現在でも餓鬼仏・無縁仏供養はお盆における死者供養の主要な位置を占めていることを本書においてあらためて確認できた。

以上、これまでの考察をとおして浮かび上がるのは、丁重に供養・弔いがなされない死霊は凶作・飢饉、疫病、自然災害などの災いをもたらす。それを避けるには、餓鬼仏・無縁仏の鎮魂供養を怠らないことが肝心であると考えた人びとの切実な心情である。この心情の裏には、異常死した霊や正常な人間として生を全うしえなかった霊に対する人びとの配慮・いたわりがあるとも考えられる。

東北地方の盆期間の習俗一覧（出典等は【注】を参照）

	青森	岩手
旧暦7月7日（現8月8日）	・ナヌカビ（津軽） ・ナヌカボン（南部） ・墓地の草取り・清掃 ・「七回水浴びして、七回飯（うどん）を食べる」	・ナヌカビ（ナノカボン） ・墓掃除、墓参り ・ハカハライ（墓払い） ・「七回水浴びして七回飯を食べる」
13日	・盆棚作り（ガキメシを供える） ・ホカイ（津軽・南部とも） ・夕方、墓参り　墓前に赤飯など供え物をして供養 ・迎え火（墓前、門口） ・新仏の家では48燈籠	・施餓鬼棚―盆棚の下には無縁仏（ムギホーゲー）への供え物（オミヤゲ）あり ・ホトケサマノツエ、ホトケサマノハキモノ、帰りのフネを供える（田野畑村菅窪） ・14日早朝　墓参り、迎え火 15日は午後のみ
16日	・早朝、盆棚を川へ流す ・仏送り（送り盆） ※地獄のカマのふたがあく（川内）	・送り盆（送り火） ・ホトケオクリ、盆棚を川に流す ※地獄のカマのふたがあく（水沢市）
20日	・仏送り（二十日盆）	・二十日盆
摘要	・新仏の家では7月1日頃から高燈籠。 ・ホゲサライ（墓の供え物を子どもが持っていく／下北半島）	・三十一日盆（ミソカボン）、送り盆（北上市口内） ・8月1日のマツアカシ（松明かし）、盆の始まりを表す（宮古市）

	宮城	秋田	山形
旧暦7月7日（現8月8日）	・ナノカビ ・墓ハライ ・「七回水浴びして七回食べる」 ・「七夕踊り」	・「タナバタのササラスリ」（下戸沢） ・ナヌカビ ・墓払い ・迎え火（島田目） 「ショウライタチ、ショウライタチ、この火の明りでジッコもババコも来とな来とな」墓に火をかざす 「七回水浴び、七回ご飯を食べる」	・墓掃除 ・墓払い ・ミガキ盆（横田尻） ・七日盆
13日	・盆棚作り、盆棚わきに無縁仏への供物 ・迎え火 ・新仏の家では燈籠柱を立てる	・精霊棚作り ・墓参り（または14日早朝） ・墓ササラ（木正沢、檜木内） ・共同墓地（ラント）で持ち寄った重箱を開いて先祖とともに食べる	・墓参り ・盆棚作り、ガキゴメを供える ・迎え盆
16日	14日（早朝暗いうちに提灯をつける）～16日（送り火） 墓参り 供物を川に流す ※地獄の釜のふたがあく	・送り盆、盆棚・供え物を川に流す ・送り火	・送り盆 ・送り火 ・魂送り（谷地） ・オカエリ（通町）
20日	・オワリ盆（送り火） ・二十日盆	・二十日盆 ・送り火	・二十日盆 ・アト盆（志津）
摘要	・三十日盆（ミソカボン） 送り盆 31日　送り盆	・13日夜「ハカムシリ」の習俗、子供が墓に供えた食べ物を持っていく ・7月1日「釜の口開き」	・24日うら盆（田川、田麦俣） ・23日以降

	山形	福島
旧暦7月7日(現8月8日)	・「七回水浴びして七回赤飯を食べる。女性は髪を七回洗う」 ・早朝に墓参り(東根市入地区)	・墓掃除 ・ナノカ盆 ・カマブチツイタチ(叶津) ・新仏の家では高燈籠を立てる
13日	・迎え火 ・新仏の家では3年間高燈籠を立てる(13日～16日、北青沢) ・墓地では先に無縁仏にガキマイ(ガキゴメ)を供えてから墓参りを行う(小国町)	・盆棚を作る。片隅に無縁仏も祀る ・迎え火 ・14日墓参り
16日	オカエリダンゴを作る ・ミヤゲダンゴ(宮野浦) ・仏壇に供えたダンゴを送り火とともに焼く。「来年もござれ」(寒河江市洲崎)	・送り盆 盆棚、お供え物を川に流す ・オクリダンゴ ・盆棚や供え物を川に流す
20日		・二十日盆 送り火
摘要	庄内地方は死霊がモリの山に集まるので参詣に行く(施餓鬼供養) ・ハカヤッコ＝墓の供え物を子どもが持っていく(庄内地方。内陸地方も一部あり)	・新仏の家では7月1日頃から高燈籠

【注】

（1）柳田国男「先祖の話」『定本柳田国男集』第十巻所収　筑摩書房　一九八一年
（2）『折口信夫全集』二十　中央公論社　一九九六年
（3）『折口信夫全集』二　中央公論社　一九九五年
（4）松崎憲三『現代供養論考』慶友社　二〇〇四年
（5）『菅江真澄民俗図絵』岩崎美術社　一九八九年
（6）『日本三代実録』前編　新訂増補国史体系（普及版）吉川弘文館　一九九一年
（7）『延喜式　巻第三』新訂増補国史大系二十六　吉川弘文館　二〇〇〇年
（8）三崎一夫「お盆行事」『白い国の詩』八月号所収　東北電力　一九九〇年
（9）竹内利美『日本の民俗　宮城県』第一法規　一九七四年
（10）武田正『やまがた民俗の発見』置賜民俗学会　二〇〇六年
（11）大島建彦編『無縁仏』岩崎美術社　一九八八年
（12）高谷重夫『盆行事の民俗学的研究』岩田書院　一九九五年
（13）「東北地方の盆期間の習俗」一覧表の出典は次のとおりである。
『日本民俗地図Ⅰ（年中行事一）』文化庁　一九六九年、森山泰太郎『日本の民俗　青森県』第一法規　一九七二年、竹内利美『日本の民俗　宮城県』第一法規　一九七四年、宮本隆蔵『日本の民俗　秋田県』第一法規　一九七三年、戸川安章『日本の民俗　山形県』一九七三年、岩崎敏夫『日本の民俗　福島県』

第一法規一九七三年。そのほかに、北上市口内、山形県東根市・寒河江市・小国町の事例は聞き取り調査によった。

二　念仏信仰のあゆみ——山寺夜行念仏《やぎょうねんぶつ》を考える基盤として——

1、浄土信仰と念仏系仏教の動き

浄土教における念仏信仰が広まるきっかけとなったのは、源信が著した『往生要集』（九八五年）である。浄土教では誰でもが「南無阿弥陀仏」を唱えることによって極楽浄土へ往生することができると教えた。この平易な念仏実践の来世信仰は、やがて大いに庶民に受け入れられ大衆化していく。念仏行は浄土教系宗教者のみが重視しただけでなく、宗派を超えて奨励されたことからも広く普及していったのである。

ところで、浄土教発展の基盤はすでに平安仏教である天台宗の常行三昧の行に見出すことができるといわれる。つまり、「山の念仏」といわれる常行三昧《じょうぎょうざんまい》の念仏が浄土教発生に少なからぬ影響を与えたと考えられている。貞観二年（八六〇）慈覚大師円仁の創建といわれる山寺立石寺も天台宗であり、やはり常行三昧堂において「山の念仏」が行われていた。「山の念仏」とは即身成仏を実現するための念仏のことであり、いわゆる念仏による極楽往生をめざすものではなかった。しかし、山寺の宗教的影響力の大きさを考えるとき、それは当山形における念仏の信仰が広まる端緒となるものではなかったろうか。

さて、山形県天童市小路にある仏向寺は、『宝樹山称名院佛向寺縁起』によれば、弘安元年（一二七八）一向上人俊聖を迎えて開山した念仏道場の寺である。一向上人は鎌倉時代に念仏勧進や踊躍《ゆやく》念仏などによる布教活動に従事し、みずから一向派を開いた人物として高名である。一向上人は弘安元年に出羽の成生荘に来て仏向寺を開いたと伝えられる。仏向寺はやがて成生荘地頭の二階堂氏の保護を受け、「天童派」と称して村山・置賜地方に末寺をおいて勢力を伸ばしていく。

中世の人びとの信仰心を映し出すものに板碑があるが、山形県内に残るものにはキリーク（阿弥陀如来）を刻むものが大変多い。天童市内には板碑が少なくとも九十六基以上あり、うち鎌倉・室町時代の建立と推定できるものが七十一基にのぼる。(1)この板碑の多さと成生荘における浄土信仰の広まりはけっして無縁ではないだろう。

そこで、仏向寺には一向上人によって伝えられたとされる踊躍念仏が今日まで継承されていることに注目したい。由来について判然としない側面はあるものの、中世の念仏伝承や布教のありかたを考察する手掛かりとして貴重である。踊躍念仏の内容についてはのちほど触れたい。

山形におけるその他の念仏系宗派の動きとしては、浄土宗の村山地方への本格進出が正和年間（一三一二〜一三一六）以降、浄土真宗は文明から天正年間（一五七三〜一五九一）に寺院創立が集中してみられ興隆期とみられている。(2)

これまでみてきたのは、大きな仏教宗派にからむ念仏信仰の動きである。ところが、一方ではこれらの全国的な宗派の流れに属さない庶民レベルの念仏信仰が息づいていた。このことについて、岩手県遠野市小友町にある事例を内藤正敏が論述しているものがある。(3)それによれば、小友町のある葬式が終わって僧侶が帰ってからのことである。葬儀参列者全員が水と塩で清めてからあらためて念仏を唱え始めた。その念仏（「座敷念仏」という）は浄土宗によって真言宗を合体させた内容であるが、しかしこの二宗の経典にはないものであった。それは「阿字十方三世仏　微塵　一切諸菩提　乃至　八万諸聖経皆量　阿無陀仏」という偈文《げもん》である。この偈文について、内藤氏は『大日本続蔵経』の中の「仏説阿弥陀仏根本秘密神呪経」からの引用であることを明らかにしている。

じつはこの偈文は、竹田賢正により宮城県一基と青森県六基の合計七基の板碑のなかの「十方三世仏　一切諸菩提　八万諸聖教　皆是阿弥陀」と同じであることが述べられている。(4)これらも、正式には内藤氏の事例にある「阿字十方三世仏……」で始まる偈文である。竹田によれば、じつはこれは山形市切畑地区にも伝わる念仏の唱え文句であり、やはり僧侶がかかわらない村人だけが行う念仏のなかで唱えられてきたという。さらには、寒河江市平塩の栄蔵坊に伝わる夜念仏経本「念仏歌賛」のなかにも見出されるとして、かつては「阿字十方三世仏‥‥」の偈文が夜行念仏でも唱えられていたことを指摘している。(5)

このように既成宗派の経典にはない偈文が村人の念仏の中で唱えられていたことは大変重要である。つまり、既成教団には属さない各地を遊行する念仏聖たちによって念仏が広められていったことが十分に想定されるのである。念仏聖については、さらにつぎの項目でも述べることにする。

2、念仏聖と踊り念仏

江戸時代の天明二年（一七八二）に綴られた『空也上人絵詞伝』には、鎮魂・回向のため瓢箪や鉦を叩き和讃や念仏を唱えながら踊る宗教儀礼があったことが述べられている。(6) これは一般に「踊り念仏」といっているものである。鎌倉時代後期の正安元年（一二九九）に完成した『一遍聖絵』（一遍上人絵伝）巻四には、踊り念仏は一遍自身が先達と仰いだ空也上人によってすでに始められていたことが記されている。(7) しかし、歴史的事実として平安時代末期に空也が踊り念仏を行ったかどうかは不明である。一方では、鎌倉時代に念仏聖として活躍した一遍や一向俊聖によって始められたとする見方もある。踊り念仏が民衆の間に宗教行為として広まったのは鎌倉時代中期とされ、それをリードしたのは時宗の開祖一遍上人、さらには前記した一向上人といわれている。二人の活動以降も、踊り念仏は遊行する念仏聖によって各地にもたらされたことは想像に難くない。

念仏聖とは、阿弥陀仏を唱えることによって往生することができると教えて歩く聖のことである。空也自身も初期の念仏聖といわれる。中世には空也系の念仏聖とともに、一遍の時宗系念仏聖も広汎な活動を展開したとされる。高野山における高野聖も時宗の影響下にあって真言密教のなかに浄土思想を取り込んでいた。大日如来はすなわち阿弥陀如来であるという解釈を打ち立てて阿弥陀仏を唱える念仏聖でもあったのだ。高野山は真言密教に復する慶長十一年（一六〇六）以前までは高野聖が一大勢力を持っていたことは有名である。

岩手県江刺市内に見出される二つの中世石塔婆の銘文に、「此之濁中　念仏供養　那壽往生　得安楽国　貞治三七月廿四日」「大日遍照　弥陀一体　一聞名号　必得往生　宝徳三年六月十一日」とあることが知られている。この内容は、高野聖に強い影響を与えた新義真言宗の派祖覚鑁の思想であると考えられている。[8] 覚鑁の思想とは、あくまでも真言密教を基本としながらも浄土教を融合させ、大日如来と阿弥陀如来を一体化させるものであった。

一方、山形県村山地方において高野聖の影響をうかがわせる史料に、「願正御坊縁起」（天童市高擶願行寺所蔵）がある。これには永正三年（一五〇六）に亡くなった真言僧侶願正坊の遺骨を弟子が供養のため高野山へ納めようとする内容が記されてある。竹田賢正氏はこの史料を通して、高擶の元武士が高野山に納骨しようと思い立つところに、当地における高野聖の活動の姿と強い唱導をみている。そこから氏は村山地方における高野聖の根拠地を山寺立石寺と想定した。また、伊達稙宗の父尚宗が高野山観音院に宛てた書状写（伊達家文書）から、当地方における一六世紀前半の武家と高野聖の密接な関係も読み取っている。[9] 念仏聖はこのように地方に深く浸透して教導を強めていったとみることができ、方法として踊り念仏などを通じて民衆に親しみやすい阿弥陀仏への念仏信仰を広めたのである。

踊り念仏は時代が新しくなるにつれ風流化・大衆化が進んだ。それは宗教儀礼である踊り念仏が娯楽性をより加味した「念仏踊り」といわれる民俗芸能へと変貌する過程でもあった。「念仏踊り」については後段で項を新たにして触れることにする。つぎに、現在も続く踊り念仏の実際をみていこう。

(1) 長野県佐久市西方寺の踊り念仏

踊り念仏として知られているものに、長野県佐久市跡部の浄土宗西方寺で行われるものがある。先にあげた『一遍聖絵』巻二には鎌倉時代の弘安二年（一二七九）信濃国佐久郡において、民衆とともに一遍が踊り念仏を始めたことが記されている。牧野素山によれば、江戸時代の天保十一年（一八四〇）二月、踊り念仏に四十三か村の念仏講中が参加していることなどがわかり、その他の記録を合わせると江戸時代の信濃佐久郡では踊り念仏が庶民の習俗として大変盛んだった様子である。加えて、参加した講中の人たちに名号と十念を授ける遊行上人の活動ぶりも浮かび上がる。[10]

しかし、『北佐久郡誌』によればこの盛大に行われた踊り念仏も明治時代半ばまでには大部衰えたようだ。[11] 結局現在では佐久市跡部の西方寺にのみ残っている。この踊り念仏は、西方寺本堂内に組み立てた道場と言われる屋根のついた踊りの空間で行われる。およそ八名の信者が道場内で円陣を作り、賽の河原和讃、引声念仏、そして踊りを行う。踊りは太鼓に合わせて鉦を叩きながら飛び・跳ねなどの踊りを三回繰り広げる。一組およそ一五分間行い、何組かの踊りが披露される。現在は四月の第一日曜日に行っている。

(2) 山形県天童市仏向寺の踊躍《ゆやく》念仏

天童市小路の浄土宗仏向寺では、踊り念仏の一つとして「踊躍念仏」が行われている。これは十一月十七の一向上人の法要「御開山忌」にちなむものである。嘉暦三年（一三二八）に編集されたと伝えられる「一向上人伝」によれば、歓喜踊躍の踊り念仏は海上難船の危機を救われた因縁にもとづいて、四反十二段の法式に整えられた踊躍念仏になったという。[12] 永仁元年（一二九二）

写真１　天童市仏向寺の踊躍念仏（2003 年 11 月 17 日）

に編集されたという「宝樹山称名院佛向寺縁起」では、一向上人が弘安元年（一二七八）に天童成生荘に来て仏向寺を開いたことになっており、この時以来踊躍念仏が伝わっているとされる。明治時代に仏向寺末寺にあたる宝泉寺（現上山市金瓶）住職が番場蓮花寺（滋賀県米原市）の踊躍念仏を習得してきて、すでにあった仏向寺踊躍念仏と合わせて古式を復原し一向上人忌に踊ることを定めたという(13)。

さて、踊躍念仏の実際であるが、仏向寺の僧侶たちは須弥壇の周囲を周りながら鉦を打ち鳴らし、和讃と「南無阿弥陀仏」の名号を何度も唱える。その際特徴ある動きを伴うことで知られている。それは、膝を多少屈伸させる、体を半転させる、左右に体をゆする、鉦を高く掲げて鳴らす、などの象徴的な動作を繰り返す。ただし、踊躍念仏とはいえ跳躍や旋回はともなわない。名号の唱えもまったくゆるやかで味わい深い。踊躍念仏も先に記した空也や一遍の行っていた踊り念仏の一種と考えられる。

この踊躍念仏を行うのは、午前中は僧侶たちであるが午後から一般檀徒である点が注目される。檀徒は天童市小路に在住する人たちで踊躍念仏保存会のメンバーである。継承者が少ない悩みを抱えつつ、開山忌が近づけば毎夜練習に励み本番にのぞんでいる。寺を仲立ちにした庶民の念仏信仰はこういうかたちで代々続けられてきたことをうかがわせるに十分である。

3、念仏信仰の大衆化—山形県内の事例を中心に—

(1) 寺院における念仏行事

村山市大字大槙地区にある浄土宗松念寺では、少なくとも江戸時代から始まる「双盤念仏」という信仰行事が現在も続いている。十一月十二日頃に行われる秋の十夜法要の前段に、本尊阿弥陀仏像を前にして念仏を繰り返し唱える行事である。回向念仏同好会の六人が主導し、双盤と呼ばれる大型の鉦を叩きながら独特の節回しとゆっくりとしたリズムで「南無阿弥陀仏」を唱えていく。堂内の檀家の人びとはそれにあわせて念仏を繰り返すのである。かつて双盤念仏の正式の勤行は二夜三日にわたって行われた。第一日目は十一回、第二日目は十六回、第三日目は六回の合計三十三回修するのが常であった。

この双盤念仏の特徴は、宗教者である僧侶ではなく大槙地区を中心にした檀家の人びとが担っていることである。太平洋戦争をはさんで中断した時期があるが、昭和五十六年に復活をとげた。念仏の唱えは難しい節回しなので、かつては冬の農閑期に各自が皿や茶碗を叩きながら打ち方や唱え方の練習を積み重ねる日々が続いたという。現在は月の十五日が練習日となっている。寺の行事とはいえ、檀家を中心とした地域社会でこのような歴史ある念仏を維持してきたことは注目される。同様の念仏行は、同じ村山市の本覚寺や得性寺でも行われていたという(14)。寺を媒介にした民間の念仏信仰の根強さの一端を示すものであろう。

(2) 民間における念仏講

集落には共同信仰組織として念仏講、観音講、地蔵講、庚申講、山の神講、十八夜講など数多く作られてきた。これらのなかには中世に起源をもつものもあるが、多くは江戸時代に成立している。講中は祀り日を定めて宿に集まり、神仏に祈りを捧げたあと飲食を共にして過ごす。信仰心を同じくするだけに仲間意識も芽生える。小さく私的な集団ながらも、底辺をなす地域社会の構成単位としてその影響力は見逃すことができない。

さて、念仏講の源流は平安時代中期に恵心僧都源信らが始めた「二十五三昧会」にあるといわれる。それが聖などの民間宗教者によって通夜や葬式をきっかけに庶民のあいだに組織されるのは中世以降である(15)。

念仏講においては和讃や御詠歌を唱えたりするが、一方では「数珠繰り」などといって念仏を唱えて大数珠を回すことが全国的に行われてきた。山形県では「数珠回し」ともいう念仏講が各地でさかんに行われた。「南無阿弥陀仏」を百万遍念仏すれば百八の煩悩を離れることができ涅槃に到達する、という考えが源信の『往生要集』(九八五年)のなかに紹介されている。平安中期以降、念仏を繰り返し多く唱えることが定着したのはこういうことからであろう。

山形県内では現在も旧暦二月八日は「百万遍念仏」の日とするところが多い。この日を中心に地区ごと集団を作って数珠を回す。無病息災や家内安全を祈って集落を巡ったり一か所に集まって行う。これを「村念仏」などというところもある。鉦を叩きながら輪になって百八個の大数珠を回すのである。女性中心で行うところも多い。飽海郡平田町で毎年行われる「でこくり百万遍念仏」などはよく知られた行事である。

数珠回しが終わればたちまち飲食が始まり交流の場と変わるのは、ほとんどの講と同じである。

むしろ娯楽の少ない時代はそれが楽しみの一つでもあったはずである。素朴な阿弥陀への念仏の心はそういう慣習や交流の中から育まれたのであろう。

以上のような宗教的信仰行事を主眼とした講がある一方で、そこからしだいに相互扶助組織としての色合いを強めていった講がある。それは「契約講」（または「契約組」）といい、主として近世期に成立したものである。契約講は地域の生活や風俗・経済などを中心に幅広く記録を書き残している。それらの記録は研究資料として注目されるものが少なからずあるが、なかでも河北町谷地大町に残されている『大町念仏講帳』という契約帳は、長年にわたりじつに詳細に庶民生活の実態を記したものとして貴重である[16]。

契約講は部落内の共同生活を維持するために必要な取り決めやルールを定める組織として機能したが、桜井徳太郎が「講は信仰上の結合ということをその成立の必須条件としている」[17]というように、本来やはり素朴な信仰心に支えられていたということであろう。したがって、『大町念仏講帳』の名が示すように、この契約講も南無阿弥陀を唱える念仏講という側面を持っていたことは当然であろう。大町念仏講の記録は貞享二年（一六八五）から始められており、少なくとも江戸時代初期に念仏講というかたちをとって成立しているといえる。『大町念仏講帳』以外に、同じ河北町内では「要害念仏講帳」「土ケ小路念仏講帳」「念仏契約講年代鑑」（荒町）などが残されているが、これらも本来は念仏信仰を基盤にもつ契約講だったといえる。

大町契約講は人数が多くなったために江戸時代末期に上組・中組・下組に別れるが、上組は明治五年になってから「堰守仲間講」、そして明治三十九年には「観音講」と名称を替えている。

講中の人びとの心の拠り所が時代の変遷を経て、念仏信仰から観音信仰に移り変わったことをうかがわせる。

しかし、一方では契約講は時代が下るにつれて宗教性は稀薄となっていき、集団の和と親睦を深めるための寄り合いとなり、そこで結束を図るための「契約議定」などといわれる規約や罰則づくりが行われていく。「大町念仏講帳」には凶作時に貸し付けたと思われる「置籾」の運用などもみられるように、経済的機能もはたした様子がうかがわれる。念仏講は村の生活の自治的組織という側面を強く持っていたといえる。

このように、時間の経過とともに本来の念仏講としての宗教性はほとんど薄れていく歴史的経緯はみられる。しかし、契約講としての念仏講をつうじて念仏信仰がごく身近に人びとの心の襞に入り込んでいく契機となったことは確かだろう。

(3) 念仏碑

念仏塔は全国至るところに、それぞれ濃淡の差はあるがおびただしい数の造立をみた。これは念仏信仰＝浄土信仰が広く社会の各階層に浸透したことを如実に物語るものである。[18] 各地の念仏信仰を表す石碑は、前述したような中世の板碑のほかに、主として近世期の「念仏供養塔」「百万遍念仏」「百万遍供養塔」「南無阿弥陀仏」などが多くみられる。「百万遍供養塔」とは、念仏

写真２　念仏碑「南無阿弥陀仏」（天童市狸森地区　2010 年）

を何年か継続して百万遍に達したときの記念として建てた石碑である。

そのほかに、同じ念仏信仰や念仏講を表すものに、「六斎念仏塔」「踊念仏塔」「夜念仏塔」などがある。前者二つは、「六斎念仏」「踊り念仏」を記念して建立したものである。

(4)　念仏芸能

①空也念仏踊り

京都市にある空也堂では、毎年一一月一三日の空也忌に歓喜踊躍念仏が行われている。この念仏が伝播したものが福島県河沼郡河東町冬木沢の八葉寺に伝わる「空也念仏踊り」といわれ、毎年八月五日に行われる。八葉寺は寺伝では康保三年（九六六）に空也が創建した霊場となっている。俗に会津高野といわれ、会津地方の霊魂供養における庶民信仰の中心となっている。空也が奥州遊行の途中この地に立ち寄ったとき、林葬の風習で多くの死骸が山野に放置されているのを見て、それらの遺骨を集めて当地に埋葬して改めて供養したのだという。そこから、死者の霊魂は会津高野に赴くという信仰が成立して、八月の八葉寺の高野まつり期間は歯骨・遺髪・爪などを納めて献花するのが風習となった。かつて口寄せ巫女が死者の口寄せも行っていた。『空也上人絵詞伝』には、空也は天禄三年（九七二）に七〇歳で亡くなり八葉寺に葬られたとある。[19] 確かに空也の墓と称するものは八葉寺にあるが、空也の終焉の地と伝承される場所は各地にあって、実際のところ特定は難しい。

空也念仏踊りは、高野まつり期間の八月五日に行っている。この踊りは長らく中断していたが大正十一年に復活したものである。原則では九人の踊り手全員が袈裟を着用して黄色い貞盛頭巾を被るのが特色である。うち導師役一人が空也上人および念仏聖にならって鹿角杖を持つ。瓢箪持ち二名は、左手で水平に持って右手に持つ細い棒で瓢箪の底を叩く。瓢箪は空也系念仏のシンボリックな採物・楽器である。魂を瓢箪の中空に封じ込めてそれを打つことで鎮魂する意味を持つとか、神霊が依りついて中空にこもるという考えがあったようだ。空也僧の遊行念仏を俗に「鉢叩き」といっているが、その鉢とは瓢箪のことである。鉦打ち四名は、首から吊した小型の鉦を横木の撞木で打ち鳴らす。太鼓打ちは二名である。この太鼓が加わったのは江戸時代の六斎念仏による影響ではないかという説もある。

全員が二列になって向きあい、空也和讃の合唱・空也和歌五首の詠唱、さらに歓喜踊躍和讃の

写真3　長井市の伊佐沢念仏踊のなかの「道心坊」（頬かぶり姿）

詠唱へと進む。この歓喜踊躍和讃の途中から瓢箪・鉦・太鼓の二名一組がそれぞれの持ち物を叩きながら、膝を半分屈したり伸ばしたりして少しずつ前に進んでは後に戻る。この繰り返しが「踊り」なのである。

②伊佐沢念仏踊

山形県長井市伊佐沢地区には「伊佐沢念仏踊」が伝承されている。その発祥年代、由来は明らかでなく、なぜか盆行事とのかかわりはみられない。毎年四月二九日頃に行っているのは、当地で有名な「久保の桜」の開花期に合わせるためであろう。ただしこの時期に従前から行なわれていたとは考えにくい。この踊りは「大名行列」・「歌舞伎」・「念仏踊り」の三つの要素から成立しているが、本来の念仏踊りに後世諸要素が複合したことが考えられる。

このなかの「念仏踊り」に、「道心坊」という鉦を叩いて踊る僧侶姿の人物が登場する。この道心坊とは念仏聖の名称である。念仏聖は中世に鉢叩き・暮露・放下とも呼ばれて全国各地に踊り念仏を広めたが、江戸時代に入ると願人坊・願念坊・法界坊・泡斎坊・道心坊などの放浪の念仏聖が踊りを普及する役目をはたして芸人化していく。各地の念仏踊り系の芸能のなかに彼らの名が残るようになるのはそのためであると考えられる。諸国を巡って勧進の手段として「住吉踊り」を広めたのは大坂住吉大社の願人坊であり、「かっぽれ」の梅坊主なども名が知られている。山形市蔵王半郷には「松尾願人踊」が伝承されている。願人踊は全国的にみられるものであり、「願人坊」の演目は京都六斎念仏のなかの千本六斎会と中堂寺六斎会にもあって、念仏芸能の広がりをあらためて感じさせる。

その他念仏踊りとしては、山形県内では「鍋田念仏踊り」（南陽市）「椿念仏踊り」「小白川念仏踊り」「高峰念仏踊り」（飯豊町）「亀岡念仏踊り」（高畠町）などがあり、なぜか置賜地域に集中している。

③シシ踊り

シシ頭を被り腹に鞨鼓を持つ一人立ちのシシ踊りも、東北地方ではお盆の時期に鎮魂供養のために踊るものが多い。青森県津軽南部や秋田県に伝わる三頭のシシ踊り、岩手県に分布する八頭のシシ踊り（鹿踊）には墓地で踊ったり、家回りの際に遺影の前で踊ることが現在でも続いている。

岩手県内の鹿《しし》踊りには伝書が残されており、そこには『空也上人絵詞伝』にある上人と鹿供養の説話の引用がみられる。空也系の念仏踊りの色合いが濃いことがうかがわれる。さらに鹿踊りが念仏系の芸能であることを示す事例をみてみよう。北上市・奥州市水沢区・奥州市江刺区・花巻市東和町・金ケ崎町などには、江戸時代の年号が記された「鹿踊供養碑」なるものが建立されている。江刺区の久田鹿踊は、八月十三日と十四日に墓地で踊るのを恒例とする。その踊り始めにあたっては、必ず地区内に建てられてある「南無阿弥陀仏」と刻印された高さ二メートルの石碑（享保三年建立）の前で踊る。シシたちは背中にも「南無阿弥陀仏」が記された布を垂らす。八月一五日の江刺区内の家回りでは、遺影を前にして供養踊りも行う。このようなことは久田鹿踊ばかりではなく、岩手県内の多くの鹿踊に共通してみられるのである。

山形県内では、現在お盆の時期に鎮魂供養として演じるシシ踊りはきわめて限られている。庄内地方ではお盆に踊る例が比較的多く、かつては墓地でも踊っていたという。特に寺院で行う施餓鬼供養（施食供養）と関係するシシ踊りが今でもいくつかみられる。これは他にない事例として注目に値する。

村山地方の寒河江市に伝承される内楯旭一流獅子踊は、集落巡りの途中で新仏の遺影の前で鎮魂供養の踊りを行う。「念仏踊り」の演目もきちんと継承されている。大人に混じって、陣笠と陣羽織姿の鉦叩きの子どもが二人いる。鉦は中世においては、空也系の念仏聖の瓢箪に対して、主として時宗系の念仏聖が持ち歩いたといわれる。鉦叩きの存在はシシ踊りが念仏系芸能の側面を持つことを物語るものだろう。鉦叩き役は大江町の左沢三区獅子舞・深沢獅子踊、東根市の長瀞猪子《しし》踊、村山市の稲下鹿子《しし》踊・天神湯野沢鹿子踊になどにもみられる。

なお、内楯旭一流獅子踊り集団は霊魂が赴く場所として知られる山寺立石寺に踊りの期間の始まりと終わりに参詣をかかさない。山寺立石寺で行われる八月七日の磐司祭りには、江戸時代以降、村山地方の二十数団体のシシ踊りが踊りを奉納するために訪れていた。このことも「念仏供養」という総合的視野におさめて考察の対象としなければならない。なお、シシ踊りの詳細については別紙に譲る。(20)

おわりに

蛇足ながら最後に付け加えておきたい。これまで念仏信仰史を概観して感じるのは、村落社会において個人が個別的に信仰を求めてそれを深めていくというよりも、集団的に信仰心を同じくして共同実践していく傾向が大変強く現れているということである。それは、山寺において行われた夜行念仏という信仰行為に明確に現れている。家族や個人単位の先祖供養というよりは、集落全体の先祖供養、あるいは集落を越えた鎮魂供養という側面が強く表出しているのが特徴である。供養の共同的性格は村落社会の絆の深さを浮き彫りにしており、それは村の結束力を維持することに繋がるものであったと思われる。そのことを可能にした社会的背景とは何だったのか。今となってそれはもはや不可能なのかどうか。これらのことも念仏信仰の研究のなかで同時に考えていかなければならない点であろう。

【注】

（1）『野仏のさと天童』天童市教育委員会　一九七八年
（2）『山形県史』第一巻　山形県史編纂委員会　一九八二年
（3）内藤正敏「オシラサマ変容論」『研究紀要』二　東北芸術工科大学東北文化研究センター　二〇〇三年
（4）竹田賢正「板碑偈文阿字十方の伝承について」『山形県地域史研究』十四号所収　一九八八年
（5）竹田賢正『中世出羽国における時宗と念仏信仰』私家版　一九九六年
（6）「空也上人絵詞伝」『大日本史料　第一編之十四』所収　東京大学史料編纂所　一九六五年
（7）大橋俊雄『一遍聖絵』岩波書店　二〇〇〇年
（8）司東真雄『岩手の石塔婆――東北型板碑文化』モノグラム社　一九八五年
（9）前掲竹田賢正『中世出羽国における時宗と念仏信仰』
（10）牧野素山「信州佐久郡における遊行上人と念仏講」『印度学仏教学研究』通号三十四所収　一九六九年
（11）『北佐久郡誌』北佐久郡役所　一九一五年
（12）竹内禅真監集『一向上人の御伝集成』浄土宗本山蓮華寺　一九八六年

(13)『成生庄と一向上人—中世の念仏信仰—』成生庄と一向上人編集委員会　一九九七年
(14)『山形県の祭り・行事調査報告書』山形県教育委員会　二〇〇四年
(15)今泉淑夫編『日本仏教史辞典』吉川弘文館　一九九九年
(16)『大町念仏講帳』河北町誌編纂史料　一九九一年
(17)桜井徳太郎『日本民間信仰論　増訂版』弘文堂　一九七四年
(18)庚申懇話会編『日本石仏事典』雄山閣　一九七五年
(19)前掲「空也上人絵詞伝」
(20)菊地和博『シシ踊り　鎮魂供養の民俗』岩田書院　二〇一二年

三　山寺夜行念仏と京都六斎念仏

山寺夜行念仏とは、八月六日の夕方から翌日にかけて、講という集団に属する人たちが山寺立石寺山頂の奥の院まで登りながら、寺院や諸堂・旧蹟に対して念仏・回向を唱えて巡る民俗習俗である。翌朝にはまた奥の院から回向を唱えながら下ってくる。これは庶民が講という信仰集団を組織して念仏供養を行う宗教的行為である。講員は一文字笠を被り、上は笈摺、下は袴の出で立ちで参加する。山中の暗闇のなかで金剛杖をつきながら回向を唱えて歩くそのさまは、大変厳かであり神秘的ですらある。

古くから旧暦七月七日は盆の入りと考えられている。前夜から行われるこの山寺夜行念仏も盆行事の死者供養と考えられてきた。残された史料や夥しい石碑などから、この講中は山形市・天童市・山辺町・寒河江市など主に村山地方に分布していたことがわかる。この習俗は江戸時代に隆盛期を迎えている。夜に行う念仏信仰は村山地方のみならず、酒田市・羽黒町・余目町・立川町などの庄内地方でも講が組織されて広域的に行われていた。

しかし、戦後は古くからある民間習俗全般が衰退の一途を辿るなかで、夜行念仏もほとんどの地域から姿を消していった。庄内地方でも昭和三十年代にはほぼ行われなくなった。現在、村山地方では大正五年に再興された高擶《たかだま》夜行念佛講と昭和四十六年に結成された山寺夜行念仏保存会の二団体が活動しているにすぎない。現在はそれぞれが市の無形民俗文化財に指定されている。

1、京都六斎念仏の概況

前項「念仏信仰のあゆみ」でも取りあげた竹田賢正氏の言説の中に、夜行念仏のもとは六斎念仏であるという論がある。しかしそれを検討する前に、まず関西に広がりを持つ六斎念仏を知らなければならない。六斎念仏とは、そもそも集団で鉦と太鼓を打ち鳴らしながら念仏を唱える信仰習俗をいう。仏教上で六斎日というのがあって、月の八・十四・十五・二十三・二十九・三十の各日であった。その日は斎戒謹慎して鬼神を回向して悪行から遠ざける斎日とされた。やがてそれは「殺生禁断」の日として流布することになったのは『令義解』や『吾妻鏡』にも見られるので、[1]一般習俗として広まっていたものだろう。こうしてこの斎日に念仏信仰が結びついたのが六斎念仏なのである。前項に記した『空也上人絵詞伝』では空也上人が六斎念仏を始めたとしているが、歴史的事実かどうかは定かでない。遊行する念仏聖たちが六斎念仏を教え伝えたことが信仰の広がりをもたらしたことだけは確かだろう。

この六斎念仏は室町時代初期にすでに成立していたとされている。それは、奥村隆彦氏が「六斎念仏」の論文で明らかにした石造遺品一覧のなかに、「石燈残欠」に刻んだ文安五年（一四四八）の年号が読み取れることからである。[2]これがさかのぼれる最古の年代という。

現在の六斎念仏は、和歌山・奈良・京都・滋賀・福井など畿内から若狭方面にかけて分布している。なかでも六斎念仏が集中的にみられるのは京都である。

京都における六斎念仏について、『京都の六斎念仏調査報告書』によって概要をみてみる。[3]それによると、京都において六斎念仏が行われるようになったのはいつの頃か不明だが、現在のように盆の先祖供養に行われるようになったのは江戸時代初期のことである。盆に京市中を回り歩く風習がそこから始まったという。そして江戸時代に入ってから明治期まで、京都にはおびた

写真４　京都六斎念仏の１つ「中堂寺六斎念仏」（下京区中堂寺　2000 年 8 月 16 日）

だしい六斎念仏の講が生まれ、その集団は干菜山光福寺に属する干菜寺系と、紫雲山極楽院光勝寺（空也堂極楽院）に属する空也堂系に二分された。そのことは、干菜寺系資料の「六斎支配村方控牒」（一七五五）や空也堂系の「六斎念仏収納帳」（一八八四）などにうかがうことができるという。

さらに同じ『報告書』によれば、京都の六斎念仏は江戸時代中期の一八世紀後半になると、鉦と太鼓のほかに太神楽の獅子舞や歌舞伎舞踊・地唄舞・祇園囃子などの芸能的諸要素が余興として加えられていく。この動きは明治期まで続き農村部の芸能娯楽へと進んでいる。この芸能化を統括していったのは空也堂系であった。一方、本来の念仏が主たるものでなければないとしてそれらを統括したのは千菜寺系である。京都の六斎念仏のなかで、特に芸能化がすすんだ六斎念仏を「芸能六斎」といい、本来の念仏中心の六斎念仏を「念仏六斎」と称している。このうち「芸能六斎」のほうが「念仏六斎」に比べて数を増していったのが京都六斎念仏の歴史的経緯である。

京都の六斎念仏十五団体は、一括して昭和五十八年に重要無形民俗文化財の指定を受けた。ただし、平成十二年の筆者の実地調査段階では、京都市内で盆に一般公開している六斎念仏は十二団体であり、そのうち「芸能六斎」は九団体、残る三団体が「念仏六斎」であった。いまなお「芸能六斎」のほうが圧倒的に多いのが現状である。

2、京都六斎念仏の実際

筆者は平成十二年八月十五日夜に上京区引接寺えんま堂境内で行われた「千本六斎会」の六斎念仏を見ることができた。そこで演じられた内容の一端を以下に示したい。本来は一五演目あるがこの日の上演は八演目だけであった。

①豆太鼓を打ち鳴らす「豆太鼓」（かた太鼓）
②太鼓芸の基本で四つの太鼓を曲打ちする「四つ太鼓」
③「豆太鼓」のうちおめでたい曲目（法縁祭と山姥）

写真５ 「千本六斎会」による獅子碁盤乗りの演目（上京区引接寺　2000 年 8 月 15 日）

④「祇園囃子」（太鼓を持つ編笠姿の四人によるすずめ踊りあり）
⑤豆太鼓を猿に見立てる「堀川猿回し」
⑥団扇太鼓を持つ二人によるこっけいな所作の「願人坊」
⑦獅子舞による「獅子碁盤乗り」
⑧獅子舞と土蜘蛛の争い「蜘蛛の精」

これらをみると、芸能的色彩の濃い演目が並んでいることが一見してわかる。なかでも、最後に登場する獅子舞はきまって「芸能六斎」にしか見られない象徴的なものである。なぜ六斎念仏に獅子舞の演目があるのか。たんなる太神楽からの移入か、それとも六斎念仏の先祖供養に獅子舞の持つ一つの機能が合致した結果なのかどうか、慎重に検討しなければならない。

ともかく獅子舞は四段重ねの碁盤に乗って逆立ちをする曲芸を披露して会場を湧かせる。その後、壬生狂言からの移入といわれる土蜘蛛が出てきて、獅子はその蜘蛛の糸に巻かれて死んでしまう。または、獅子は土蜘蛛と戦って苦しめられるが、最後は土蜘蛛を撃退する、という筋書きである。

さて、この「芸能六斎」といわれるものは、前述のとおり芸能色彩が強く施されていて、もはや踊り念仏の本質を失ったとみなされがちである。しかしそうではない。この千本六斎会の場合は、「勧善回り」といって公演日前の四日間、亡くなった方々や六斎会のメンバーの家々を念仏して回る。実地調査したもう一つの団体である中堂寺六斎会の場合は、「棚経《たなぎょう》」といって公演日の八月一六日前までの四日間に地区内の一七〇軒の家回りを済ませていた。この勧善回りや棚経のときは、鉦や太鼓を使った念仏を主体として先祖供養に徹し、その他の付随する芸能は一切伴わない。鎮魂・葬送の曲としての六斎念仏の本領が発揮される。この時は「芸能六斎」に対する「念仏六斎」的側面が立ち現れるといってもよい。穏やかなメロディーで念仏を唱える、俗に「うたう念仏」といわれる六斎念仏本来の姿が生き生きと蘇るのである。このことに注視しなければならない。

3、山寺夜行念仏の発生由来

さて、今となっては特異な民俗現象と考えられる山寺夜行念仏の発生由来をどう考えるか。そのあたりが一番の問題となろう。今のところ、もっとも有力なものとしては空也系念仏である中世の六斎念仏との関連があげられるであろう。

確かに山寺夜行念仏と空也を結びつける民俗事象は少なくない。例えば、山寺夜行念仏講では、当日夕刻に始まりの儀式「笠被り」において、祭壇に「念仏発弘聖者空也光勝上人尊霊」の軸物を掲げる。その前で講員は「南無発弘聖者空也光勝上人尊霊」を三度唱和して回向文「笠被り」を唱える。あるいは、高擶夜行念仏講中が所持する巻物は空也上人直筆のものという伝承があり、開けると目がつぶれるというので、いまだ開示されたことはない。また、夜行念仏が回向して巡る山寺山中には「空也塔」（明治二九年建立）もある。

さらに六斎念仏との関連があげられる。現在行われている京都六斎念仏で、「勧善回り」や「棚経」といわれるものが、「うたう念仏」といわれる六斎念仏が本来持っている念仏的側面を実践したものである。これらと高擶夜行念仏が毎年八月二十日に行っている「講中めぐり」とがきわめて類似していることに留意しなければならない。講中めぐりは、講員を含む一般家庭の仏前で四種の回向文を唱えて回ることである。平成十六年度は八月二十二日（日曜日）に行い、この日一日中で講員十三人を含む二十三人の家々を三班に分かれて訪問した。「まるで僧侶にお経をあげていただいているような有り難さを覚えます」（天童市高擶地区鈴木孝雄氏談）というほどの功徳をもつ。盆の先祖供養の家回りという内容と形式は、六斎念仏の「勧進回り」や「棚経」とほとんど同じものと考えられる。はたして、空也＝六斎念仏＝山寺夜行念仏を繋ぐものに確かな論拠が見出せるかどうか。

ところで、京都六斎念仏と山寺夜行念仏は「盆の先祖供養」という共通点において同一の念仏行事として考えられがちである。京都以外の他地域の六斎念仏も概して盆に行うものが多い。しかし、六斎念仏そのものが中世において盆の時期の先祖供養を目的としていたかどうかについては検討を要する。実際、六斎念仏が京都において盆の先祖供養として行われるようになったのは江戸時代に入ってからのことであった。

一方、山寺夜行念仏が盆の入りの旧暦七月七日前夜から始められたことは、明らかに先祖供養を含む盆の死者供養が目的であろう。それがいつ始められたのであろうか。そういう視点から六斎念仏との関連について検討される必要がある。

4、山寺夜行念仏と六斎念仏をめぐる検証

五来重は、六斎念仏はその影響を受けた念仏芸能や民謡の曲譜を含めると全国に広がりを見

写真 6　山寺夜行念仏の始まりの儀式「笠被り」中央が一向上人の軸物（2004 年 8 月 6 日）

せているという。[4] 六斎念仏とはそれほど影響力をもったものだったのだろうか。ここで本稿がねらいとする六斎念仏と山寺夜行念仏の関連について触れなければならない。

竹田賢正は、以下の五項目にわたって両者の関連の深さを指摘している。[5] 実際の文面が長いということもあり、以下は氏の直接の引用文ではなく筆者が要点を整理した文であることを了解いただきたい。

一、「よねぶつ」を行う中世の鉢叩の祖師は空也とされること。そして、六斎念仏は空也堂系の聖も行っていたこと。

このことから、山寺夜行念仏講での人達が、必ず一番始めに「南無発弘聖者空也光勝上人尊霊」と三回唱えて空也上人の供養を行うことが理解できる。すなわち、山寺夜行念仏は空也堂系の夜念仏《よねぶつ》を受け継ぐものであるといえる。

二、六斎念仏には「うたう念仏」と「踊る念仏」の二つの系統があったこと。「うたう念仏」というのは、融通念仏の伝統を受けた詠唱念仏で、庄内地方の夜念仏の中に六斎日の八日に六斎日を意識した例がみられるように、山寺夜行念仏もこの系譜を受け継いだものと考えられる。

三、愛知県綾渡夜念仏には、夜念仏が終わったあと白扇を一本持った盆踊り（扇子踊り）が伝わっている。これは「うたう念仏」と「踊る念仏」の六斎念仏の古い姿をとどめるものであろう。この白扇は山寺夜行念仏講（踊りを行わないが）の人びとの所持品の一つでもあるのである。

四、六斎念仏の「踊る念仏」は「若連中」と呼ばれる若い男性の行うものであり、「うたう念仏」は年寄りの役割と定まっている例がある。綾渡の夜念仏においても、古くから「若連中」とよばれる三十五歳までの男性によって行なわれてきたという。山寺夜行念仏講でもかつては若い男性が行うものであり、結婚すると講を抜けるものであったという。このような夜念仏を行う人びとの資格が何時の時代から決められるようになったか不明であるが、六斎念仏にともなうものであったと思われる。

五、高野山系六斎念仏または高野山麓大念仏講・居念仏衆などは、付近の寺院から免許を受け、ないしは取り締まりを受けていた。

以上の五項目であるが、それぞれについて検討してみたい。

一番目について。

まず、「夜念仏」（よねぶつ）についてである。大森恵子は夜念仏は「立念仏」（念仏を唱えながら行道する習俗）と同じであり、それは六斎念仏が室町時代末期から安土桃山時代にかけて分化したものと述べている。[6] つまり、六斎念仏はすなわち夜念仏であるというのが大森の見解である。

写真７　山寺山内に向けて出発する夜行念仏の一行
（2004 年 8 月 6 日）

じつは山形県内でも、山寺夜行念仏にきわめて類似する念仏信仰として「夜念仏」というものがあった。念仏習俗に関する石碑が多く残されているが、そこには「夜行念仏」よりも「夜念仏」と刻印されたものが圧倒的に多い。夜念仏と称される念仏習俗のほうがきわめて多かった様子がわかる。

石碑や史料には「夜念仏」と「夜行念仏」は別物であるかのように表記が異なって出てくることが気がかりではある。厳密な意味では夜念仏と山寺夜行念仏に違いがありそうであるが定かでない。しかし、習俗実態として広く夜念仏のなかに夜行念仏を包括して捉えても大きな違いはないのではなかろうか。

そう考えた場合、大森の見解を当てはめれば、山形県内で夜念仏が盛んに行われていたことは事実であることから、そこに六斎念仏との接点が浮上することになる。さらに夜念仏と山寺夜行念仏との関連で、竹田賢正の指摘する六斎念仏と夜行念仏のつながりはやや現実味を帯びて来る。今後の課題として、大森論の妥当性および夜念仏と夜行念仏との異同性を検討しなくてはならない。

つぎに、山寺夜行念仏と空也を結びつける民俗事象は少なくない。先にも述べたように、山寺夜行念仏講では、当日夕刻に始まりの儀式「笠被り」において、祭壇に「念仏発弘聖者空也光勝上人尊霊」の軸物を掲げる。その前で講員は「南無発弘聖者空也光勝上人尊霊」を三度唱和して回向文「笠かぶり」を唱える。夜行念仏が空也系の信仰習俗であるかのように印象づけられる儀式ではある。

あるいは、高擶夜行念仏講中が所持する巻物は空也上人直筆のものという伝承がある。これを

写真８　夜行念仏は回向文を唱えながら山寺山内のお堂や寺院をめぐる

念仏当日講中代表が首につり下げて持ち歩く慣習が今なお続けられている。この巻物を開けると目がつぶれるという。よって、いまだ開示されたことはないという厳かなものである。また、夜行念仏が回向して巡る山寺及び周辺には二基の「空也塔」もある。

しかし、空也を仲立ちとするこれらの事例だけをもって、山寺夜行念仏のもとになっているのが六斎念仏であると結論づけることはできない。もっと山寺夜行念仏と六斎念仏の信仰や習俗の内面においてその関係性が論証されなければならない。

二番目について。

庄内地方の「夜念仏」の中に六

斎日の八日に六斎日を意識した例がみられるとしても、それをただちに山寺夜行念仏と結びつけて、六斎念仏の系譜を受け継いだのが山寺夜行念仏と言い切ることには無理があろう。

三番目について。

綾渡の夜念仏と山寺夜行念仏を結ぶ論拠として「白扇」をあげている。しかし、その採物は偶然である可能性もある。芸能の所持品に同一性を見いだすとしても、それが系譜や内容の同一性とはならない。それにはもっと論理的な根拠が示されねばならない。

四番目について。

山寺夜行念仏講は、かつて若い男性が行うものであったという。六斎念仏は「踊る念仏」のほうが若連中とよばれる若い男性だった。しかし、山寺夜行念仏は「踊る念仏」ではなく、少なくとも「うたう念仏」の系譜と考えるのが自然であろう。「うたう念仏」は若い男性ではなく年寄りの役割と定まっている例があると記されている。ということであれば、竹田の論拠は矛盾することにならないだろうか。

五番目について。

「免許」と「取り締まり」ということについて両者の共通性はある。つまり、山寺夜行念仏講中は「山寺夜行念仏許状」を胸に下げなければならず、かつては寒河江・平塩の栄蔵坊、明治時代に入ってからは立石寺山内四か寺の年長住職の取り締まりを受けてきた。確かに免許と取り締まりという形式、山寺夜行念仏を成立させる周辺状況としての同一性は認められる。しかし、それでもなお論拠に乏しい。

5、山寺夜行念仏と六斎念仏のさらなる検討課題

現在行われている京都六斎念仏で、「勧善回り」や「棚経」といわれるものが、「うたう念仏」といわれる六斎念仏が本来持っている念仏的側面を実践したものであることはすでに触れた。これらと高擶夜行念仏が毎年八月二〇日に行っている「講中めぐり」とがきわめて類似していることは注目したい。盆の先祖供養の家回りという内容と形式は、六斎念仏の「勧進回り」や「棚経」とほとんど同じものと考えられる。このような視点で考えれば、六斎念仏と山寺夜行念仏を繋ぐものが見え隠れする。しかし、確かな論拠となると今ひとつ明解なものが見いだせない。

両者の習俗の本来の目的という点でも考えなければならない点がある。京都六斎念仏と山寺夜行念仏は「盆の先祖供養」という共通点において同一の念仏行事として考えられがちである。京都以外の他地域の六斎念仏も概して盆に行うものが多い。しかし、六斎念仏そのものが中世において盆の時期の先祖供養を目的としていたかどうかについては検討を要する。実際、六斎念仏が京都において盆の先祖供養として行われるようになったのは江戸時代に入ってからのことであることはすでに触れたことである。

一方、山寺夜行念仏が盆の入りの旧暦七月七日前夜から始められたことは、明らかに盆の先祖

供養・死者供養が目的であろう。ただし、それがいつ始められたのかが明らかにされなければならない。そういう視点から六斎念仏と山寺夜行念仏の関連についてさらなる検討が必要である。

おわりに

これまで六斎念仏と山寺夜行念仏との関連について述べてきたが、もう一度筆者が検討課題であると考えている点、今後の考察の視点を整理してみる。

一、大森恵子の六斎念仏と夜念仏に関する見解を検討し、夜念仏と山寺夜行念仏との異同性を明らかにする。

二、空也について、東北地方のシシ踊り、特に岩手県の鹿踊に与えている影響なども視野に入れながら、山寺夜行念仏とのかかわりを検討する。

三、六斎念仏の古いかたちをとどめている「うたう念仏」の供養的側面と山寺夜行念仏を比較検討する。

四、六斎念仏と山寺夜行念仏が盆の先祖供養・死者供養という役割を担うようになるのはいつ頃からか考察し、両者の歴史的関係性を検討する。

以上である。なかなか難しい問題であるが、確かな論拠を見いだすべく今後も考察を重ねていきたい。なお、山寺夜行念仏の貴重な民俗習俗が今後も引き続き多くの人びとの理解と協力の下で継承され発展していくことを願っている。

最後に、山形県庄内地方を含む各地にかつてあった「夜念仏《よねぶつ》」と夜行念仏との関連も検討課題であろう。『河北町の歴史』にはこうある。「念仏講のなかに、独特のものとして「夜念仏」というものもあった。七月十五日の夜に主として若者が袴にオユズリを着し、筍皮製の一文字笠を被り、金剛杖をついて、念仏を踊しながら山寺や若松に詣でた講である」(7)。これも山寺夜行念仏と同じような盆にみる庶民の信仰の姿であったとみることができる。

なお、平成十七年（二〇〇五）には、山寺夜行念仏の習俗についての詳細な調査報告書が発刊されている(8)。

【注】

（1）「令義解」『新訂増補　国史大系　令義解』吉川弘文館　一九六五年　「吾妻鏡」『新訂増補　国史大系　吾妻鏡』吉川弘文館　一九六八年

（2）奥村隆彦「六斎念仏」『史迹と美術』第三九六～三九八号所収　史迹・美術同攷會　一九七八年

（3）『京都の六斎念仏調査報告書』芸能史研究会編　一九八二年

（4）五来重『踊り念仏』平凡社　一九八八年

（5）前掲　竹田賢正『中世出羽国における時宗と念仏信仰』

（6）大森恵子『念仏芸能と御霊信仰』名著出版　一九九二年
（7）『河北町の歴史』上巻　河北町史編纂委員会　一九八一年
（8）『山寺夜行念仏の習俗調査報告書』山形県教育委員会　二〇〇五年

第四章　家にまつられる神々

一　オコナイサマとオシラサマ

山形県庄内地方に、家の中に祀るオコナイサマと呼ばれる一対の神がある（地域によってはオゴネサマ・オグネサマ・オボネサマと称す）。オコナイサマと名のつく神は、江戸時代に東北の生活を克明に描写した菅江真澄の『雪の出羽路平鹿郡』や『月の出羽路仙北郡』に登場する。[1]またこの名称とよく似たオクナイサマという神も、柳田国男の『遠野物語』[2]や大正時代の研究家ニコライ・ネフスキーの『月と死』のなかに見られる。[3]ネフスキーはオクナイ神とオシラ神は同一の神なのか、はたまた別種の神なのかくり返し問いを発している。オシラ神、つまりオシラサマとは、東北地方では青森県、岩手県、そして宮城県北部に集中的に分布する家に祀られる一対の神である。

庄内地方のオコナイサマは、地域的に限定して存在することもあって、オシラサマほど一般的に知られていない。研究対象として多く取りあげられてきたわけでもなく、先行研究の蓄積は多くはない。[4]また、オシラサマとの関連もあまり問われてはこなかった。

そういう経過を踏まえて、本書では、まず庄内地方のオコナイサマの信仰形態・機能・構造の全体像を明らかにしようとした。つぎに、オコナイサマとオシラサマとの同一性や差異を明らかにすることに努め、この家に祀られる神の起源論にも若干触れながら、東北の家の神信仰におけるオコナイサマの位置づけを試みようとしたものである。

1、オコナイサマの分布状況

オコナイサマは山形県の庄内地方にのみ見られるが、とりわけ最上川以南の田川方面に広く分布している。筆者が直接見聞したものと、過去に著された文献史料で所在を確認できるものを含めれば、旧立川町・旧余目町・旧藤島町・三川町・旧羽黒町・鶴岡市・旧温海町などに及ぶ。[5] しかし、最上川以北の飽海方面ではいまなお見聞することができない。資料上も明らかにできず、いまのところオコナイサマの空白地帯となっている。

平成十二年（二〇〇〇年）まで把握できたオコナイサマを所蔵する軒数をまとめてみると、次のような分布状況となる。ただし、今なおこの軒数であるとは限らない。市町村名は合併以前の名称をあえて用いた。

立川町三ケ沢　六軒
中　村　一軒
余目町家根合　一軒
藤島町添川　五軒
蛸井興屋　三軒
川　尻　三軒
鷺　畑　二軒
東堀越　八軒
古　郡　一軒
三川町菱沼　二軒
猪　子　四軒
羽黒町手向　三軒
鶴岡市伊勢横内　一軒
旧大机　二軒
坂野下　五軒
関　根　十軒
蓮華寺　三軒
行　〆　一軒

中　組　三軒
宮野前　三軒
東　目　三軒
少連寺　七軒
中　里　三軒
西　目　一軒
三　瀬　五軒
堅苔沢　五軒
温海町小名部　一軒
鼠ケ関　一軒
小岩川　二十七軒
浜　中　八軒
宮　名　一軒
槇　代　四軒
温　海　六軒
釜谷坂　二軒
暮　坪　一軒
米　子　一軒

鈴	四軒
五十川	六軒
越沢	三軒
小国	二軒
菅野代	二軒
山五十川	五軒
戸沢	一軒
早田	十二軒
大岩川	七軒

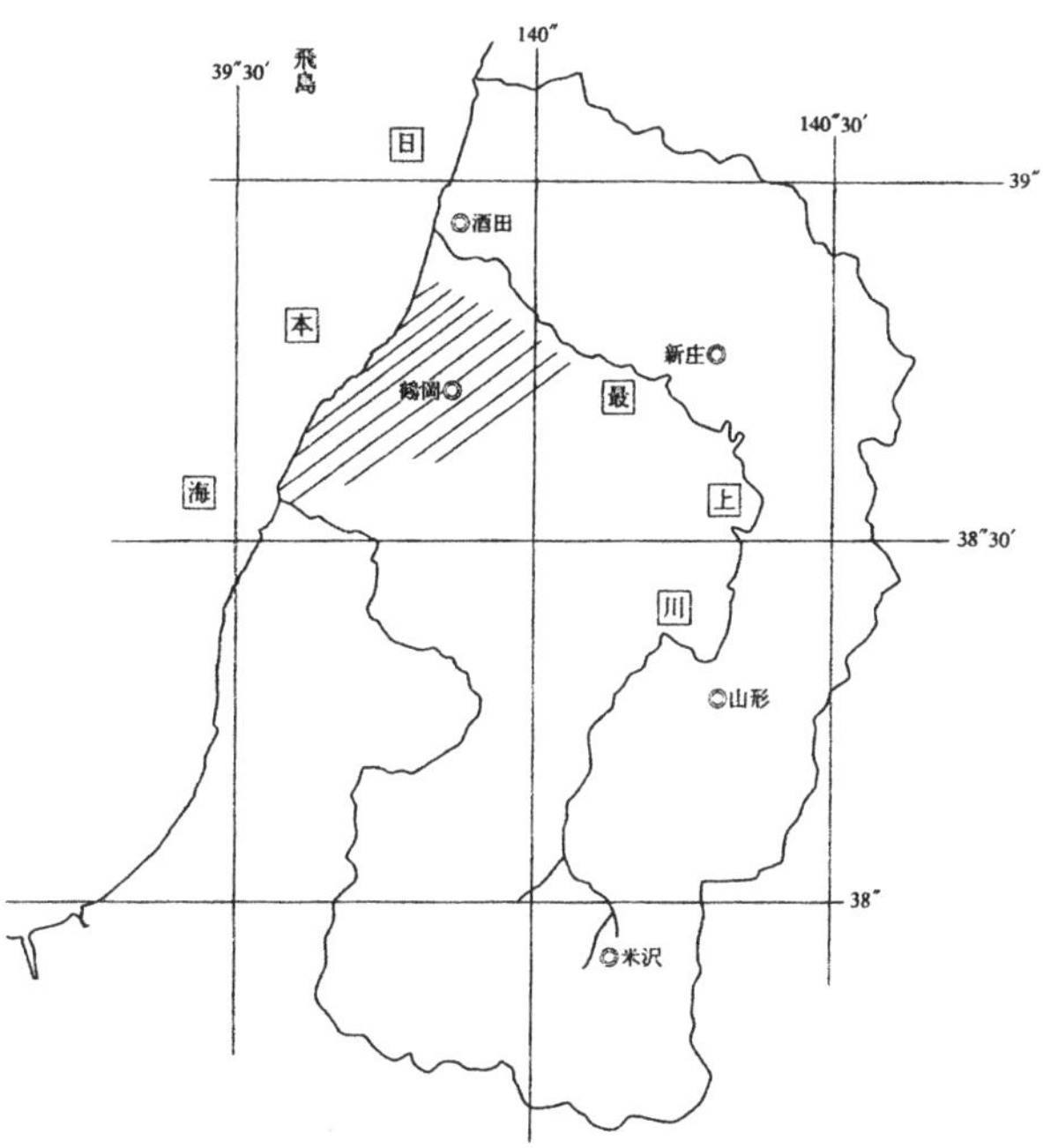

山形県庄内地方におけるオコナイサマ分布図
（斜線区域）

このほか、『庄内民俗』創刊号に岡田照子が記したオコナイサマ所在地は、「田川、山添、大泉、黄金、広瀬、小岩川、水沢、渡前、長沼、広野、京田、新形、添川、鶴岡市内の五、六ヶ所」とある。おそらく最上川以南の田川方面全域に及んでいる。(6)

それ以外でも、鶴岡市油戸、(7)鶴岡市大宝寺・新形・舞台・養海塚、(8)などの所在地が報告されている。ここであげた地域や所蔵軒数以外にも、数多くのオコナイサマが田川方面の家々に祀られてきたのが実態であると想像される。これほど多く祀られるオコナイサマという神は、いったい何なのであるか。その全体像の把握とオコナイサマと関連させた分析・考察はこれまで十分であったとはいえない。

2、オコナイサマの信仰現象

(1) ご神体の形状

オコナイサマの姿は全身が紙で覆われている。頭部にあたる部分も一枚の紙ですっぽり覆われる。これを当地方では頭巾といっている。頭巾には真横に麻糸が巻かれている。青森・岩手・宮城の各県のオシラサマには頭を包み込む包頭型と、頭を出す貫頭型の二種があるが、オコナイ

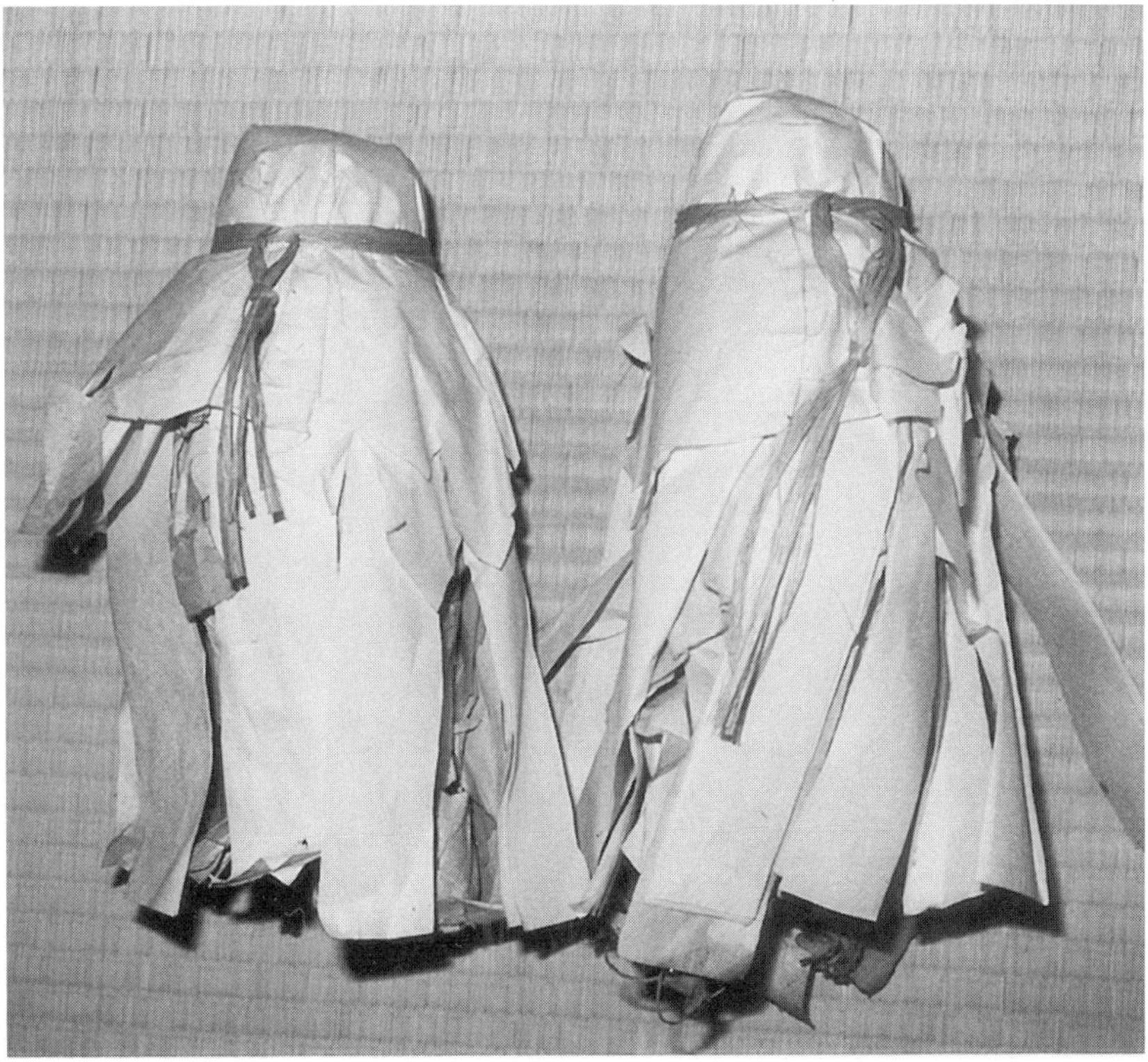

写真１　一対のオコナイサマ（鶴岡市藤島町添川地区　2002 年 12 月 8 日）

サマはすべて包頭型である。

紙はかつて大奉紙が使われたが、現在は半紙を使用している。頭部を覆う頭巾は、被せやすいように四角形の半紙の角に切れ目を入れて被せる。頭巾下からは別の半紙に二センチ～三センチほどの幅に切れ目を入れ、短冊状に垂れ下がる状態にして覆う。オシラサマが着衣する布の中に細く短冊状に切られた形状のものがあるが、ちょうどその状態に類似する。オシラサマの布の着物をオセンダクというが、かつては、オコナイサマの紙の着物もオセンダクといったようだ。[9] しかし、筆者の調査範囲では、持ち主自身がオセンダクと述べたり認識していることはなかった。

丈は二体ともおよそ三十センチメートル前後のものが多いが、一体が一センチ〜三センチメートルほど大きめのものがある。それゆえ、男女二神を表すというが、[10] 現在では明確に性別を意識して信仰している家はほとんどない。頭部に巻き付ける麻糸の結び方で男神・女神の区別があるという認識を示した家もあった。

ご神体の芯はすべて細い竹棒で、その中には篠竹が目につく。現在では神棚に祀っている家がすべてといっていい。しかし、旧藤島町添川の所有者はかつては台所に大黒様と並べて祀っていたと語る。芯に近い最も古い紙は、煤けて黒色のまま残っている状態である。昔は台所や茶の間にも囲炉裏があり、そこで火を焚いたので家じゅうに煤が付着したのである。

ご神体は、麻か科《しな》を素材とする袋に入れ、さらに小さなお宮に納めて神棚に安置している場合も多い。袋に入れるのは、鶴岡市田川地区や堅苔沢地区、温海町山五十川地区以南など、オコナイサマ分布地域の中でも南部方面に多く見られる。なお、山五十川では藤を原料とする衣類も使われていたことからすると、袋は科ではなく藤の可能性もある。

(2) 巫女による衣の着せ替え

オコナイサマの衣服にあたる紙は、持ち主が自分で重ねたり取り外したりはけっしてしない。かつては盲目の女性宗教者である巫女（庄内地方では「ミコさん」と呼んでいる）に着せ替えてもらうことが多かった。しかし、今では近隣に巫女がいなくなった地域が多く、遠路、巫女を求めて訪ねる人もいる。このような情勢のなか、近頃は着せ替えをしないで神棚に上げたままの家も出てきている。

紙を着せ替えるのは一年に一度だが、閏年には体の中ほどから古い紙を取りはずす。巫女が着せ替えを行うのは、毎年稲刈りを前にした九月中になる。着せ替えのあと、巫女は両手にオコナイサマを持って神歌をうたう。それは一月から十二月までの歌である。神おろしのためにぜひとも必要な儀礼なのである。オシラサマでいえば「オシラ遊ばせ」というものに相当する。それが終わると、いよいよ巫女から託宣がある。いわゆる神おろしというものだ。そのとき巫女は、「私を稲穂の風にあてて下さい」とか、「稲場の風に吹かせてほしい」などという。オコナイサマ自身の願いとして、巫女の口から語られるのである。

(3) 神主による着せ替え

巫女が近くにいなくなってしまった地域では、集落の神社の神主に紙の衣を着せ替えしてもらうことが多くなっている。鶴岡市田川地区は、もともと集落には巫女がいないので、巫女のいる近くの水沢や湯田川に行く家もあった。現在は集落単位で八幡神社や熊野神社などの宮司に来てもらい、年末の古月祓《ふるつきばら》いの行事が終わった後、着せ替えをしてもらっている。

なかには神主による着せ替えは従来から行ってきたという地域もある。温海町のオコナイサマ所有者のほとんどは各集落の神主に着せ替えと祈祷をしてもらってきた。しかし、はじめからまったく巫女は関与しなかったのかどうか明確にはできない。巫女が関与しない例として温海町山五十川地区を見てみよう。

ここではオコナイサマと言わず「オボネサマ」と言っている。かつては十二月三十日の古月祓の日に、家々からオコナイサマを持ち寄り、河内神社内で神主から新しい紙を着せてもらうのが慣習となっていた。その場合、オコナイサマに関与するのは男性である。

現在は神社では行わず、それぞれが神主に行って着せてもらっている。着衣が終われば祝詞をあげて祈祷する。いうまでもないが、巫女のように託宣があるわけではない。今でも所有者の主人が関与するのであって女性は係わらないというのがこの地域の特徴である。オコナイサマを持つ五軒は農業を営むが、旧家というわけでもない。特に何の神様として祀っているわけではなく、祭り日も特定されていないというのが実状である。

同じようなことは、温海町大岩川地区にもいえる。当地も年の暮れの古月祓の時に、集落の各神社に各家々ではオコナイサマを持ち寄って神主から着せ替えをしてもらっている。このことに関して『日本の民俗　山形』には次のようにある。(11)

西田川郡温海町大岩川のように、多くの家で祭っているけれども、年の暮れになると神社にもちよって、神職にオコロモガエをしてもらうにとどまり、祭りらしいこともないし、巫女も関与しない。もちろん予言や託宣もなさらぬというオコナイサマもある。しかも、この大岩川には、本間栄という評判の巫女がいて、神口寄せや死に口寄せのほか、『数珠のうら』の占いもするばかりでなく、オコナイサマをよその村からたずさえてきたり、ほかの村に招かれていったりして、その祭りをしているのである。

大岩川の場合は、巫女が身近に存在するにもかかわらず、その集落のオコナイサマとは係わりを持たないという注目すべき事例である。オコナイサマと巫女との関係とはそもそもどういうものであるのか、あらためて考えなければならない。

(4) オコナイサマの機能

①田の神

オコナイサマは、一家の主婦が受け持つ場合が多い。鶴岡市堅苔沢では五軒の所有者のうち男性が係わっている家もあるが、かつてはみな女性であったという。主婦は着せ替えのあと、巫女に告げられたとおり風呂敷でオコナイサマを包んで背負い、自分の田んぼに向かう。稲刈りを前にたわわに稔った田んぼを回って、オコナイサマを風にあてる。巫女からは水口あたりで風に当てるとよい、と告げられる人もいる。米をたくさん食べられますように、という願いを託する意味らしい。オコナイサマは、農家にとって稲の豊穣をもたらす田の神的性格を示すことが、ここからわかる。

オコナイサマの中心にある竹棒には、米づくりにまつわる伝承がある。藩政時代の検地の際、為政者側が農民の増収になるよう田の計測に手心を加えてくれた。そのとき計測に使われた竹棒を短く切ったのが、オコナイサマの芯であるという。オコナイサマと農耕との絡みを伝える善政伝承は、いかにも米どころ庄内地域らしい。

②その他の神

オコナイサマを祀る家が農家以外の場合もある。そこでは、オコナイサマは福の神・火伏せの神として信仰されている。また、養蚕農家にとっては、オコナイサマは養蚕の神となる。

③禁忌事項

オコナイサマを祀る部屋では、四足・二足の動物の肉を食べてはならず、臭いのしない別室で食べなければならないという禁忌がある。また、地域によっては肉の他に卵も食べてはならず、それらを守らなければ不具・疾病者になって厳しい罰を受ける、というたいへん激しい祟りの神であるとも伝えられる。(12)

このようなオコナイサマの禁忌ついて、戸川安章は次のように報告している。(13)

昭和六年の満州事変のころには、ある村の村会議員が、宴会の席にでた牛肉を、自分の家ではないからよかろう、と思ってたべたところ、たちまち口がまがったといわれるほど権威をもっていたが、昭和十年代になると、こんなめんどうな神さまは祭ってはおけないといって川に流したところ、上手の方に二～三間（三・六～四・八メートル）逆流したので、おそれをなしてふたたびお祭り申したそうだという話しがきかれるようになった。そのころになると、四足・二足・鶏の卵もニワ（土間）で料理をし、カッテ（台所）でたべればよいと神さまの方から譲歩するようになったりして、いまではそんなことに気をつかうひとはいなくなった。

この文中で、オコナイサマを川に流したら「上手の方に二～三間逆流した」という話しは、現在でも所有者の幾人かから聞くことができた。鶴岡市田川の少連寺に住む伊藤善一郎氏宅では、オコナイサマが二対ある。その理由は、近くを流れる川に洪水が起こったとき、どこかの家のオコナイサマが遡って上流に流れ着いたもの、と祖父の代から教えられたという。

また、肉や卵を食べることについて、「いまではそんなことに気をつかうひとはいなくなった」と記されてある。たしかに今はそういう禁忌はないという家も少なからずある。だが、巫女から「障子や戸を閉めて臭いをさせないで食べてくれ」と告げられ、それを今も守ってオコナイサマのある部屋では食べないという家は藤島町蛸井興屋にあった。

④御利益

閏年には、厚着になった紙の衣服を中から取り除くことが行われる。鶴岡市坂野下では、その取り除いた古い紙衣を海に投げると魚が釣れるという伝承がある。磯釣りに出かけるとき、誰にも知られぬように釣り箱の底に入れておくと大漁するという伝承もあった。(14) また、頭巾に巻かれた麻糸を取り替え、古いものは、苗取りの農作業で手首が痛む(それを地元では「そらで」という)とき、それを巻くと痛みが和らぐといって利用するのは、鶴岡市坂野下・青龍寺に住む所有者だった。自転車やコンバインなどのハンドルなどにも麻糸を巻き付けて、交通安全のお守りとする例も藤島町東堀越の所有者にみられた。

オコナイサマは家の守り神としての第一の役割のみならず、実生活の中で庶民の実利的なものと結びついた御利益ある神様と考えられている側面があることが知られる。

(5) オコナイサマの勧進

『温海町の民俗』にはオコナイサマの勧進について詳細に記しているので参照してみよう。(15)

秋始末が終わってから、オコナイ様に赤い着物をかけて背にぶい、二、三人の主婦が連れ立って、鶴岡の在郷の村里に「オコナイ様遊ばせてくれ」と門付けして米の寄進をうけにあるいた。大正のころまでは、かなり広くこの習わしが行われていたようである。この勧進を「里遊び」「神遊び」「オコナイ様を遊ばせる」などという。終戦後、ミコを頼んで、神の託宣を聞いていたら突然オコナイ様が現れて「われは、オコナイであるぞ。家の外に回って貰いたい。」というので、村の親類の家四、五軒を門かけして米を貰い歩いた。そして、何年も続けたという（浜中）。庄内の平野部では、十月九日に家の女子が背負ってわが家の田もとを回り、ついで、豊かな百姓家を回り歩き「オコネェ様すすめてくださェ」といって米を貰い御飯に炊いて供える(鶴岡市田川)。温海町内にも、東田川郡や鶴岡の在郷から晩秋に二、三人連れの婦人が「オコナイ様すすめてくだせェ」といって勧進にやって来たものである。（中略）そういえば、温海町内でも、むかしは、暮らしに困る人がオコナイ様を借りて勧進に歩いたものだといっている。余目町家根合でも、むかしは、生活に困る人たちがオコナイ様を借りて背負い、各戸に勧進して歩いたものだという。（一二八戸のうち一戸がオコナイ様をまつる）このようにオコナイ様は「貧乏を救ってくれる神だ」と言う。

次に、『日本の民俗　山形』でも勧進について触れている部分があるので引用する。(16)

オコナイサマを祀る家では、秋になると「イナバ（稲場＝たんぼ）の風にあてる」といって、これを背中におぶい、たんぼをまわったあと村里を勧進して米銭の寄進をうけ、近隣や親戚の主婦たちが集まって巫女を招き、新しい紙を切った着物を、いままでの着物の上にかさねて着せる。

また、鶴岡市田川地区の勧進の様子は岡田照子の報告中にも描かれている。昭和二十五年（一九五〇）田川地区の蓮花寺の集落に住む人からの聞き取り内容である。[17]

毎年旧九月九日は菊の節供（句）で、家にあるオコナイ様を箱から出して床間に飾り、十日から十二日の間に子供たちが負い申して、悪事災難のないように稲場の風に吹かせて貰うとか、黄金の風を吹かせて貰うとかいって一軒一軒廻り歩く。そのときの服装は上から下まで全部晴れの日の装いで、下駄も新しく、着物もアゲベベ（赤い着物、美しい着物）を着たものだそうで、髪を結って四、五人連れで歩く姿はとてもよかったという。

オコナイ様を祀っている家に子供がいない場合は、近所から女の子を借りて来ても秋には必ず負い申したもので、風呂敷に包んで右肩から左脇下斜めに背負ってその上からかたびらを掛け、右の袖をオコナイ様にかぶせて、付け紐は風呂敷につける。風の強いときは赤い紐で上からゆわえたもので、二才から二十五才くらいまでは歩いたものだそうで、一軒から米一合ぐらいは出すので、大体二升程の米が集まるので、其の夜はこれで飯を炊き魚料理でうんとご馳走をしたものだということである。

以上の二つの引用資料は、次のことを明らかにしている。まず、余目・浜中・鶴岡・温海の広い範囲で、生活に苦しい人がオコナイサマを借りて勧進して米を貰っていたことである。調査中オコナイサマは「福の神」と聞いているという家々はあったが、かつては勧進において、まさしく「貧乏を救う神」の役割を果たしたものであることが実感される。

また、鶴岡市田川の蓮花寺集落ではオコナイサマの祭り日が旧九月九日で、この日は重陽の節句の日であったことが知られる。この日は女の子がオコナイサマを勧進して回ったという。この際、オコナイサマ所有者で女の子がいない家では、近所から借り出してまで勧進に参加させたとある。オコナイサマと女性の係わりを強く明示するものである。

ここで、田川地区の勧進の実態をさらに確認するため、地方新聞に掲載された「奇祭オグネさま」記事を参照してみよう[18]。

祭りは毎年九月九日に行われていた。祭神のオグネさまは長さ四十五センチほどの細い竹棒に、白い和紙を何枚もはりつけただけの簡単なもの。これは各戸にあって、ふだんは神だなのそばにまつってある。祭りの日になると十五歳以下の着飾った娘たちが、この祭神を八幡神社の神主方にもちより、祭神のオグネさまに新しい和紙をはりつける。その上に女の子の着物を二、三枚着せてノリトをあげてもらう。このあと娘たちはオグネさまを、背中におんぶして「オグネさまサ、進めてくなへ」（オグネさまにさし上げてください）と全地区を一戸一戸回り歩く。（中略）この祭りは食糧が極度に不足した昭和二十年ごろ中止された。いまもオグネさまをまつっているのは地区内に十五、六戸ある。その一人鈴木清恵さん（五十九）の話しによると、祭りは女の子たちにとって正月と同じように楽しい日で、オグネさまのある家に女の子がいないと隣近所の女の子が「代わりにおんぶさせて下さい」とうばい合いになったという。

以上のように、オコナイサマ（当地はオゴネさま）の祭り日と勧進には、娘たちが晴れ着を着て着飾り、髪も結って下駄も新しく、まさに正月のような晴れやかな気分で競うように参加している。正装して家々を回る楽しい行事であったことがよく伝わってくる。蓮花寺集落では、勧進を行う日が九月の十日から十二日のあいだで、紙衣の着せ替えは十月十二日だったとある。一方、田川集落では九月九日が祭り日と勧進の日でもあったようだ。

他方、同じ田川地区の少連寺集落での調査では、次のことを知ることができた。この集落では戦前は新暦十月十三日がオコナイサマの祭り日（地元では「神遊びの日」といっている）であった。この時期は、刈り取った稲を自然乾燥するため稲杭に掛けていたものをはずして家に持ってくる「稲あげ」に当たる。農作業の大きな節目の時期であった。

この日、男女の子供たちが一人一対のオコナイサマを背負い、その上に着物をかぶせて家々を回り、玄関に入るときに「オクネサマすすめて下さい」と声をかけた。お初（穂）といってだいたい茶碗一杯分くらいの米を貰うことができた。当集落では勧進が終わったあとに、鎮守の神様を祀る熊野神社に行き、貰った米を宮司に差し出してオコナイサマの着せ替えをしてもらった。その後は神社の中でご馳走をいただくことができたが、なんといっても子供たちはそれが大変楽しみだった。

当集落では蓮花寺の場合と違って、女子のみの参加ではない点が異なっている。同じ田川地区内の近間に位置する二つの集落だが違いがはっきりある。

田川地区内の宮野前集落でもオコナイサマ勧進があり、やはり同じように「オコナイサマすすめて下さい」といいながら子供たちが家々を回った。

このような勧進においては、オコナイサマの巡行神としての性格が明らかとなる。しかし、一部には金銭をいただく手段として利用しているに過ぎない人びともあったことは否定できないだろう。

(6) 巫女の役割

山形県庄内地方では、神おろし・仏おろしを職業とする盲目の女性をミコ（巫女）と称する。最上地方や村山地方ではオナカマと言う。庄内地方で巫女を職業とする人は、三川町猪子、旧羽黒町細屋、鶴岡市湯田川・水沢・茅原、旧立川町清川、旧櫛引町黒川・山添などに在住した。時代が遡ればさらにその数は増加するだろう。巫女の託宣や口寄せは、庶民が日常生活の支えや指針として必要としたからだ。しかし、今では高齢となって廃業した人が大部分だが、現在も細々ながら昔ながらの役割を担っている人もいる。

調査時、三川町猪子に住む太田みさえ氏は現役の巫女であった（故人）。三十過ぎてから巫女になり、およそ四十年が経過する。二〇〇二年十二月二十二日に太田氏の自宅を訪問し、直接お話しを伺うことができた。

太田氏は依頼を受ければ、オコナイサマの紙衣装の着せ替えを毎年行ってきた。まず、一対で紙切りから始まって着せ替えが全部終わるまで、およそ二時間かかる。そのあとオコナイサマを両手に持って神歌をうたう。神を引き寄せる主要儀礼である。神歌とは次のような内容である。

正月は歳のはじめの福男、家内安全祝いそめけれ　祝いそめけれ
二月は高嶺平田の雪解けて　まず咲く花の雪解けて　まず咲く花の雪解けて
三月は桃の祭りに会う人は　千歳の祈りの　のむや必ず　のむや必ず
四月は卯月八日の花盛り　谷に鶯　花とこそ棲む　花とこそ棲む
五月はアヤメ・ヨモギ咲きそめて　家内安全祝いそめけれ　祝いそめけれ
六月はこぶくこずよに眺めれば　蝉のから声天に響かす　天に響かす
七月は稲の上照らす稲妻の光さして　富ぞいれます　富ぞいれます
八月はいと長かれや桂すめ　四方の山辺に紅葉染めけれ　紅葉染めけれ
九月は菊の祭りに会う人は　千歳の祈りの　のむや必ず　のむや必ず
十月はごにちあられにとどめたや　神にあらわれてやしろ定まる　やしろ定まる
十一月は何を頼りにこの冬を萱にかかりし　雪とこぞ棲む　雪とこぞ棲む

（「十二月は」と前置きしない）霜柱　雪にけたごに雨たるき　神道は　ちみち　ももみち　みちななつ　なかなる道は神の通い道　よろごとも　よもやのけずの　かんだめし　オコナイの衣も袖も広けれど　つつみにあまる今日の喜び

この神歌とは、巫女に神が寄りつくために必ず歌われるものであるが、何の神を呼び込むかによって歌詞は適宜、部分的に変えて歌うという。神歌ののちは、いよいよ託宣が始まる。そこでは「十一月十五日には出雲の国に旅立つので、朝に見送ってほしい。帰ってくるのは三月三日になるの

写真２　オコナイサマの神歌を教えてくれた故太田みさえ氏
（三川町猪子地区　2002 年 12 月 22 日）

で、そのときも朝にお迎えしてもらいたい。見送りと迎えのどちらのときにも、赤いお膳二人分にお神酒・尾頭付き焼き魚・小豆御飯を供えてほしい」ということが告げられる。太田氏は「帰ってくるのは三月三日」といっているが、巫女によっては「三月十五日」ともいったようだ。旧藤島町蛸井興屋でオコナイサマ所有者から聞いたのは、後者の日付だった。

その蛸井興屋において聞いたことは、オコナイサマが「出雲の国に行くのが遅れると、門番にさせられるので早く着替えさせてほしい」という要望もするのだという。このことに関連するものとして、前掲『日本の民俗　山形』に、「オコナイサマはオコロモガエがすむと喜んで、出雲大社に伺候しても、ほかの神々の上座につくことができるようになる」と記されている。巫女によってはオコナイサマが出雲大社に伺候する神であることを告げているようだ。

先に記した「稲穂の風にあててほしい」「稲場の風を吹かせてほしい」というオコナイサマ自身の願いもこの託宣の中で語られる。

託宣が終われば終了ではない。オコナイサマ所有者から巫女に対してのさまざまな質問があり、それへの受け答えがある。たとえば、これから一年間家族に不幸や事故などないか。一人娘に婿の貰い手があるか。亡くなった親や夫はあの世でどうしているか。子供の入学試験はうまくいくかどうか。こういう最も身近で切実なことを問いただすのだ。そして、神にかわって巫女が答えるその内容について、質問者は一言ももらすまいとして真剣に耳を傾けるのである。

オコナイサマの持ち主にとって、ご神体の着せ替え儀礼をしてもらうことが目的ではあったが、この巫女が告げる生活諸事への占いが関心事でもあったことは想像に難くない。ただし、太田氏は要望があれば「仏の口」（口寄せ・仏おろし）もおこなって死者の言葉も伝えていたが、ここ三、四年まえからは体が非常に疲れるのでやめているということだった。オコナイサマの客は時間的・体力的に一日三人が限界だという。

先にも取りあげた岡田照子の報告のなかに、巫女とオコナイサマ所有者との関係を物語る重要な場面が描写されている。少し長くなるが引用する。(19)

市内小真木の太田某女がオコナイ様を遊ばせる所をみせて貰った。彼岸が近くなると巫女はいそがしくなるので（九月からは仏の口を聞けるので）前から時間を約束しておかねばならぬ。特にオコナイ様を遊ばせる時には長くなるので大変だという。此日に集まる人びとは正に里帰りか女の慰労の日かとも思われる程、弁当を持ち裁縫や継物を持参して一日をゆっくり楽しみながら村から町へ、親類や近所の人びとを誘い合わせて一つの団体を形成してやってきて、それぞれに神遊ばせをし仏の口よせをする。過去った人びとの多くが巫女の口を通して語るいろいろな言葉に思い出の涙を誘われたりして、結局清らかな気持ちになり、主婦としての務めを果たし得た様な安堵の念を抱いて帰る。巫女に行かぬうちは仕事が片付かないと考えているのである。（中略）巫女も一軒分の神遊ばせを終わって次の家の神様を遊ばせるために梵天を裁ちながら今年の作柄や畑の収穫の事、はては家庭のいざこざまで、あれやこれやと話し合っているところをみると、まったくよい相談相手といった感じがする。こんなところに巫女の繁昌する原因がひそんでいるのであろうか。

かうして、大神宮（謝礼は白米一升以下、括弧内の数字はその神を遊ばせるための謝礼である。）・水神（五合）・稲荷（五合）・ろくさん＝安産祈祷（五合）と進んで、衣替えのできたオコナイ様（一升）を両手に持って遊ばせはじめる。その次第は、まず一礼をし、オコナイ様を胸の高さに捧げ、次の様な十二ケ月のうたをとなえるのであった。

「十二ヶ月のうた」とは、先に記した太田なみえ氏から聞き取りした内容とほとんど同じものであった。（ただし、最後の十二月の内容は異なっている。）

ここで浮き彫りとなるのは、やはり主婦に対する巫女の果たす役割の大きさであろう。それも、着替えしてオコナイサマを遊ばせる以上に、仏の口寄せや作占い・家庭相談事における巫女のアドバイスの占める位置の大きさである。さしずめ巫女はカウンセラー的役割を負っていたとでもいうべきであろうか。

(7) オコナイサマの語源と由来

オコナイサマの語源として語られるものに、「お宮内（くない）さま」説がある。お宮内さまとは「宮内太夫」のことであり、それは元和八年（一六二二）に庄内に入部した庄内藩初代藩主酒井忠勝のことである。庄内藩では、翌元和九年に領内の検地を実施するが、その検地の際の伝承が今に伝わっているのだ。

つまり、検地のときに一間の棹を使って田圃の面積を計測する際に、実際は一間と一尺五寸の縄のびをして測量してくれて、農民に一尺五寸分だけ増収になるように配慮してくれたという。そこで農民は宮内太夫の善政に感謝する意味で、縄のびしてくれた一尺五寸の長さの棹をご神体として、それに和紙を被せてオコナイサマと称して祀ったのが由来だという。戸川安章も「検地棹の頭部を切りとって神とあがめたものだというこの地方の伝承」に言及している。[20]（ただし、戸川は「オコナイ」の語源を「修法」の意にとらえている。）

この語源・由来説は、筆者の調査中オコナイサマ所有者のかなりの人から聞かされたものである。現在も「オグネサマ」と呼ぶ地域が相当あることも事実である。しかし、為政者の縄のびの計らいということは、田園が広がり稲作がさかんな庄内地域に生まれがちな美談ではあるが、現実にあったとは考えにくい。

たしかに検地の際、細見竹の中間に立て水縄を十字に張る目安として使用した四本の梵天竹の先端部分とオコナイサマの形状がおどろくほど酷似している。先端部分（竿頭）には切れ目をたくさん入れた短冊状の紙が垂れ下がっており、まさしくオコナイサマの原型を思わせることは確かである。しかし、残念ながらオコナイサマの起源であると結論づける十分な根拠は示しえない。

一方、「お宮内さま」説とはまったく違った説がある。柳田国男は、「山形県下のオクナイサマは修法神の意味であるらしい」「此名が行法のおこないであることは、もう誤りが無いと言ってよい」と言いきっている。[21]柳田のいうオクナイサマとは、現在のオコナイサマと同じものだろう。

岩井宏実は「オコナイとは年頭における農耕予祝儀礼であるが、仏教の修法である年頭の修正会が、民間の信仰・習俗と結びついたものである。こうした行事は、多く天台・真言系の仏教文化がゆきわたったところにみられる」と述べている。[22]

また、オコナイとは『源氏物語』などに見える仏教修法（修行）の意を転用しており、稲の稔る頃にその充実をはかる呪法を「オコナイサマ」といい、庄内地方のオコナイサマもそのことと直結していると解説するものもある。[23]

3、考察―オコナイサマとオシラサマの比較検討―

庄内地域のオコナイサマを考察するには、東北地方に広範囲に分布する同じ家の神であるオシラサマとの比較検討を通して行われることが大切である。

前述の繰り返しとなる部分も多いが、ここでオコナイサマとオシラサマの同一性と差異を浮き彫りにして、東北の家の神信仰のなかのオコナイサマの姿をよりいっそう明確にしてみたい。

この場合、「オシラサマ」と一口に言っても各県・各地域によって実態は異なるものがあるので、共通項を取り出したオシラサマの姿との比較にならざるを得ないこと、オシラサマについては先

写真３　一対のオシラサマ（岩手県遠野市個人蔵　1982年９月13日　日本民俗学会にて）

行研究の成果が示されている論考・資料等を大いに活用させていただくことを断っておく。

①包頭型と貫頭型

庄内地方のオコナイサマは、すべて頭を覆う包頭型で共通している。一方、オシラサマには頭を出して布を覆う貫頭型もある。一般に認識されているのは、包頭型と貫頭型との混在地域は岩手県中部・南部と宮城県北部である。包頭型は岩手県北部の軽米町から青森県域に入ると圧倒的に多くなり、貫頭型はほぼ姿を消す。このような地域分布からすると、庄内地方のオコナイサマは岩手県北部から青森県に多い包頭型につながることになる。なぜここだけが近隣地域とは切り離された異なるスタイルとなったのかが課題である。

なお、貫頭型（あるいは一部包頭型）には、頭部の形状から馬頭・姫頭といわれるかたちのものがあり、それは養蚕と馬の文化に結びつく要素を持つ。造型が刻み込まれない竹棒からなるオコナイサマは、そういうこととの関連は薄いと考えなければならないだろう。

②紙と布の衣服

オコナイサマが紙の衣服であるのに対して、オシラサマは布の衣服であり、赤系統の布地が多い。オシラサマの衣服はオセンダクといわれる。オコナイサマのそれも、オセンダクとかオコロモと言っていたことがあるようだが、現在はそういう言い方は調査範囲では聞くことはなかった。

共通点は着せ替えを一年に一度おこなうことである。ただし、オコナイサマは閏年に古くなった中の紙を取り替えて着ぶくれをふせぐ慣習がある。また、紙・布ともに裾部分に切れ目を入れ、あえて短冊状に細く切って着衣させるものが多いことも類似点の一つだろう。

オシラサマなど東北の家の神信仰圏のなかで、オコナイサマのみがすべて紙によるのは何故か。庄内地方が特に和紙の生産地であったわけでもなく、むしろ和紙は山形県の内陸方面や県外から取り寄せていたほどで、地元ではほとんど漉かれていなかった。和紙の需要は出羽三山に関連す

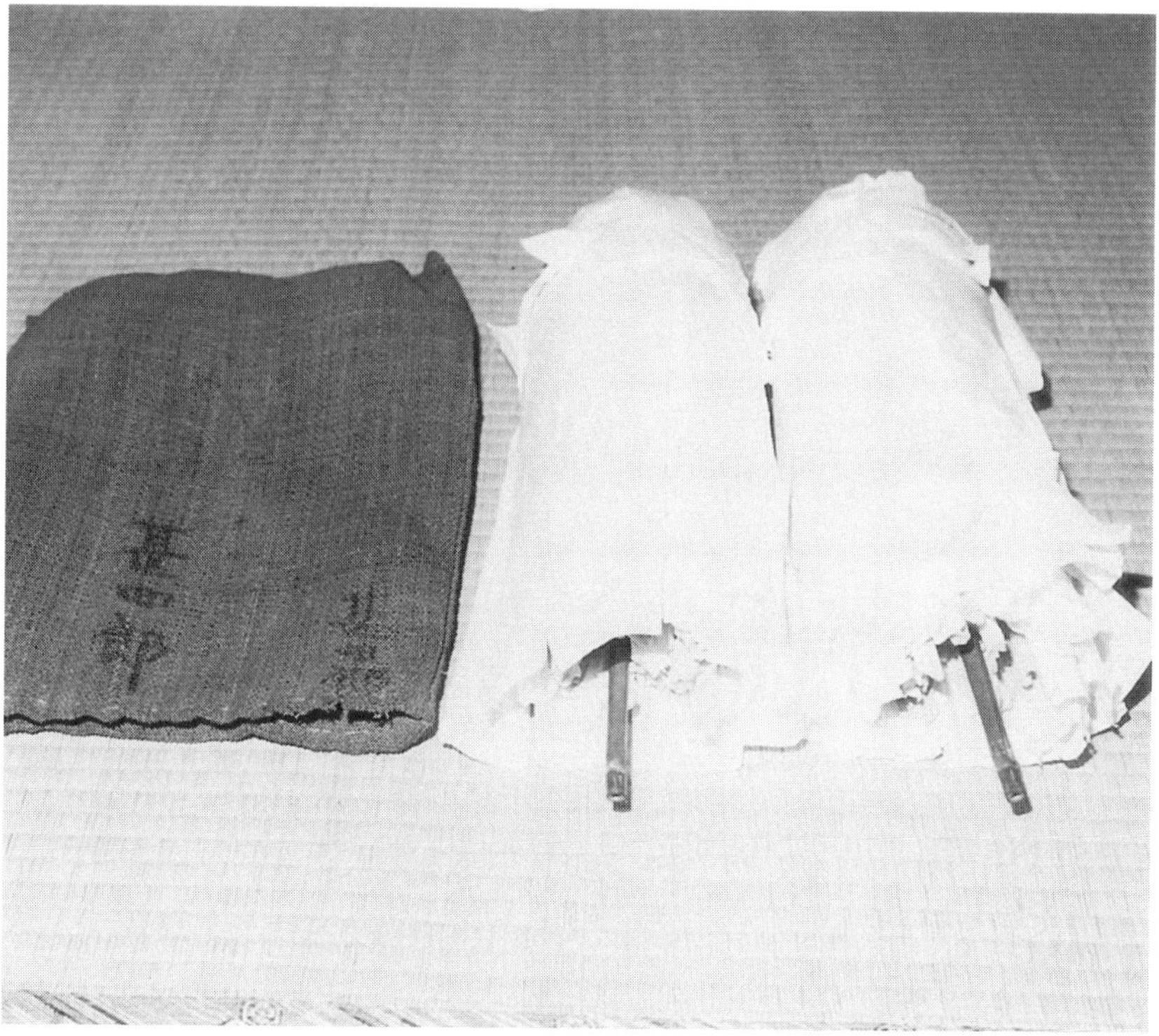
写真４　細い竹を芯としてつくられているオコナイサマ
（鶴岡市堅苔沢地区個人蔵　2003 年 1 月 18 日）

る信仰上の必要から生じたことが考えられる。とすれば出羽三山修験者と巫女とオコナイサマの関係が浮かび上がるが、明確にどう結びつくのか明らかにするにはなかなか困難さが伴う。

筆者は衣に紙を使用したのは、後述するとおりオコナイサマを本来御幣や梵天として扱ったことに起因しているのではないかと考えている。

③竹と木からなる芯

オコナイサマの芯は例外なく竹でつくられてい

る。オシラサマについては、宮城県は竹と桑の木が半々、岩手県の県南地方にも竹製のものがある。竹製の場合はスタイルが一貫して包頭型である。竹には何も記されたり造型されたりしないので、そこからの手掛かりはまったくつかめない。

オシラサマの場合は、この芯の部分に梵字や神名、年月日が記されているものが相当数ある。年号の最古は、現在のところ岩手県の「大永五年」(一五二五)と報告されている。[24] 工藤紘一は「岩手県南地方から宮城県にかけて分布する巫女をオガミサンという。このオガミサンが修行を終え独立するとき師匠からもらう道具の一つがオシラサマで、これが竹のものだというから、竹のオシラサマはもともとはオガミサンと関係があったのだろう」と述べている。[25]

庄内地方のオコナイサマも巫女とのかかわりが強い地域である。しかし、オコナイサマが巫女の持つ呪具であった事例は、これまで一つも報告されていない。すべては個人の家の中に祀られる神である。呪具として用いられる話しは筆者の調査のなかでも聞くことができなかった。

それにしても、オコナイサマは何故一貫して竹製なのか。前述した「お宮内」・検地棹説からくるものなのか。鶴岡市にある(財)致道博物館常務理事の犬塚幹士氏によれば、庄内地方は竹の豊富な地域であるとは必ずしもいえず、生活用具として用いる太目の竹はよその地から移入していた。ただ、オコナイサマに使うような細身の竹は地元でもとれるという。

ひるがえって思い出すに、天の岩戸の神話のなかでは、アメノウズメノミコトが神懸かりになって踊ったとき手にしたものは小竹笹《ささば》であった。笹は神の依代でありシャーマンが憑依する際に必要な呪具であった。御幣や梵天の芯はほとんどが竹である。竹の持つ神秘的な呪力・霊力に魅せられて、日本では箕・籠・櫛・箒などが祭祀儀礼や装飾に用いられる事例は豊富にみられる。そこに竹の民俗誌が生まれているが、オコナイサマもそういう文脈で理解すれば、ご神体の芯が竹であることは十分うなずける。

④多様な祭日

オシラサマの場合、祭日は一月・三月・九月の十六日のいずれかである。青森県・岩手県は一月十六日が多い。（ただし、青森県津軽地方はオシラサマの総本山久渡寺の影響で五月十五・十六日である。）宮城県は三月と九月の十六日が多く、この日行われるノウズラサマという農神祭と習合している。だからオシラサマは田の神、農耕の神という認識も濃い。

一方、オコナイサマの祭日は一定した期日はないといったほうがいい。前述のとおり、かつては旧暦九月九日、新暦十月十三日とする地域はあった。現在では着せ替えの日が祭日と考えられ、巫女による場合は九月の半ば頃（稲刈り以前の時期）、神官による場合は十二月末の古月祓いの時期である。

⑤祀りと祭り

オコナイサマは比較的旧家に祀られる地域もあれば、本家と分家に関係なく祀る地域もある。若月麗子の調査による藤島町古郡地区の菅原家の場合は[26]、祀っているオコナイサマは男女二対であり、一対は自分のもの、一対は同族のものである。同族で祀るオコナイサマは四軒で、毎年当番を決めて輪番制で祭りを行う。毎年九月一日から十五日までの間に祭りを行い、その日は巫女に来てもらい当番宿で衣替えをしていた。今のところ、庄内地方において同族で祀るオコナイサマの事例は、菅原家以外知ることができない。

オシラサマの場合は、同族型、家族単独型、地域参加型など多様である。青森県下北地方と南部地方では村の本家や旧家にあたる家で祀る場合が多い。津軽地方では個人の家で祀る場合が多い。また、一年ごとに宿を決めて輪番で祀る地域もある。岩手県の場合は大体その地区の旧家が所有する例が多いようである。宮城県は本家筋の家で祀る場合が多く、それに分家の女性が加わるかたちをとって一族の祭りとなっている。

⑥巫女の関わり方

柳田国男は『大白神考』のなかで、「家家には旅のイタコを招請するよりも以前から、毎年日を定めて祭るべき神があり、其際には必ず用いらるる一種の木の採物があって、其名と操作の様式だけが、この雇われみこの新しい力によって、改まって来たものでないかどうか」と問題提起していたが、結局柳田は、オシラサマは家刀自の祭るものから職能者のイタコ（巫女）が祭るものへと祭祀者が変遷してきたとみている。(27)

三崎一夫は、宮城県の場合、「オシラサマの祭祀に巫女が関与する事例はすべてではなく少数に属し、祭日に巫女が全く関与しない地域もあり、この習俗は二次的なもので、オシラサマ信仰と巫俗信仰とは別の信仰現象と考えられる。（中略）オシラサマ信仰と巫女の信仰は別の信仰現象であり、オシラサマ信仰衰微にともない、司祭者である主婦が祭りの一部を巫女にゆだねるようになり、彼女らが関与するようになったのであろう」と述べている[28]。

佐治靖は「岩手県下のオシラサマの信仰をみると、祭祀に民間巫女が関与するものと、全く関与しないものとの二つの祭祀形態が存在している。後者の場合、元来民間巫女の関与がなく、地域社会の一般住民だけで祭祀を行ってきたものと、民間巫女が地域社会に存在しなくなり伝統的な祭祀の形を変えざるを得なかったものである」と述べている[29]。

庄内地方のオコナイサマについては、祭日、つまり現在の衣替えの日は、衣である紙を新たに重ね着してもらうため、特定の地域をのぞいて主婦は必ず巫女の関与を求めた。むろんそればかりではなく、終わったあとの託宣や口寄せも目的としたことは先述したとおりである。オコナイサマへの巫女の関与は衣替えと託宣に集約される。

また、オコナイサマの場合、神歌をうたうときに巫女は両手に持つことはあっても、呪具としてそれを用いる事例は聞いたことがない。ところが、東北のオシラサマには、家の主婦が祀るものと巫女が職業的に所有するものとの二種が認められる。庄内地方のオコナイサマは巫女の手にはなく、あくまでも一般各人の家に祀られる神なのである。

オシラサマには信仰起源物語である「オシラ祭文」（オシラサマ分布地の南部方面は「縁起」・「本地」という）がある。巫女はオシラサマを両手にとって、オシラ祭文を唱えることによって神霊を憑依させる。オコナイサマでは、巫女は一月から十二月までの神歌を歌いながらやはり両手にオコナイサマを持ち、神を憑依させる。オシラ祭文と神歌は内容が全く異なるが、憑依させる手段としてご神体が用いられることに同一性がある。オシラ祭文が語られないことは、庄内におけるオコナイサマが養蚕神としての性格が薄いことにつながるかも知れない。

⑦神遊ばせの構造と女性の関与

オコナイサマの場合、神遊ばせとは巫女が紙の衣を着せ終わったあとにご神体を両手に持って神歌をうたう行為、つまり神おろしの作法・儀礼に限定していわなければならない。これはオコナイサマに限らず、集落の神々を呼んで神おろしをする場合でも神遊びという表現をとる。つまり、神遊びの言葉は狭い意味で用いられているのである。オコナイサマは巫女の関与がなく、神おろしを行わない神官に衣を着せてもらう場合も少なくない。その場合、いわゆる神遊びはないとみなさざるをえない。

そこで、先にあげた藤島町古郡の菅原家の場合は、オシラサマに似た神遊びが行われているめずらしい事例として注目される。すなわち、オコナイサマの祭りがひととおり終わった後、ご神体をすぐに納めない。夕方までオコナイサマを背負ったり手にとったりして神遊びを行うという。その間、同族の一軒ごとに家族の運勢や占いなど巫女の託宣を伺う。

オシラサマの場合は、いわゆる「オシラ遊ばせ」というものがある。これはオセンダクという衣を着せること、主婦や子供が背負ったり抱いたりすること、巫女が関与する場合はオシラ祭文を唱えて神おろしをすることや託宣・占いをほどこすことなどをさし、祭当日に行われる一連のオシラサマ祭祀儀礼の全体ととらえられる。現在巫女の関与がなくとも、家族や親戚、あるいは

写真５　普段は神棚に祀られているオコナイサマ（左端）
（鶴岡市東堀越地区個人蔵　2002 年 12 月 14 日）

近所の人びとで布を着せたり、抱いたりして遊ばせるのである。オシラサマを遊ばせることを「ほろぐ」とも言っている。いうなれば、オシラサマの神遊びの構造は重層的といえよう。

オコナイサマ（着せ替えで巫女が関与する場合）とオシラサマにおいて、神遊びが成立する共通要素は、参加者が女性に限定されていることである。山の神信仰成立の共通要素に男性があげられるが、それとは全く逆の信仰現象が家の神信仰に起きていることが指摘できよう。東北の家の神はほとんどが女性の神であり、子供が好きで遊ばせてもらうのを大変喜ぶ神としてとらえられる。

⑧勧進・遊行性

オコナイサマの勧進についてはすでに詳述したが、オシラサマにも勧進があったことを柳田国男が記しているので引用しよう。(30)

南部領の村々では、春の三月の十六日などに、小兒がこのオシラ様を背に負うて、家から家へ遊びあるく姿を、前にはよく見かけたものだといふ。小兒は恐らくは最初からの祭主では無かつたらう。古く家の神の信仰がまだ濃厚であった頃には、家刀自がこの木體を奉戴して、遠近の有縁を勧進してあるくことが、神を怡ばしめ申す大切な作法ではなかつたらうか。

また、柳田はオコナイサマの勧進についても次のように言及している。(31)「荘内のオクナイサマをおもりする家々でも、主婦は少なくとも一年に一度、この問題の木體を背に負うて、ホイトをしてあるかなければならぬといふ、迷惑千萬な義務があった。」

以上、オコナイサマもオシラサマも、ともに家の中だけで祀られるものではなくて、一年に一度は家々を遊び回ることが必要な要素をもつ神であったということが認められる。また、それを持って寄付を前提とする勧進行為が公然と承認されるものでもあった。家の神の霊験というべきか、時代の大らかさとでもいうべきか、オコナイサマやオシラサマを背負って歩く主婦や子供が「ホイト」(乞食)となり、喜々として、はたまた渋々ながら、村の中を勧進・遊行する光景が浮かび上がる。

なお、福島県に多いオシンメサマは病気を治す神としても知られるが、この神は外を歩いて病人の家を回って歩いて触って治すといわれる遊行性をもつ神である。オコナイサマ・オシラサマ・オシンメサマは巡行性・遊行性において共通する神の性格を示す。

⑨禁忌・霊験

オシラサマとオコナイサマの嫌うものは、四足二足の鳥獣の肉であり、一定のルールを守らないと祟りが起きて口が曲がるということは共通している。ご神体を川へ流そうとすると逆流して元に戻り、他人に拾われ再び祀られるという霊験も同じである。ある時点で修験などの宗教者の影響を受けたのではなかろうか。

⑩神の機能

庄内地方の家々では、内陸地方とちがって注連縄を張ったじつに大きく立派な神棚が拵えてある。その中央には天照大神がみごとなお社に鎮座して、そばに大黒様や恵比寿様、オコナイサマが祀られている。オコナイサマはだいたいが小型で簡素なお社に納められ、丁重な扱いを受けている様子がどの家に行っても感じられる。

しかし、オコナイサマは何の神なのか。地域や所有者によってさまざまな答えが返ってくる。調査範囲においては何の神として祀るか明確にはわからぬまま祀る家が多い。聞くところによれば、祀っていること自体さえわからなかったという例すらあるという。日常的に神の御加護などにあまり関心が払われなくなりつつある時代背景が滲み出ている。それでも漠然と、わが家を守っている神、家の神という認識はだいたいあるようだ。

そのようななかでも、オコナイサマは田の神、養蚕の神、火伏の神、福の神という話しを聞くことができた。鶴岡市、温海町の海沿いの集落を聞き取りに歩いたが、不思議にも漁業の神ということはなかった。山五十川の山間の集落を訪ねたが、ここでは何の神、どんな御利益があるのか不明のままだった。この集落では、大黒、恵比寿、稲荷、白山、虚空蔵の神々などが家の神棚や敷地内にたくさん祀られてある。

山形県内の養蚕信仰を表すものでは、二月と十月の十六日の「オッシャガミ」の日がある。この日は白鷹町周辺では餅をついて供える[32]。西川町大井沢では二月の十五日から十六日にかけて隣組の主婦が当番宿に集まり、庭に杉の生木を立てて梵天にみたて、それを「オッシャ神様の休み木」として礼拝し甘酒などを酌み交わす[33]。

山形県ではオッシャガミは姿や形をまったくあらわさない。名称は明らかにオシラサマにつながると思われるが、ご神体は形象化されず祭祀形態もまるで異なっている。山形県内陸部の置賜地域周辺ではこのように養蚕神が意識され、庄内地域のオコナイサマとは違う信仰状況であることが指摘できる。

いうまでもないが、青森・岩手・宮城の各県のオシラサマは、オシラ祭文や桑の木に刻む馬頭・姫頭のご神体から、一般には養蚕の神という印象が強い。しかし、そればかりではなく目の神、

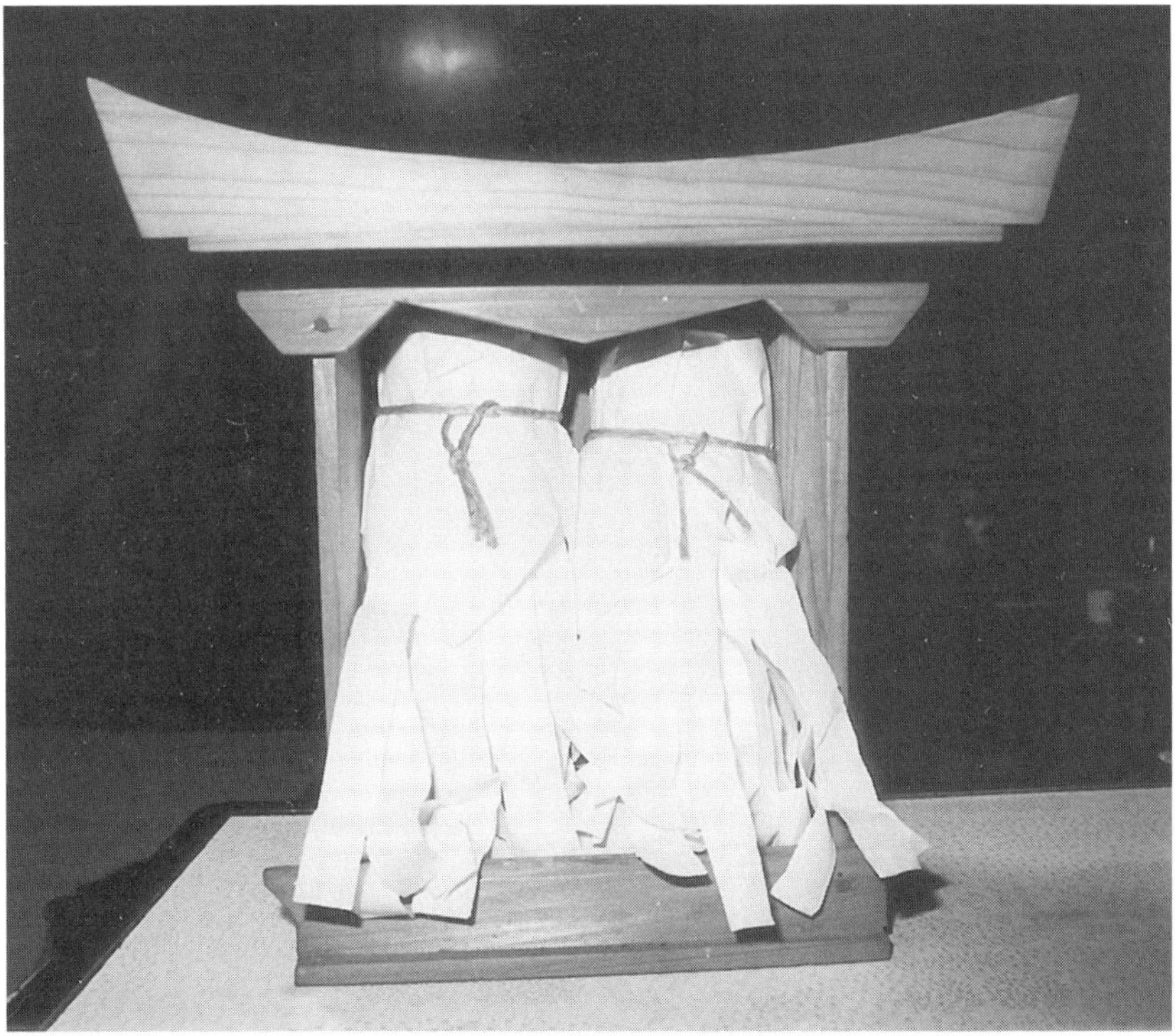

写真６　小型のお社に納められている一対のオコナイサマ
（三川町菱沼地区個人蔵　2002 年 11 月 9 日）

火の神、農神、漁業神、災難除けの神、狩猟の神など多様な姿を示している。そういう中で、オシラサマも結局はオコナイサマと同じく、共通項である「家の神」として集約することができるだろう。

⑪オコナイサマ・オシラサマ同一論

金野静一は岩手県南地方の巫女の祭文のなかに「オコナイが、アシゲノ馬に手綱よりかけ、高間より降りカンナイを守るという」の文言があると指摘する。[34] また、佐治靖も青森県三戸郡南郷村古里の調査でイタコに憑依したオシラサマの語りの中に「手にとればこそ、われに懐く、天に輝くおこないさまのことなれば、当年の年にとりおいて知らせおくほどに」とあるという。[35]

このようにオシラサマ信仰圏のなかに「オコナイサマ」が混入するとはどういうことか。オシラサマとオコナイサマの間にはどういう関係図式が成立するのであろうか。

江戸時代の菅江真澄は「雪の出羽路平鹿郡」に「行神ノ図」を描き、「オコナヒ神」と「オシラ神」を同一神として捉えている様子がうかがえる。[36] 柳田国男はオクナイサマ（つまり庄内地方のオコナイサマ）について、『遠野物語』のなかでは「部落には必ず一戸の旧家ありて、オクナイサマといふ神を祀る」「オクナイサマを祭れば幸多し」「オクナイサマはオシラサマのある家には必ず伴ひておはす神なり」と書き、オクナイサマとオシラサマの混合した信仰状況を描き出している。[37]

さらに柳田は、「北隣のオシラ地域に於いても、稀ならず此名が用いられ、それを別種の如く思ふ者もまだ無しとしないが、オシラサマという名の廣く通用するまでは、ここも或期間はオクナイであったかもしれない。とにかく布帛の代わりに紙を以て覆い包むといふ一點を除いては、今ある形象は最もよく相似ている」と書き、オクナイサマとオシラサマの同一性はおろか、一歩踏み込んでオクナイサマの名称の先行性までも言い及んでいる。[38]

ニコライ・ネフスキーは『月と死』のなかで、オコナイサマとオシラサマの同一神をめぐって問いを発している。[39] たしかにオシラサマ信仰圏において、オシラサマと言わずにオコナイサマと呼ぶ事例は実際少なくない。その例として、遠野市では青笹町字善王子・土淵町字土淵の地域をあげることができる。[40]遠野市内には六十三軒百六十九体のオシラサマがあるが、その七割以上はオシラサマと呼び、それ以外はオクナイサマ・オコナイサマなどの別呼称である。[41]宮城県内でオコナイサマと呼ぶ地域は、志津川町藤浜地区と本吉郡歌津町から桃生郡北上町までの地域である。[42]おそらくその他の地域でもいくらかこういう混在状況は予想できる。

しかし、柳田国男のオコナイサマとオシラサマを同じ神として捉える見方に対して異なる見解もある。たとえば楠正弘は、「羽黒山の周辺、荘内地方で祀られるオクナイサマは所謂『オシラサマ』ではない。宮城県北部、岩手県南部にかけて、イタコが所有する竹製のオシラ神があるが、これは、オクナイサマといわれるものが変容したものであるとの想定もできるが、それ故に、オクナイサマが『オシラサマ』であるとは言い得ないであろう」と批判して、それは「まとのはずれた想像である」と断じている。[43]ただ、オクナイサマの変容したものがオシラサマと想定できるとして、したがって両者は同じものではないと結論する楠木の主張も、いまひとつ説得力をもっていない。

4、諸説の整理

(1) オコナイサマ・オシラサマの原型と本質

喜田貞吉はオシラサマとは、アイヌの家の神チセコロカムイと同一起源をもち、そもそもは神に捧げる御幣・幣束ではなかったかという仮説を述べている[44]。ここで注目していいと思われるのは、『温海町の民俗』にオコナイサマの原型について、次のように記されていることである[45]。

昭和二十五年に、このうちの一体のころもを、ほどいて着せ直すことになった。ころもを一枚一枚ほどいっていったところ、最後に篠竹の先端を割って幣を挟んだ一本の御幣が残った。つまり、一本の御幣に毎年紙のころもを着せてきたことがわかった。

これは重要な発見である。一体の事例のみで断定できないが、オコナイサマとはそもそも御幣や幣束のたぐいであった可能性を示唆する場面である。岡田照子の論考のなかにも、オコナイサマの本体である一本の竹の上部には二つの穴があり、これにこよりを通してそれに若干の切藁がしばりつけてあったことが図入りで紹介されている[46]。他方、オシラサマについても幣束、木偶、

祝い棒、素朴な木や竹の棒などではなかったかという推測がなされている。(47)

オシラサマの着衣について、工藤紘一は「元来オシラサマには衿も袖もない一枚のキレを着せるのが原則だったようです」と語り、(48)佐治靖も青森県三戸郡のオシラサマの事例を紹介して、「かつては四角い布片の四方に切れ目を入れ、数多くの布片を付けたようにみせたという」と記している。(49)現在は一枚の布地であっても、芯に近い部分を覗くと布片である例も少なくない。このことから、オシラサマの着衣する布は本来着物として用意されたものではなく、はじめから切れ目を入れた短冊状の布きれであり、それを木に付けて御幣（幣束）あるいは梵天などの役割を意図したものではなかったかという仮説が生まれる。古来、布は幣帛（キヌ）として神に献上するものであり、梵天などに使用した。

オコナイサマやオシラサマは、そもそも単純な竹や木偶のようなものだったと仮定すれば、きまってオコナイサマの頭巾に巻かれる麻は、岡田照子の描いたご神体の芯の図では切藁にあたり、ここに麻がつけられていたこともありうる。麻も幣帛の原料として、神に供するものであることは今でも変わりない。

このように考えると、金野静一がオシラサマの原型を推測して、麻やひものようなものを竹や棒につけた祭具ではなかったか、(50)としたのはじつに現実味を含んだ仮説であり、それはオコナイサマについても当然当てはまる。

オコナイサマの地域的特徴として際だっているのが、すべてが紙と竹からなるという点である。これも御幣（幣束）・梵天が原意と考えれば、紙はいわゆる紙垂に起源をもち、幣串が竹であってこそ本来用いられるべきものに近いといえる。

オコナイサマとオシラサマは、神に祈り神を呼び寄せるために使う祭具や呪具の性格を持ったものであり、本来は家刀自《いえとじ》（一家の主婦）が中心となって使用したものと考えられる。だから両神は家の神として安置されてきたという本質をもつ。

⑵ 源流を求める南北の視点

オシラサマについての先行研究は豊富である。その源流や発生をめぐっては、さまざまな論争があった。おおざっぱにいえば、伊能嘉矩・喜田貞吉・田村浩にみられるアイヌに起源を求めようとする説があり、これに対する異論として、日本固有信仰をとく佐々木喜善説、大和民族の古代信仰が東北地方にのみ残ったとする柳田国男説などがあった。そのほか多くの発生論がある。

ここでオシラサマの原型を一対の木偶のようなものと仮定したとき、形態的・信仰的に類似する日本の素朴な木製の神々との関連をどうしても考える必要に迫られる。具体的には、関東や甲信越に多い小正月に祀られる一対の人形道祖神、主として小正月に神霊の依代、祭具として作られる削り掛け・削り花、山形県庄内地方に多い小正月の信仰に用いる一対の塞の神、イナウやアイヌの家の守護神として祀るチセコロカムイなどである。

楠正弘はオシラサマ信仰について、「東北地方に分布する特殊な信仰の一つであって、（中略）

北方的な要素と南方的（中央的）要素とが重なり合った複合的信仰の一つ」と述べ、[51]北方と南方どちらか一方の要素に還元すれば多少の難点を伴うとしている。オシラサマは双方の文化的要素が習合して生まれたとするもっともな見解が打ち出されている。

ここで、北東アジアに目を向けてみよう。サハリンや大陸のアムール川流域には、樺太アイヌ・ウィルタ（オロッコ）・ニブヒ（ギリヤーク）・ウルチ・ナーナイなどの諸民族が住む。その北方民族ウィルタには木偶である病気治癒のお守りや神様が多く作られる。なかにはイナウに似たイブスキという祈りに使用するご神木や、セワという木偶である同族の神も存在する。これら木偶の首には削り掛けが巻かれている。

ところで、門屋光昭は北方民族の木偶がシャーマンの祭具の一つでもあることに着目した。そして、オシラサマは家刀自を含めた巫女の採物の可能性が高いと考え、オシラサマ信仰が北方民族のシャーマニズムにつながる見解を述べている。[52]門屋が日本海を隔てた対岸のアジアへ広く目を転じてオシラサマの源流を探ろうとする考えには大いに共感を覚える。

庄内地方のオコナイサマについても、オシラサマと同系統の東北特有の家の神としてとらえるならば、この南北の視点を含んだ考察・検討の手が加えられなければならない。

5、まとめ

(1) 同じ系譜を持つ神

オコナイサマとオシラサマの信仰現象を比較してみるに、決定的な相違点は見出せない。双方の差異よりも、程度の差はあるものの共通する部分が多いことが明らかである。

オコナイサマ・オシラサマ・オシンメイサマなど、地域的に異なる呼称やいくらかの信仰現象の相違点については、同類の文化の流れがいくつもあった結果ではないかと考えられる。つまり、オコナイサマ・オシラサマ・オシンメイサマは同じ系譜の家の神として捉えられるが、あるたった一つの源流からのみ派生し成立したのではないと考えるべきであろう。やはり、南北の文化的複合性という視野の中でとらえていくことが肝要である。

(2) 家の神の性格と多機能性

オコナイサマとオシラサマは、田の神・養蚕の神・福の神・火伏せの神・目の神など、まさに多機能を背負わされた神である。しかし結局は、その家や一族、または地域の平和な暮らしを守る家の守護神としてとらえることができ、ご神体は代々家の中に祀られてきた。それは本来家刀自によって祭りが行われてきたことが多いことに起因し、したがってこの信仰は女性によって担われてきたという特色をもつ。

東北には、狭隘な耕地・寒冷地・ヤマセ・飢饉・多雪など、厳しい生活風土に身を晒して生きてきた庶民の歴史がある。人びとは家の神を祀って生業や一族の繁栄を求めた。幸福になるための知恵が、東北の家の神々を生んだともいえる。そこには、風土に抗いながら能動的に生きようとする北国の意思が表出している。

(3) 神遊ばせの機能

巫女が関与するばあいと関与しない場合でも、神遊ばせ・オシラ遊ばせが多くの所有者・地域で行われる。それをとおして得られる参加者の絆や心の安らぎには大きいものがある。

また、巫女が関与する場合、吉凶の占いや託宣にひたすら生活の指針や平安を見出そうとした庶民の姿があらわとなる。巫女の存在の大きさ、はたした役割の重要性があらためてクローズアップされなければならない。家の神として祀ることの意義とともに、神遊ばせをとおして得られる心理的効用が少なくないことが、一方ではこの信仰を持続させてきた要因とみる。

(4) 南北の複合的視座

オコナイサマやオシラサマを考察する場合、道祖人形や削り掛けなどに対する東北地方から南方への視点を持つとともに、アイヌを含めたアジアの北方民族に見られる木の守り神とシャーマンの存在などに着目して、そこに北東アジア的視点を加えていくことが大変重要だと考える。広域的な文化交流を想定するなかでオコナイサマやオシラサマをみていく必要がある。そうでなければこの家の神の本質はなかなか理解できないだろう。

日本文化はアジア大陸の北方から文化の流れが列島に押し寄せ、南や西からの文化の流れとぶつかり混合しながら重層的に成り立った可能性を見る。そういう視点に立ちながらオコナイサマやオシラサマ信仰の成り立ちを解明する糸口を見つけなければならない。

おわりに

山形県内陸地方のオナカマといわれる巫女の持つ呪具にトドサマがある(宮城県ではトデサマ

という）。中山町の岩谷観音は廃業した巫女たちがトドサマを大量に奉納する霊場であった。柳田国男はトドサマをオシラサマと同じとみなした。しかし、家に祀られるオシラサマと決定的に異なるのは、巫女が廃業すれば使用したトドサマは一代限りで用済みとなることである。代々使用されることはない。このトドサマとオシラサマの考察については、紙数がつきてまったく触れることができなかったが、本稿の主題である東北の家の神信仰を考える、もうひとつのポイントであると考えている。

菅江真澄は江戸時代にオシラサマを祀る巫女が羽黒山に大変多いというようなことを述べている(53)。とすればオコナイサマについても、羽黒山の巫女との関係を考える必要も生じてくる。戸川安章は「徳川時代には巫女と山伏とが夫婦となって祈祷のともかせぎをしていたということは、故中山太郎氏の『日本巫女史』にもみえるが、私の所蔵する『南部修験床帳抜書問答之留』という延享四年（一七四七）の記録をみても、巫女と修験が夫婦になっていた例は数多く挙げられ」るとして(54)、巫女と修験との関連を指摘している。

しかし、一方では「羽黒山に奉仕した巫女は二人いたが、口寄せはしない神楽巫女であった。一人は麓の仙道という村に住む榊という巫女で四石余、もう一人は鶴岡市の七日町に住む寄木（寄祈とも書く）と言う巫女で七石余の年俸を与えられていた」と述べている(55)。さらに戸川は庄内地方の巫女には「神みこ（鈴とりみこ）」と「町みこ」がいたと述べている(56)。つまり、オコナイサマを遊ばせたのは「町みこ」だった。口寄せをしない神楽巫女が「神みこ」ということである。

ここで問題なのは、菅江真澄のいう羽黒山にいる巫女とは誰をさすのか。口寄せをしない神楽巫女ではないと思われるので、戸川の論考にあるように修験者と一緒になった巫女たちを羽黒山の巫女といったのか。つまり「町みこ」である。ただし、この「町みこ」を真澄のいう羽黒山にいる巫女と考えていいのかどうか疑問が残るのである。
以上、言及できなかった点や疑問点についてはまだまだある。後日あらためて述べてみたいと思っている。

【注】
（1）『菅江真澄全集』第六巻および第八巻（未来社　一九七六年・一九七九年）には「行神（オコナヒガミ）」と出ている。
（2）柳田国男「遠野物語」『定本柳田国男集』第四巻所収　筑摩書房　一九六八年
（3）ニコライ・ネフスキー『月と死』平凡社　東洋文庫　一九七一年
（4）たとえば、つぎのような論考・研究誌がある。
戸川安章「庄内地方における巫女とおこない神」『民族学研究』第十八巻　第四号所収　一九五四年
戸川安章「オコナイ神随想」『東北民俗』第九号所収　東北民俗の会　一九七四年
佐藤光民「山形県庄内地方のオコナイ神信仰をめぐって」『民俗』第三十一号所収　相模民俗学会　一九五八年
若月麗子「同族で祀るオコナイ様」『民俗』第三十一号所収　相模民俗学会　一九五八年

岡田照子「オコナイ様に就いて」『庄内民俗』創刊号所収　庄内民俗学会　一九五一年
『田川の民俗』田川地区自治振興会　一九九六年
『温海町の民俗』温海町史編さん委員会　一九八八年
（5）旧藤島町については、上林幹夫氏の調査リスト（二〇〇二年十一月現在）、若月麗子氏の前掲書「同族で祀るオコナイ様」、鶴岡市については、仙場泰一氏の調査リスト（一九九七年八月現在）、旧羽黒町については、戸川安章氏の『出羽修験の修行と生活』（佼成出版社　一九九三）、旧温海町については前掲書『温海町の民俗』、旧余目町については、同じく『温海町の民俗』（一〇五ページ）、三川町については太田みさえ巫女への聞き取り（二〇〇二年十二月二十二日）、佐藤光民氏の前掲書「山形県庄内地方のオコナイ神信仰をめぐって」にある鶴岡市・旧立川町・旧温海町の地区名と所有軒数を参照した。それ以外については筆者が実地調査を試みた結果である。
（6）前掲　岡田照子「オコナイ様に就いて」
（7）『山形県民俗地図』山形県文化財保護協会　一九八〇年
（8）戸川安章「鶴岡の伝統行事」『鶴岡公報』所収　一九八四年
（9）戸川安章『日本の民俗　山形』第一法規出版　一九七三年
（10）同右
（11）同右
（12）前掲『田川の民俗』
（13）前掲『日本の民俗　山形』

(14) 前掲「オコナイ様に就いて」
(15) 前掲『温海町の民俗』
(16) 前掲『日本の民俗　山形』
(17) 前掲「オコナイ様に就いて」
(18) 山形新聞「奇祭オグネさま」一九六〇年十月十九日付記事
(19) 前掲「オコナイ様に就いて」
(20) 前掲「庄内地方における巫女とおこない神」
(21) 柳田国男「大白神考」『定本柳田国男集』第十二巻所収　筑摩書房　一九六九年
(22) 岩井宏実『地域社会の民俗学的研究』法政大学出版局　一九八七年
(23) 石上堅『日本民俗語大辞典』桜楓社　一九八三年
(24)『オシラ神の発見』特別展図録　遠野市立博物館　二〇〇〇年
(25) 同右
(26) 前掲「同族で祀るオコナイ様」
(27) 前掲「大白神考」
(28) 三崎一夫「オシラサマ」季刊『自然と文化』所収　日本ナショナルトラスト　一九八八年
(29) 前掲『オシラ神の発見』
(30) 前掲「大白神考」
(31) 同右

(32) 奥村幸雄『蚕の民俗』私家版　一九九五年
(33) 佐藤義則『大井沢中村の民俗』私家版　一九六八年
(34)『オシラサマ――オシラサマ・シンポジウム記録』一戸町教育委員会　一九八七年
(35) 前掲『オシラ神の発見』
(36) 前掲『菅江真澄全集』第六巻
(37) 前掲「遠野物語」
(38) 前掲「大白神考」
(39) 前掲『月と死』
(40) 森口多里「家でまつる神々-岩手県-」『民俗』三十一号所収　相模民俗学会　一九五八年
(41) 前掲『オシラ神の発見』
(42) 前掲『オシラサマ――オシラサマ・シンポジウム記録』
(43) 楠正弘『庶民信仰の世界』未来社　一九八四年
(44) 喜田貞吉「オシラ神に関する二三の臆説」『東北文化研究』所収　第一巻第二号　東京史誌出版社　一九二八年
(45) 前掲『温海町の民俗』
(46) 前掲「オコナイ様に就いて」
(47) 前掲『オシラサマ――オシラサマ・シンポジウム記録』
(48) 同右

(49) 前掲『オシラ神の発見』
(50) 前掲『オシラサマ――オシラサマ・シンポジウム記録』
(51) 前掲『庶民信仰の世界』
(52) 前掲『オシラサマ――オシラサマ・シンポジウム記録』
(53) 前掲『菅江真澄全集』第八巻
(54) 前掲「庄内地方における巫女とおこない神」
(55) 前掲『出羽修験の修行と生活』
(56) 前掲「庄内地方における巫女とおこない神」

二　オシラサマ・オコナイサマにみる津軽ミコと庄内ミコ

1、青森県津軽地方のオシラサマとミコ

平成二十二年九月十三日（月）から十六日（木）の四日間、青森県津軽郡鰺ヶ沢町在住のミコ、つまり当地方ではイタコと称される一人と、弘前市周辺のオシラサマ所有者七人に対する聞き取り調査を行った。オシラサマに対するイタコの関与のあり方という観点にしぼりながらその一端をまとめてみる。

写真７　きらびやかな衣裳をまとった一対のオシラサマ
（弘前市個人蔵　2010 年 9 月）

(1) イタコへの聞き取り

西津軽郡鰺ヶ沢町　平田アサ氏（昭和四年生まれ）

十歳から津軽市木造町のイタコ工藤ソドに弟子入りして、十三歳でミアガリ、つまり独り立ちして巫業を開業した。結婚は二十四歳のときである。二月に入ると集落ごとオシラサマ所有者が集まっている場所に呼ばれて出かけ祈祷を行った。それは「春祈祷」ということである。その場合、オシラサマを祭壇に並べて経文を唱え、太鼓を叩きながら祭文を語るがそれはいわゆる「オシラ祭文」ではない。オシラサマを両手に持って遊ばせることもしない。オシラサマは人形ではない。オシラ祭文は師匠から教わって身につけたが、五、六年前からオシラ祭文はやらなくなった。それをやると最近の若い人は関心がないらしく騒がしくなるからめったにやらないことにしている。

春祈祷では「オシラ遊ばせ」とは言わず「神様あそばせ」といって区別した。つまり、経文・祭文のあと「神寄せ」を行うことからである。この神寄せは「口寄せ」（仏おろし）とはまったく違う。神寄せとは、オボスナガミ（産土神）や十三夜様、龍神様などの神々を降臨させて、「〇〇歳代の人は交通事故に気をつけるように、〇〇歳代の人は病気に気をつけるように」などと注意を与える。それを参加者は一心にメモをとっている。

集落で「口寄せ」を行ったのは三十年から四十年前の昔である。しかし、現在も自宅に個人で訪ねて来た人びとには口寄せを行っている。毎年九月の彼岸には能代市に呼ばれて約二十名の方々の集まりで口寄せを行っている。自分の口寄せのやり方は恐山に来る小笠原ミヨや日向ケイコなどのイタコとは全然違うし、八戸や三戸などのイタコともやり方が違っている。毎年久渡寺の旧暦五月十五日の大祭には出かけており、本堂の外で口寄せを行っている。

写真8　オシラサマの首・胸元部分にあざやかな装飾品が飾られている
（弘前市個人蔵　2010年9月）

以上が平田アサ氏への聞き取り内容の概要である。津軽地方のイタコについては、桜井徳太郎の「津軽イタコと巫俗」が比較的詳しい(1)。そこには桜井が昭和四十一年・四十二年に現地調査した結果をまとめた「津軽地方のイタコ所在地一覧表」があり、五十六名のイタコの名前・住所・年齢が記されている。平田アサ氏の名前もこの一覧表で確認できる。桜井は、イタコが身分を秘匿している者も少なくないこと、青森市内の調査が十分でないことの理由で実数はもっと増える可能性があることを指摘している。ただし、五十六名のなかで十二名がイタコではなくてカミサマである疑いがあるとも述べている。

いずれにしても当時のイタコの健在ぶりが目立ち、近年の津軽のイタコは実数がつかみ難いほど少数である現状とは対照的である。それは約四十年間の社会状況の変わりようを物語る。

(2) オシラサマ所有者への聞き取り

① 弘前市狼森　オシラサマ所有者　秋元定子氏談（昭和三十二年生まれ）

秋元家に嫁いでから三十年になるが、それ以前から秋元家のオシラサマは夏分は狼森近くの小高い山に鎮座する山の神様のもとにおいている。十一月半ば雪が降る季節になると家に下ろしてくる。普段山にいるのは、家族からは「オシラサマは山にいて村を見ていたい」という理由からだと聞かされてきた。毎年、久渡寺の五月中旬の大祭が終わればまた山に返した。

毎年二月末頃に各家のオシラサマを公民館（集会所）に持ち寄り、イタコによるオシラ遊ばせを行い口寄せをしてもらっていた。しかし、近年はイタコはいなくなり近くのカミサマにお願いして「神寄せ」を行ってもらっている。オシラ祭文を唱えることや口寄せはない。以前はこのオシラ遊ばせに参加するかしないかを一軒一軒当番が聞いて回り、昼食希望者の人数や参加金額を把握していた。最近は三軒くらいのオシラサマしか集まらない状況である。今年は回覧板で知らせたが昼食もなく午前いっぱいで解散した。集落で管理しているオシラサマは当番制で年一回久渡寺に持っていくことにしている。

②弘前市狼森　オシラサマ所有者　秋元鈴子氏談（昭和十六年生まれ）

かつて、各自が持っているオシラサマは七月二十四日に狼森近くの小高い山にある山の神様の祭りに持っていった。そこには弘法大師、龍神、風神などを祀るお堂があり、この祭りではそれらの神々と一緒にオシラサマを遊ばせた。七月二十四日が宵宮であり、オシラサマを山に一泊させて翌二十五日の本祭まで遊ばせていた。祭り当日の本祭をなぜか「神楽」といっていた。弘前市一野渡地区からも何件かはオシラサマを持ってこの山の神祭りに参加していた時期がある。十五年くらい前までは一野渡地区の祭りに狼森地区からもオシラサマを持って参加していた。今年も山の神様のお祭りでは担当班がごちそうを準備して待っていたが、オシラサマを持って登って来る人や、そのほかの集落の人もだれも来なかった。

狼森地区では七軒がオシラサマを所有している。一月末頃に集会所に各家々のオシラサマを持ってきてイタコによるオシラ遊ばせを行ってきた。二〇〇四年には秋元定子氏のオシラサマと地区所有のそれを祭壇に飾ってオシラ遊ばせや「神おろし」をしてもらった。しかし、それも昨年から中断している。イタコを呼んでいた頃は一回あたりタクシー代を含めて二五、〇〇〇円くらいの費用がかかっていた。イタコは平川市平賀町や大鰐町に住んでいた。現在久渡寺には五月最初の日曜日に神遊ばせに行っている。

③弘前市乳井　オシラサマ所有者　棟方栄子氏（昭和五年生まれ）

乳井地区では戦前からオシラサマ所有は三十五軒あり、現在でもその所有者名簿があって役員もいる。なかにはオシラサマを二対持っている家もある。地区では以前は春、夏（お盆過ぎ）、秋の三回にわたって「シラカミサマ遊ばせ」（または「神遊ばせ」）を行っていた。かつては当番宿を会場にして行っており、棟方家が当番宿だったときには、神遊ばせにオシラサマ所有者以外も参加していたので約六十人分の食事弁当を準備した。現在は公民館を会場にして年一回のみ行っているが、参加者はオシラサマ所有者以外にいなくなった。会費は参加者が一、五〇〇円から二、〇〇〇円を出し合ってまかなっている。この神遊ばせのときはイタコが神寄せをして赤倉様、龍神様、産土様、白神（シラカミ）様などいろいろな神様をおろしてくれる。すべて終わったら手料理を食べ、今も昔も歌や踊りが出て楽しく一日を過ごしている。

現在は平賀町に在住する成田リツ氏がオシラ遊ばせに来てくれるが、この人はイタコではなくカミサマ（ゴミソ）である。また久渡寺にはバスで神遊ばせに行っている。自分の体の悪いところはオシラサマの衣服に赤いシミとか斑点などで現れる。それによって自分の患部を守ってくれていると考えて感謝している。事故にあって何も傷がなかったときなどはオシラサマに守られているという実感がある。オシラサマの命日は毎月旧暦十六日に決めていて赤飯を炊いて祈っている。

④平川市平賀町　オシラサマ所有者　対馬ツエ氏（大正十一年生まれ）および長内フサエ氏（昭和八年生まれ）

平賀町大光寺地区では七軒でオシラサマを所有している。十八歳で対馬家に嫁いだが、そのときからオシラサマは家にあった。地区で管理しているオシラサマもある。毎年正月に所有者はオシラサマを持ってコミュニティセンターに集まりオシラサマを遊ばせる。昨年まで四、五〇人ほど集まっていたが今年は二十五人だった。いつも昼食弁当を用意するので参加者数は把握できる。オシラサマ遊ばせの費用は寄付でまかなっているが、当番の人が四つの町内会に別れて寄付もらいに家々を回る。地区全体で約二五〇軒あるが寄付をいただけるのは約半数である。一軒で最高額は一〇〇〇円でありその他ほとんどは五〇〇円である。これまでは約一〇万円ほど寄付金をいただいていたが、今年は六万円であった。

オシラサマはこしらえた祭壇に飾るのであるが、近年は所有者七軒のうち一軒のオシラサマと地区管理のオシラサマだけが出されている。三軒のオシラサマ所有は確認できるが、他の四軒のオシラサマはどうなっているのかわからない状態にある。地区管理のオシラサマは普段は地蔵堂のなかに安置している。

近年は平川市町居地区に住んでいるカミサマに来ていただいて神遊ばせを行っている。経文や祭文は唱えていないようだ。いろいろな地域の神様をおろしてもらうが、神おろしごとお賽銭をあげている。ときには仏もおろしている。オシラサマの神あそばせは毎年十二時に始まり、カミサマは神おろし・仏おろしをしてくれて、三時頃にはすべて終えて帰っていく。その後参加者は用意した弁当を食べて解散となる。かつても今も、乳井地区のように踊ったり歌ったりはしていない。ただし、久渡寺や猿賀地区にある蓮乗院にオシラサマを遊ばせに行く時は、前日から宿泊して飲み食いを楽しんだという。

⑤その他の調査

弘前市石川地区のオシラサマ所有者成田テチエ氏（昭和八年生まれ）と同じ石川地区の工藤フサ氏（昭和十七年生まれ）にも聞き取り調査を行ったが紙数の関係で省略させていただく。

以上が、オコナイサマ所有者への聞き取り内容の概要である。オシラサマに対するイタコ、もしくはカミサマ（ゴミソ）の関与があらためて注目されるが、特に近年はイタコの減少が顕著であり、かわってカミサマ（ゴミソ）のオシラサマ関与が目立っている。そのことについて、江田絹子は「津軽のゴミソ」のなかで次のように指摘している。(2)

ゴミソのほとんどはオシラサマを持っており、二対持っている者もかなりある。久渡寺で大白神講を作った明治二十年ころは二〇体から三〇体であったオシラサマも、大正時代には五〇〜六〇体、大正末期から昭和にかけては一〇〇体と急にふえ、現在では三〇〇体あるといわれている。このようにオシラサマの信仰が盛んになった理由は、久渡寺が大白神講を作りオシラサマ信仰を掌握奨励したこと、オシラサマをまつるゴミソが、オシラサマをまつられたいことを望んでいるとか、何月何日までの間にオシラサマをまつれと夢にお告げを受けたとか、あるいはそのような現象をシラガミが授けられたのだと言った、新たにオシラサマをまつらせることが容易な立場にあったことが指摘される。現在、津軽で目にするオシラサマの外形

写真9　仏壇の左脇に祀られている一対のオシラサマ（青森県平川市個人蔵　2010年9月）

は、驚くほど華美なものとなっている。このような変遷にゴミソの力が大きくあずかっていることは、すでに報告がある。

以上、江田は津軽地方のおいてオシラサマが民間巫女の手で増加・変遷する過程を述べている。なお、文章の最後にある「報告」とは小井川潤次郎「オシラサマの鈴の音」のことである。[3]

(3)　村に出かけるイタコたち

①生活面でのアドバイザー

今回の津軽地方での聞き取り調査で再確認できたのは、かつてはイタコ、現在ではカミサマ（ゴミソ）が村や集落のオシラサマ遊ばせに呼ばれて出かけ、まつりや神おろし、仏おろし（口寄せ）などに積極的に関与している姿である。そこに集まった女性たちは、イタコから自分や家族の健康へのアドバイスをもらい、また、仏おろしで先祖と対話して心を慰め、そして、これから生活面で心がけなければならないことを胸に刻んだりして、それぞれが穏やかな心持ちになって家路につく。そのような参加者たちの心模様が聞き取り調査でうかがえる。そういうことの繰り返しが地域社会において数十年、多ければ数百年となく続いてきたことが想定される。

それが大方事実とすれば、イタコたちの地域社会においてはたす精神面での役割は少なくなかったといえる。また地域コミュニティーの形成に一役かったとも考えられる。特に村の女性たちにとって実生活面でのアドバイザー的な存在としてイタコたちは重きをなしたであろうと考えられる。イタコなき後はそれらのことをどう補って行くのか、地域にとっての課題ではなかろうか。

②村に出かけない庄内ミコとの相違

山形県庄内地方での筆者の聞き取り調査では、現状ではミコが集落に出向くことはなく、オコナイサマ所有者はミコの自宅にそれを持って行って神遊びをしてもらうのが普通であった。このたびの津軽郡の調査をとおして、あらためてこの点について庄内地方との相違に気づかされたのである。かつて庄内地方のミコは津軽のように村に出かけることがなかったのかどうか。以下からは庄内地方のオコナイサマ信仰の歴史実態をふまえて、それに関与してきたミコたちの姿をあらためて検討してみることにする。

2、山形県庄内地方のオコナイサマとミコ

(1) オコナイサマの信仰状況

庄内地方のオコナイサマ信仰について、筆者はすでに『研究紀要』(「オコナイサマとオシラサマ」や[4]、二〇〇九年の青森市のオシラサマシンポジウム及びレジュメ『東北のオシラ神を探る』(青森県民俗の会)における「山形県庄内地方のオコナイサマ」で述べてきた。ここでは本テーマに関係する部分のみをとりあげて今後の議論につなげていきたい。

①オコナイサマは篠竹と紙衣からなる包頭型の一対のご神体である。
②オコナイサマ所有者はミコの自宅に行き紙衣の着せ替えと託宣を受ける。その時期は稲刈り

を前にした九月中に行われる。その際ミコは紙衣の着せ替えのあとオコナイサマを両手に持って必ず「神歌（神楽歌）」をうたう。

③ミコのいない地域は神主による着せ替えが行われる。

④オコナイサマは田の神（百姓を守る神）、福の神、火伏せの神、養蚕の神、などの機能をはたす。目の神としての機能は聞き取り調査範囲内ではまったく聞かれない。

⑤主婦や子どもたちがオコナイサマを持って勧進して歩いた地域がある。

(2) かつて村へ出かけたミコたち

前述したように、庄内地方のオコナイサマはミコの自宅に行って着せ替えをしてもらい神あそばせをしてもらうのが通例と考えていた。しかし、以下の戸川安章の文はこれをくつがえすものである。戸川は先にみた青森県津軽地方のイタコやカミサマと同じように、かつて庄内のミコたちが村を訪れてオコナイサマを遊ばせている実態を浮き彫りにしている。(5)

手向の旧修験の家でもおこない神を祀っている家が三軒あるが、三軒共にこれを遊ばせて祭ることをしなくなってから三〇年以上になる。三〇年前までは秋になると巫女を招いて祭りを行ったし、そのために巫女は村々を遊行したのであるが、この頃の巫女は家から出ないで、「遊ばせてくれ」と言って持ってくるのを祭るだけになった。巫女を訪れる人が増える傾向にあるので、予約制になったが、おこないさまを祭ってもらう家は少なくなった。

この文章は一九九三年（平成五年）以前に記されている。ここでいう「三〇年前までは」とは一九六〇年頃のことであり、少なくとも昭和三〇年代後半あたりまでのオコナイサマとミコとの関係を述べている。そこでは、オコナイサマのまつりを行うために村々でミコを招いたことが明確に述べられている。「巫女は村々を遊行した」とあるので、ミコの家にオコナイサマを持っていく近年のあり方とはまったく逆のあり方であったことに留意したい。しかし、戸川はミコが「遊行した」地域やその範囲等については明確に記していない。

さらに戸川は「オコナイサマ」について、「その形は青森県・岩手県の各地に祭られるオシラガミに似ており、勧進をすること、巫女をよび近隣相集まって祭りをすること、四足・二足や卵を食ってはならぬこと、伺いをたてると巫女の口を通して予言や託宣をし給うこと、などいろいろ類似点が多い」と述べている。(6) この記述からは、ミコはオコナイサマ所有者の一軒一軒を訪れたというよりも、村のある定められた家や場所に集められたオコナイサマ祭祀に訪れた様子がうかがわれる。

このようなミコが村を訪れてオコナイサマをまつるやり方は、先に述べた青森県弘前市周辺のイタコとほぼ同じなのである。戸川の記録からは庄内地方の全体像はつかめない。しかし、地域的に一部であっても、イタコと同じようなミコの関わり方がオコナイサマにもみられたことが明らかにされている。これはオコナイサマあるいはオシラサマとミコとの関わりの歴史性を探るうえで重要なポイントになることが考えられる。

(3) オシラサマ祭祀へのミコ関与の変遷論

以下に紹介するのは、オシラサマとミコとの関係には歴史的変遷があるとする見方である。まず、柳田国男は「大白神考」のなかで、「家家には旅のイタコを招請するよりも以前から、毎日を定めて祭るべき神があり、其際には必ず用いらるる一種の木の採物があって、其名と操作の様式だけが、この雇われみこの新しい力によって、改まって来たものでないかどうか」と問題提起しつつも、結論はオシラサマは家刀自の祭るものから職能者のイタコ（巫女）がまつるものへと祭祀者が変遷してきたとみている。(7)

同じように岩崎敏夫は、「東北のオシラ信仰」で「オシラ様は多くの村の旧家に伝来され、巫女は祭日のみ関与する点など、家の神の仏教渡来前の姿を考えさせる。その管理が家刀自から巫女の手へと推移したことは、福島県下のオシンメ様が、ほとんど巫女とは関係ないことからも推察される」と述べている。(8)

また、三崎一夫は「オシラサマ」について宮城県の場合、「オシラサマの祭祀に巫女が関与する事例はすべてではなく少数に属し、祭日に巫女が全く関与しない地域もあり、この習俗は二次的なもので、オシラサマ信仰と巫俗信仰とは別の信仰現象と考えられる。（中略）オシラサマ信仰と巫女の信仰は別の信仰現象であり、オシラサマ信仰衰微にともない、司祭者である主婦が祭りの一部を巫女にゆだねるようになり、彼女らが関与するようになったのであろう」と推測している。(9)

佐治靖は、「新たな『オシラ神』研究に向けて」で、「東北地方南部では、口寄せ巫女が『オシラ神』を所持・信仰することもなく、祭祀への関与もみられない。それに代わって口寄せには関与しないシンメイ巫女がこれに深く関わっている」「岩手県下のオシラサマの信仰をみると、祭祀に民間巫女が関与するものと、全く関与しないものとの二つの祭祀形態が存在している。後者の場合、元来民間巫女の関与がなく、地域社会の一般住民だけで祭祀を行ってきたものと、民間巫女が地域社会に存在しなくなり伝統的な祭祀の形を変えざるを得なかったものである」と記している。(10)

以上、四人の捉え方をみてみた。ここでは、オシラサマ祭祀にミコ（巫女）の関与がまったくない場合も多くあるという指摘がなされている。これはある過程で関与がなくなっていたことも考えられるが、本来的にミコの関与がなかったとすればそれは何を意味するのか。オシラサマは元来主婦の手にあったことを意味するのであろうか。そのような場合とミコの関与がある場合との違いは何か。

柳田・岩崎・三崎のいうように、祭祀者が主婦（家刀自）からミコ（巫女）へと変わったとする見解があるが、それは妥当であるかどうか。もし変わったとするならばそれはいつの頃のことかという時間軸への問いが発生してくる。その時間軸に関連して次の段階へと検討を進めてみたい。

(4) オシラサマに関与する羽黒巫女

菅江真澄は「月の出羽路　仙北郡二十一」において、出羽国（現秋田県）仙北郡中里村に鎮座する白山社の説明のおり、オシラサマについて比較的詳細に記し羽黒巫女の存在を明らかにしていることで注目される。以下にその一部を紹介する。(11)

白神　世におしら神またおしらさまと申ス　社　祭日三月十六日、斎主斎藤久兵衛。そもそも此御神は養蚕の御神霊にして、谷を隔て生立る桑の樹の枝を伐りもて、東にあたれる桑の朶を雄神とし西の方なるを雌神として、八寸あまりの束の末に人の頭を刻制て陰陽二柱の御神準て、絹綿をもてつつみひめかくして、巫女それを左右の手に握て、祭文、祝詞、祓を唱へ祈祷加持して祭る也。此おしらを行神（オコナイカミ）といふ処あり。是に姫頭、鶏頭、馬頭なンどの品あり。此神巫、羽黒山なンどにいと多し。

このほかに、真澄は文章内容に沿って、陰陽・姫頭・鶏頭・馬頭それぞれ一対の色彩を帯びたオシラサマ図版も描いており、視覚的に捉えやすいスケッチを残している。このオシラサマの状況は基本的には出羽国（現秋田県）について語っていると考えられる。とすれば、当時は秋田側のオシラサマの発祥、形状、巫女の祭文等の祭祀状況と陸奥国側とのそれはさほど変わらぬものだったといえる。なお、真澄がオシラサマを「行神（オコナイカミ）」という所もあると記している点にも留意しておきたい。そのとき庄内地方のオコナイサマは念頭にあったかどうか。

さて、本筋に戻って真澄の引用文で最も注目したいのは、最後にある「此神巫、羽黒山なンどにいと多し」と記していることである。文脈からすれば、オシラサマを「左右に握て、祭文、祝詞、祓を唱えて祈祷加持して祭る」たぐいの巫女（神巫）は羽黒山に大変多く存在したということになる。いうまでもないが、羽黒山とは出羽三山の一つであり古代末期から修験の山として栄えたが、今も霊祭殿があり、さらにモリ供養が絶えないことで示されるように、庶民の祖霊信仰を多くあつめた山である。

先に述べたように、「主婦からミコ（巫女）の関与へ」とオシラサマ信仰に変遷があったとしたらいつの頃なのか。菅江真澄が「月の出羽路　仙北郡」で羽黒巫女がオシラサマを両手に持って祈祷していたと記したのは文政十二年（一八二九）頃である。その記述の信憑性はいったん検証されなければならないが、それが事実とすれば、すでに江戸後期には主婦からミコ（巫女）へとオシラサマの担い手が移っていたのであろうか。出羽国側と陸奥国側に信仰状況の違いはあったのだろうか。いろいろな視点・側面から、様々な想定や推論がわき上がってくる。

さらに、真澄の記述によれば羽黒巫女たちは「祭文」を唱えたということになるが、近年の庄内地方のオコナイサマをまつるミコは「神歌（神楽歌）」は唱えるものの、祭文とりわけ「オシラ祭文」は唱えていない。はたして、庄内地方のオコナイサマに関与したミコと、江戸時代にオシラサマに関与したという羽黒巫女とはどんな関係にあったのか。同じ系譜として考えることができるのかどうか。

(5) ミコ(巫女)と修験者とのかかわり

庄内地方のミコと羽黒巫女のことを考えてみるために、次に迂遠な考察をあえて試みることにする。

二〇〇二年十二月二十二日、山形県三川町猪子に住んだミコ太田みさえ氏(故人)の自宅を訪ね「神歌」を教えていただいた。太田氏はオコナイサマの着せ替えを依頼しに来た人びとには毎年丁重に対応してきた。紙衣の着せ替えのあとオコナイサマを両手に持って必ず「神歌」をうたう。神を引き寄せる主要儀礼である。その「神歌」とは次のようなものであった。

・正月は歳のはじめの福男　家内安全祝いそめけれ　祝いそめけれ
・二月は高嶺平田の雪解けて　まず咲く花の雪解けて　まず咲く花の雪解けて
・三月は桃の祭りに会う人は　千歳の祈りの　のむや必ず　のむや必ず
・四月は卯月八日の花盛り　谷に鶯、花とこそ棲む　花とこそ棲む

・五月はアヤメ・ヨモギ咲きそめて　家内安全祝いそめけれ　祝いそめけれ
・六月はこぶくこずよに眺めれば　蝉のから声天に響かす　天に響かす
・七月は稲の上照らす稲妻の光さして　富ぞいれます　富ぞいれます
・八月はいと長かれや桂すめ　四方の山辺に紅葉染めけれ　紅葉染めけれ
・九月は菊の祭りに会う人は　千歳の祈りの　のむや必ず　のむや必ず
・十月はごにちあられにとどめたや　神にあらわれてやしろ定まる　やしろ定まる
・十一月は何を頼りにこの冬を萱にかかりし　雪とこぞ棲む　雪とこぞ棲む
・（「十二月は」と前置きしない）霜柱　雪にけたごに雨たるき　神道は　ちみち　ももみち　みちななつ　なかなる道は神の通い道　よろごとも　よもやのけずの　かんだめし　オコナイの衣も袖も広けれど　つつみにあまる今日の喜び

この神歌とは、ミコに神が寄りつくために必ず歌われるものであるが、何の神を呼び込むかによって歌詞は適宜、部分的に変えて歌うという。神歌が終われば託宣が始まる。神歌について戸川安章はミコのうたを「神歌」とせず「神楽歌」と記して詳細な採録を行っている。[12]そのなかで「神楽歌」について内容面に及んで次のように比較分析している。

本田安次氏の『山伏神楽・番楽』（一九四二年）及び『陸前浜の法印神楽』（一九三四年）をみると、三陸地方の山伏神楽や番楽にうたわれる神楽歌には、ここに採録されたものとまったく同じものや、わずかしかちがわないものが多いばかりでなく、三戸郡中沢村字中野と同郡田子町の山伏神楽には、ことばが若干ちがっているとはいえ、一月から十二月までをよみこんだこれと殆ど同じうたがうたわれていることがわかる。

ここで戸川によって述べられている山伏神楽または番楽とは、おおよそ江戸期までに早池峰山や鳥海山などで修行した修験者・山伏たちが身につけていた芸能である。この芸能で披露される「神楽歌」がミコたちが歌う「神楽歌」とほぼ同じであるというのである。これは何を物語るのであろうか。端的にいうならば、ミコと修験者とはある種のかかわりをもっていたということになるだろう。これはすでに明らかにされているように、「オシラ祭文」に修験者が関与している問題とつながっていくものだろう。一つの事例をあげると、岩手県遠野市青笹町の千葉家では「蚕祭文」と名づくオシラ祭文を所蔵しているが、千葉家は羽黒派修験の家柄でありオシラサマ一組を所蔵し、歴代の妻女に羽黒山の巫女になっている者もいるのである(13)。

多くの例として、ミコたちが修験者と夫婦になっていたことは、次の戸川安章の文章からも理解できる(14)。

徳川時代における巫女と山伏とが夫婦となって祈祷のともかせぎをしていたということは、故山中太郎氏の『日本巫女史』にもみえるが、私の所蔵する『南部修験床帳抜書問答之留』という延享四年（一七四七）の記録をみても、巫女と修験が夫婦になっていた例は数多く挙げられていて、修験が死亡した場合、その名跡をつぐべき子供がいまだ幼少であったり、入峰修行を遂げていないため跡目の相続をゆるされないというような場合には、その母、すなわち、死亡した修験の妻が、前々から本山の「巫女補任」を受けておれば、「巫女名」を以て檀那の祈禱をつとめることがみとめられていたという例が相当多く記されている。（中略）明治維新前にあっては、庄内三郡に居住した修験者の数は一、〇〇〇人に近く、巫女の数も二〇〇名を越えたものと考えられるが、その実数はまだたしかめていない。

以上、ここまで戸川の一文を引用して何を考えようとしたか。つまり庄内地方のオコナイサマを遊ばせるミコの神歌（神楽歌）に修験者の一定の介在をみて、かつて彼らの妻となることが多くあった羽黒巫女と庄内ミコとの系譜や関連を想定してみたかったのである。しかし、このことについては腰をすえた実証的研究が必要であることはいうまでもなく、ここでは今後の検討課題ということにとどめておきたい。

【注】

（1）桜井徳太郎「津軽イタコと巫俗」『津軽の民俗』所収　吉川弘文館　一九七〇年
（2）江田絹子「津軽のゴミソ」『津軽の民俗』所収　吉川弘文館　一九七〇年
（3）小井川潤次郎「オシラサマの鈴の音」『日本民俗学のために』第十輯　柳田國男古希記念文集　一九五〇年

（4）菊地和博「オコナイサマとオシラサマ」『研究紀要』二所収　東北芸術工科大学東北文化研究センター　二〇〇三年
（5）戸川安章『出羽修験の修行と生活』佼成出版社　一九九三年
（6）戸川安章編『日本の民俗　山形』所収　三一書房　一九七三年
（7）柳田国男「大白神考」『定本柳田国男集』十二巻所収　筑摩書房　一九六九年
（8）岩崎敏夫『東北民間信仰の研究』上巻　名著出版　一九八二年
（9）三崎一夫「オシラサマ」『季刊　自然と文化』所収　日本ナショナルトラスト　一九八八年
（10）佐治靖「新たな『オシラ神』研究に向けて」『オシラ神の発見』所収　遠野市立博物館特別展図録　二〇〇〇年
（11）菅江真澄「月の出羽路　仙北郡二十一」『菅江真澄全集』第八巻所収　未来社　一九七八年
（12）戸川安章「庄内地方における巫女とおこない神」『民族学研究』第十八巻第四号所収　一九五四年
（13）解説文「遠野のオシラ祭文」前掲『オシラ神の発見』所収
（14）前掲　戸川安章「庄内地方における巫女とおこない神」

あとがき

これまで、私たちは日常生活の中で、「古い」「土臭い」「野暮ったい」「のろい」「田舎臭い」、そのようなものは進歩や近代という名のもとに、極力切り捨てる態度をとり続けてきたのではないだろうか。その一方で、「新しさ」「都市的スマートさ」「ハイカラ」「スピーディー」「効率性」「合理性」、そういうものにこそ価値があると思いこみ、それが近代的文明的であるかのように考えてきた向きがある。

はたしてそれが正しかったのだろうか。そのような価値観のもとで築かれた現代社会は、真に豊かな生活をもたらしただろうか。心静かにそう問いかけてみるとき、むしろ、古く・土臭く・そして野暮ったい一時代前のもののなかに、失いかけているまっとうな暮らしぶり、人間的あたたかさ、公徳心、自然へのいつくしみ、環境への配慮、先祖や亡者への弔いの心などが潜んでいたことに気づくのである。そのような先人の生きてきた姿勢や自然観は、幾世代にわたって継承されてきた民俗行事や庶民信仰などにもののみごとに映し出されていることを、いま知ることができる。

地域生活に根づくそれらの民俗文化には、新しい時代を生き抜くいくつもの知恵や技がひそんでおり、これからの人間社会のあるべき方向性、指針を考えるとき、私たちはその中にたくさんの学びの素材を見つけ出すことができる。

長引く経済不況、過疎化、若者の流出、少子高齢化などで地域社会の基盤が揺れ動き、共同体として結束していくことの困難さをかかえる地域が多い現代である。「限界集落」などという露骨な名称も定着しつつある。それを加速させているのは、私たち自身の中にある経済的合理性を追い求める考え方、生活様式であろう。第一次産業の衰退の一因もそこにある。この状況において、これまでからくも地域生活で維持されてきた民俗文化、つまり地域文化がまさしく存亡の危機に立たされている。

しかし、このような逆境においても、志を高く持った人々が伝統文化の継承・発展に力を注でいる地域はまだまだある。そのような地域ほど人間関係は濃密であり、集落の結束力が強い。伝統的な地域文化にかかわりを持つことによって集落は維持されている、「地域共同体」は堅固である、といったら言い過ぎだろうか。実際に、古くから継承される地域の文化はそこにおける人々の心と心をつなぎとめる重要な役割をはたしていることは、直接に継承活動を担う人々の実感としてよく語られることである。二〇一一年三月十一日に起った東日本大震災の被災地で、民俗芸能の公演や夏祭り行事の復興過程で、地域の伝統的文化の役割、その意義がみごとに証明されていることはあらためて強調するまでもない。

あとがき

地域に住む人々が、足元にある地域資源の一つである民俗文化に意義を見出し、それを積極的に継承・発展させようとするならば、地域社会はより生き生きしたものに変わることができるだろう。本書でとりあげた民俗行事や庶民信仰をとおして、以上のことを読者の皆さんとともに確認し合い、何がしか実践活動へと心がゆり動くきっかけとなれば幸いであると思っている。

本書は『山形民俗文化論集』第二巻として、前書第一巻『やまがたと最上川文化』(平成二十五年)に続いて江湖に問うものである。第二巻は、私が奉職している東北文教大学の内田鉄一理事長および鬼武一夫学長はじめ教職員の皆様方のご理解をいただき、東北文教大学出版会から発行させていただいた。ここに厚く御礼を申し上げる。また発売元はこれまで二度も拙著を出版させていただいている岩田書院にお願いすることにした。代表の岩田博氏には急なお願いを快諾して下さったことに対して深く感謝の意を表する次第である。

平成二十七年三月　定年退職を目前にして

菊地和博

【初出一覧】

第一章　日常にみる民俗行事

一、小正月の火祭り行事

「小正月の火祭り行事とその解釈をめぐって」（『山形民俗』第二十二号所収　山形県民俗研究協議会　二〇一〇年）に加筆修正。

二、民俗行事を担う子どもたち―失われた日々から考える―

「民俗行事を担う村山市五十沢の子どもたち」（『研究紀要』第六号所収　東北芸術工科大学東北文化研究センター　二〇〇七年）に加筆修正。

三、サイの神祭り行事

「サイ神の祭り行事を検証する」（『研究紀要』第三号所収　東北芸術工科大学東北文化研究センター　二〇〇四年）に加筆修正。

四、生業にまつわる民俗行事―大江町の山間集落から学ぶ―

「大江町の山間集落と青苧の文化」（『大江町文化的景観調査報告書』所収　大江町教育委員会　二〇〇九年）に加筆修正。

第二章　山の神勧進と山の神信仰

一、山の神勧進の概況

(1)「山の神勧進と男子成長祈願」（『東北学』第十号所収　東北芸術工科大学東北文化研究センター　二〇〇四年）に加筆修正。

(2)「山の神勧進にみる地域共同的祝祭性」（『山形民俗』第十六号所収 二〇〇四年）に加筆修正。

二、山の神勧進の地区別詳細記録

「山形県北部の山の神祭り考」（『研究紀要』第一号所収　東北芸術工科大学東北文化研究センター二〇〇二年）に加筆修正。

三、山の神勧進の起源とその意味するところ

『「最上地方の山の神勧進の習俗」調査報造書』第七章「まとめⅡ」（山形県教育委員会　二〇一五年）に加筆修正。

四、山の神勧進に類似した山形県内の民俗行事

1、「西川町大井沢地区」については「西川町大井沢の山の神のおんび」（『民俗伝承の水脈』朝日新聞山形版連載記事　二〇〇二年）に加筆修正。

2、「庄内地方」については書き下ろし。

五、山の神がもつ「作神」（農耕神）の役割―西川町大井沢の二つの民俗から―

「きわだつ山の神の作神的機能」（『山形民俗』第十七号所収　山形県民俗研究協議会 二〇〇五年）に加筆修正。

第三章　鎮魂供養と山寺夜行念仏の習俗

一、歴史にみる餓鬼仏・無縁仏の供養

「餓鬼仏・無縁仏供養の歴史的実態」（『山形民俗』第二十号所収　山形県民俗研究協議会　二〇〇八年）

に加筆修正。

二、念仏信仰のあゆみ―山寺夜行念仏を考える基盤として―

「念仏信仰の軌跡―山寺夜行念仏発生の基盤―」（『山寺夜行念仏調査報告書』所収　山形県教育委員会　二〇〇五年）に加筆修正。

三、山寺夜行念仏と京都の六斎念仏

「山寺夜行念仏と六斎念仏の考察」（『山寺芭蕉記念館紀要』第十号所収　山形市文化振興財団　二〇〇五年）に加筆修正。

第四章　家にまつられる神々

一、オコナイサマとオシラサマ

「オコナイサマとオシラサマ」（『研究紀要』第二号所収　東北芸術工科大学東北文化研究センター　二〇〇三年）に加筆修正。

二、オシラサマとオコナイサマにみる津軽ミコと庄内ミコ

「オシラサマ・オコナイサマにみる津軽ミコと庄内ミコ」（「東北地方民俗学合同研究会」発表資料　二〇一〇年）に加筆修正。

【著者略歴】

菊地和博　きくち　かずひろ

一九四九年（昭和二十四年）、山形県東根市生まれ。

法政大学文学部哲学科卒。文学博士（東北大学より学位授与）二〇〇〇年（平成十二年）四月から東北芸術工科大学東北文化研究センター助教授。二〇一〇年四月から東北文教大学短期大学部総合文化学科教授、現在に至る。専攻は民俗学・民俗芸能論。民俗芸能学会評議員。伝承文化支援研究センター長。山形県文化財保護審議会副会長。山形県地域史研究協議会理事。ＮＰＯ法人クリエイトひがしね理事長。Ｌｏｏｋ　ｆｏｒ伝承文化実行委員会委員長。

単書に、『庶民信仰と伝承芸能』（二〇〇二年・岩田書院）『手漉き和紙の里やまがた』（二〇〇八年・東北出版企画）『やまがた民俗文化伝承誌』（二〇〇九年・東北出版企画）『シシ踊り（鎮魂供養の民俗）』（二〇一二年・岩田書院）『山形民俗文化論集Ⅰ　やまがたと最上川文化』（二〇一三年・東北出版企画）がある。

共著に、『ザ・エピソード山形おもしろものがたり』（一九九六年・みちのく書房）、『図説山形県の歴史』（一九九六年・河出書房新社）、『最上川と羽州浜街道』（二〇〇一年・吉川弘文館）、『東根市史／通史篇・下巻』（二〇〇二年・東根市）、『村山の歴史』（二〇〇三年・郷土出版）、『東北学への招待』（二〇〇四年・角川書店）、『図説東根市史』（二〇〇六年・東根市）、『村山大百科辞典』（二〇〇八年・郷土出版）、『民俗芸能探訪ガイドブック』（二〇一三年・国書刊行会）、『講座　東北の歴史　第五巻　信仰と芸能』（二〇一四年・清文堂）などがある。

現住所／山形県東根市三日町二丁目一番二七

民俗行事と庶民信仰　山形民俗文化論集Ⅱ

2015年（平成27年）3月　第1刷　300部発行　　**定価［本体4900円＋税］**

著　者　菊地 和博

発行所　東北文教大学出版会

〒990-2316 山形市片谷地515　東北文教大学内

発売所　有限会社岩田書院　代表：岩田　博　http://www.iwata-shoin.co.jp

〒157-0062 東京都世田谷区南烏山4-25-6-103　電話03-3326-3757　FAX03-3326-6788

組版：富士リプロ　　印刷・製本：シナノパブリッシングプレス

ISBN978-4-87294-905-6 C3039 ￥4900E

コピーOK